The New Grove®

Die großen Komponisten

Beethoven

The New Grove®

Die großen Komponisten

Herausgeber: Stanley Sadie
Deutsche Redaktion: Uwe Schweikert

The New Grove®

Die großen Komponisten

Joseph Kerman
Alan Tyson

BEETHOVEN

Aus dem Englischen
von
Annette Holoch

Verlag J.B. Metzler
Stuttgart · Weimar

Titel der Originalausgabe: »Beethoven«
© Joseph Kerman, Alan Tyson, Douglas Johnson,
William Drabkin 1980, 1983
zum ersten Mal erschienen in
»The New Grove Dictionary of Music and Musicians«,
herausgegeben von Stanley Sadie, 1980
erste Taschenbuchausgabe mit Zusätzen
erschienen 1983 bei Macmillan London Limited
The New Grove and the New Grove Dictionary of
Music and Musicians are registered trademarks
of Macmillan Publishers, London.

Die Deutsche Bibliothek – CIP-Einheitsaufnahme

The **new Grove – die grossen Komponisten** / Hrsg.: Stanley
Sadie. – Stuttgart ; Weimar : Metzler
NE: Sadie, Stanley [Hrsg.]

Kerman, Joseph: Beethoven. – 1992

Kerman, Joseph:
Beethoven / Joseph Kerman ; Alan Tyson. Aus dem Engl. von
Annette Holoch. – Stuttgart ; Weimar : Metzler, 1992
(The new Grove – die grossen Komponisten)
Einheitssacht.: Beethoven <dt.>
ISBN 3-476-00853-3
NE: Tyson, Alan:

Einbandgestaltung: Willy Löffelhardt
Satz: Typobauer Filmsatz GmbH, Ostfildern
Druck: Gulde-Druck GmbH, Tübingen
Printed in Germany
Verlag J.B. Metzler Stuttgart · Weimar

EIN VERLAG DER SPEKTRUM FACHVERLAGE GMBH

INHALT

VORWORT

Dieser Band erscheint in einer Reihe kurz gefaßter biographischer Darstellungen, die aus dem *The New Grove Dictionary of Music and Musicians* (London 1980) stammen. In ihrer ursprünglichen Form wurden die Texte Ende der siebziger Jahre abgeschlossen. Für den vorliegenden Neudruck wurde der Text von den beteiligten Autoren durchgesehen und, wo nötig, korrigiert und ergänzt. Besondere Sorgfalt wurde darauf verwandt, die Bibliographien zu aktualisieren, die nun auch die Ergebnisse der jüngsten Forschung verzeichnen.

Die Bände in der Reihe »Die großen Komponisten« waren ursprünglich als Lexikonartikel konzipiert und haben deshalb einen etwas anderen Charakter als Bände, die als eigenständige Werke verfaßt wurden. Sie sollen insbesondere eine große Menge von Informationen bereitstellen und zwar so, daß sie schnell und einfach zugänglich sind. Ihr Hauptanliegen ist es, Fakten zu vermitteln und nicht Meinungen; deswegen geben die Texte in der Regel der Biographie mehr Raum als der kritischen Auseinandersetzung. Die Aufgabe eines Lexikons ist es vor allem, das gängige tradierte Faktenwissen weiterzugeben sowie Leben und Werk eines Komponisten möglichst umfassend darzustellen, mit genauer Angabe der Quellen und der gebührenden Sorgfalt bei der Wiedergabe unterschiedlicher Standpunkte und darauf zu verzichten, phantasievolle oder spekulative Meinungen über Charakter und Werk eines Komponisten wiederzugeben. Es bleibt zu hoffen, daß die umfassenden Werkverzeichnisse und die ausführlichen Bibliographien den Leserinnen und Lesern nützlich sein werden, die darauf bedacht sind, einen vollständigen und umfassenden Zugang zu allen Informationen zu erhalten.

Für die deutsche Ausgabe wurde das Werkverzeichnis, wo nötig, ergänzt und die Bibliographie für die Bedürfnisse des deutschen Benutzers umgestellt und ergänzt. Diese Aufgabe besorgten Ulrich Scheideler (Bibliographie) und

Kurt Neff (Werkverzeichnis), in Zusammenarbeit mit der Verlagsredaktion.

S.S.

Den Artikel über Beethoven für die Originalausgabe (1879–89) von Groves *Dictionary of Music and Musicians* hat der Herausgeber selbst verfaßt. Die 2. bis 4. Auflage waren unveränderte Neuauflagen. Groves Beitrag wurde erst in der 5. Auflage 1954 ersetzt und zusammen mit seinen anderen nicht wieder übernommenen Artikeln über Schubert und Mendelsohn in Buchform veröffentlicht. Das war vollkommen angemessen. Der wirkliche Grund, weswegen diese Artikel ersetzt wurden, war nicht ihre Länge und ihr Alter – obwohl das sicherlich eine Rolle spielte – sondern weil sie zu sehr eigenständigen Monographien glichen. Für den Standard eines zuverlässigen und objektiven Musiklexikons der 50er Jahre, waren diese Texte zu subjektiv gefärbt.

Heutzutage stimmen wir wahrscheinlich alle überein, daß ein guter Lexikonartikel über einen Komponisten eine andere Funktion hat als ein Buch über ihn oder ein umfangreicher Essay der Gattung ›Leben und Werk‹. Wenn Grove hier anderer Meinung war, so spiegelt das seine persönliche Einstellung und die seiner Zeit wider. Von einem Buch über Beethoven wird erwartet, daß es eine eindrucksvolle Interpretation bietet, ob es so schmal ist wie das von J.W.N. Sullivan oder so vielbändig wie das von Romain Rolland – der Autor wird sein persönliches Bild von Beethoven als Mensch und als Künstler zeichnen, mit seinen eigenen Farben, seinem Pinsel und seinem Spachtel. Das entspricht zweifellos dem, was die Leserinnen und Leser in einem Buch über Beethoven suchen – und was sie in jedem Fall auch finden werden. Und der Name des Autors wird neben dem Beethovens auf der Titelseite stehen.

Die Leserinnen und Leser eines Lexikonartikels werden wahrscheinlich nicht eine Interpretation suchen, sondern unumstrittene Fakten. (Den Namen des Autors, versteckt am Ende des Artikels, können sie dabei auch übersehen.) Ein Monument wie der *Grove*, das als maßgebendes Nachschlagewerk angelegt ist – oder zumindest diesem Ideal sehr nahe kommen will – wird von Studierenden, von Historikern und Journalisten konsultiert und sollte dementsprechend größeren Wert auf Fakten als auf Werturteile legen. So ist es kein Zufall, daß die Werkverzeichnisse und Bibliographien des *New Grove* so sorgfältig zusammengestellt wurden und eine derart zustimmende Anerkennung fanden.

Die neuen Autoren des *Beethoven* waren sich des Unterschieds zwischen einem Buch und einem Nachschlagewerk bewußt; und wir halten es für nötig, unsere Leserinnen und Leser jetzt, wo der Artikel in Buchform erscheint, daran zu erinnern. Das mag bei der Erklärung einiger Besonderheiten des Artikels – seiner Ausmaße ebenso wie seines Stils – behilflich sein. Am auffälligsten ist vielleicht, daß dem Leben Beethovens mehr Platz eingeräumt wird als seinem Werk. Das reflektiert nicht irgendwelche absoluten Prioritäten, sondern lediglich unsere Ansicht darüber, wie ein Lexikonartikel geschrieben werden muß. Wenn jemand ein Lexikon konsultiert, sucht er eher Fakten (die über das Leben eines Komponisten mit ziemlicher Sicherheit gegeben werden können) als kritische Urteile (die ungewisser sind, subjektiver und ungenauer). Was die Musik angeht, fühlten wir uns gehalten, uns nicht zu weit von dem zu entfernen, was man als die anerkannte, kritische Meinung bezeichnen könnte. Es war hier nicht unsere Aufgabe, eine Interpretation anzubieten, wie man sie in einem Band über ›Leben und Werk‹ erwarten würde. Wieweit auch das Leben eines Komponisten ausführlich interpretierend zu behandeln wäre, ist sicher eine Frage, der sich Biographen heutzutage stellen sollten. Aber – um es noch einmal zu betonen – in einem Lexikon befriedigt unserer Meinung nach eine relativ vollständige chronologische Darstellung traditioneller Art die Bedürfnisse der Leserinnen und Leser am besten.

Anläßlich der vorliegenden Neuveröffentlichung wurden die Kapitel über Beethovens Werke ergänzt und einige kleine Irrtümer und Versehen korrigiert. Eine gründliche Revision war jedoch von den Herausgebern nicht beabsichtigt und hätte auch nicht so leicht durchgeführt werden können. Denn in den zehn Jahren zwischen der Abfassung des Artikels und seiner Publikation in der vorliegenden Form gab es eine lebhafte Forschungs- und Interpretationstätigkeit über Beethovens Leben, seine Musik und den Wechselwirkungen zwischen beiden. Wir konnten manches davon mit einem kurzen Blick streifen, aber nicht alles in den bereits vorliegenden Text einarbeiten. Ebenso wie Groves ursprünglicher Artikel, und wie der von William McNaught, der ihn in der 5. Auflage ersetzt hat, muß auch der unsere als Produkt seiner Zeit gelesen werden: In dem Sinne ist ein effizienter Lexikonartikel davon geprägt, was seinerzeit bekannt war und gedacht wurde und auch von den allgemeinen Ansichten, die man hatte (und die vom Herausgeberteam des *The New Grove* verbreitet wurden).

Die Kapitel 2 und 4 wurden von Joseph Kerman verfaßt, die Kapitel 1 und 3 von Alan Tyson.

Joseph Kerman
Alan Tyson

ERSTES KAPITEL

LEBEN

Familiärer Hintergrund und Kindheit

Drei Generationen der Familie Beethoven waren als Musiker am Hof des Kurfürsten von Köln angestellt, dessen Sitz sich in Bonn befand. Der Großvater des Komponisten, Ludwig/Lodewyk (Louis) van Beethoven (1712–1773), Sohn eines selbständigen Bürgers aus der belgischen Stadt Mechelen, war ein ausgebildeter Musiker und hatte einen schönen Baß. Nach Stellungen in Mechelen, Leuven/Löwen und Lüttich, nahm er 1733 den Ruf als Baß in der Kurfürstlichen Kapelle von Bonn an. 1761 wurde er zum Kapellmeister ernannt, eine Position, die, ungeachtet der Tatsache, daß er nicht, wie andere Inhaber eines solchen Postens, Komponist war, dennoch die Aufsicht über das musikalische Leben bei Hof mit sich brachte.

1733 heiratete er Maria Josepha Poll, die später zur Trinkerin wurde und aus deren Ehe ein Kind überlebte, Johann van Beethoven (1740–1792). Zwar war er nicht so bedeutend wie sein Vater, trat aber dennoch in kurfürstliche Dienste, 1752 zuerst als Knabensopran, nach dem Stimmbruch dann als Tenor. Außerdem spielte er gut genug Klavier und Violine, um sein Gehalt mit Unterrichtsstunden auf diesen Instrumenten wie auch mit Gesangsstunden, aufbessern zu können. Im November 1767 heiratete er Maria Magdalena (1746–87), eine Tochter des ›Küchenaufsehers‹ in der kurfürstlichen Sommerresidenz Ehrenbreitstein, Heinrich Keverich. Sie war die Witwe von Johann Leym, einem Kammerdiener des Kurfürsten von Trier. Zum Zeitpunkt ihrer Wiederheirat war sie keine 21 Jahre alt. Das Paar ließ sich in Bonn in der Bonngasse 515 nieder. Ihr erstes Kind Ludwig Maria wurde am 2. April 1769 getauft und lebte nur sechs Tage; auch ihr zweites Kind erhielt den Namen Ludwig und wurde am 17. Dezember 1770 getauft. Dem Ehepaar wurden in den folgenden Jahren noch fünf Kinder geboren, von denen nur zwei überlebten: Caspar

Anton Carl (getauft am 8. April 1774) und Nikolaus Johann (getauft am 2. Oktober 1776). Beide Brüder sollten in Beethovens Leben eine wichtige Rolle spielen.

Die ersten Jahre des Sohnes eines unbedeutenden Musikers in einer kleinen Provinzstadt bleiben zwangsläufig im Dunkeln. Zwar werden Spekulationen und Mythen zuhauf produziert, Fakten gibt es indes nur wenige. Sicher ist, daß er bereits in sehr frühem Alter von seinem Vater Klavier- und Violinunterricht erhielt. Außerdem ist überliefert, daß das Kind an der Tastatur oft in Tränen aufgelöst war. Am 26. März 1778 trat Beethoven mit einer weiteren Schülerin seines Vaters, einer Kontraaltistin, erstmals in der Öffentlichkeit auf. Der Ankündigung entsprechend war es ein Konzert mit ›verschiedenen Clavier-Concerten und Trios‹. Wenig später, im Alter von acht Jahren, soll ihn sein Vater zum alten Hoforganisten van den Eden geschickt haben, der ihm wohl einige Grundkenntnisse der Musiktheorie beigebracht sowie sein Klavierspiel vorangebracht haben dürfte. Außerdem soll er, abgesehen vom unregelmäßigen Unterricht bei verschiedenen örtlichen Organisten, Klavierstunden bei einem gewissen Tobias Pfeifer genommen haben, der einige Zeit bei der Familie wohnte. Ein Verwandter namens Franz Rovantini unterwies den Knaben im Geigen- und Bratschenspiel. Der allgemeine Unterricht endete mit der Grundschule, was im damaligen Bonn allerdings üblich war, da nur wenige Kinder das weiterführende Gymnasium besuchten. Diese vergleichsweise kurze schulische Ausbildung, zusammen mit der Tatsache, daß fast die gesamte außerschulische Zeit der Musik gewidmet war, vermögen einige der Bildungslücken Beethovens zu erklären, wie zum Beispiel seine Unkenntnis in der Orthographie und Interpunktion und seine Unfähigkeit, auch nur die einfachste Multiplikation vorzunehmen.

1779 kam ein Musiker nach Bonn, der Beethovens erster wichtiger Lehrer wurde. Es handelt sich um Christian Gottlob Neefe, der zum musikalischen Direktor einer vom Kurfürsten gegründeten Theatertruppe bestellt wurde. Ab wann genau er Beethoven Unterricht gab ist nicht bekannt. Aber im Februar

1781 übernahm Neefe den Posten des Hoforganisten, eine Stellung, die ganz offensichtlich einen Assistenten verlangte. Und als Neefe im Juni 1782 Bonn für kurze Zeit verließ, vertrat ihn Beethoven; er war zu diesem Zeitpunkt elfeinhalb Jahre alt. Wie sehr Neefe seinen Schüler schätzte, kann man in einer Mitteilung in Cramers *Magazin der Musik* vom 2. März 1783 nachlesen, der ersten gedruckten Nachricht über Beethoven:

»*Ludwig van Betthoven [sic], Sohn des oben angeführten Tenoristen, ein Knabe von 11 Jahren, und von vielversprechendem Talent. Er spielt sehr fertig und mit Kraft das Clavier, ließt sehr gut vom Blatt, und um alles in einem zu sagen: Er spielt größtentheils das wohltemperirte Clavier von Sebastian Bach, welches ihm Herr Neefe unter die Hände gegeben. Wer diese Sammlung von Präludien und Fugen durch alle Töne kennt, (welche man fast das non plus ultra nennen könnte), wird wissen, was das bedeute. Herr Neefe hat ihm auch, sofern es seine übrige Geschäfte erlaubten, einige Anleitung zum Generalbaß gegeben. Jetzt übt er ihn in der Composition, und zu seiner Ermunterung hat er 9 Variationen von ihm fürs Clavier über einen Marsch in Mannheim stechen lassen. Dieses junge Genie verdiente Unterstützung, daß er reisen könnte. Er würde gewiß ein zweiter Wolfgang Amadeus Mozart werden, wenn er so fortschritte, wie er angefangen.*«

Die Anspielung auf Mozart gilt wohl mehr dem Wunderkind als dem vollendeten Komponisten, dessen Wiener Erfolgsjahre noch bevorstanden; aber Neefes Zuneigung für seinen jungen Schüler und sein Vertrauen in dessen Fähigkeiten sind nicht zu übersehen. Die Variationen über einen Marsch von Dreßler (WoO 63), verlegt bei Götz in Mannheim, waren Beethovens erstes gedrucktes Werk.

1783 stellte Neefe, der die Arbeit des für einige Zeit abwesenden Kapellmeisters Lucchesi übernommen hatte und damit mehr als beschäftigt war, seinen Schüler als ›Cembalisten im Orchester‹ ein. Eine Stellung, in der der Knabe nicht nur einiges an Verantwortung zu übernehmen hatte, sondern auch alle populären Opern der Zeit hören konnte. Im Herbst wurde seine erste bedeutende Komposition veröffentlicht, die drei dem Kurfürsten Maximilian Friedrich gewidmeten Klaviersonaten (WoO 47). Da Beethoven für all die Arbeit, die er Neefe abnahm, immer noch kein Gehalt erhielt, fragte er bei Hof um die offizielle Stellung eines Hilfshoforganisten an; dem Antrag wurde zwar stattgegeben, aber der Kurfürst starb, bevor ein mögliches Gehalt hätte festgesetzt werden können.

Jugend

Der neue Kurfürst Maximilian Franz, ein Bruder des Habsburger Kaisers Joseph II., ordnete nach seiner Machtübernahme im Jahr 1784 alsbald Sparmaßnahmen an, von denen auch Neefe zeitweise betroffen war, da sein Gehalt nun teilweise seinem Schüler zufloß. Beethovens Organistengehalt wurde auf 150 Gulden festgelegt; die Arbeit scheint ihn nicht allzusehr in Anspruch genommen zu haben, sondern ließ ihm noch genügend Zeit für seine Kompositionen und seine allgemeine musikalische Entwicklung. So entstehen 1785 drei Klavierquartette (WoO 36), die möglicherweise dem neuen Kurfürsten gewidmet werden sollten, aber erst nach Beethovens Tod veröffentlicht wurden. Ungefähr zu dieser Zeit scheint er auch bei Franz Ries, einem guten Freund der Familie, Geigenunterricht genommen und darüber hinaus selbst Klavierunterricht gegeben zu haben. 1787 weitete er seinen Radius noch aus. Neefe, wie oben zitiert, hatte sich dafür ausgesprochen, dem jungen Genie Reisen zu ermöglichen, und so besuchte Beethoven im Frühjahr desselben Jahres Wien. Die genauen Ziele der Reise und inwieweit sie verwirklicht wurden, bleiben aufgrund fehlender Dokumente weitgehend im Dunkeln; dennoch scheint festzustehen, daß er mit Mozart zusammentraf und eventuell einige Unterrichtsstunden bei ihm nahm. Desgleichen scheint er in Wien nicht länger als vierzehn Tage geblieben zu sein. Nachdem er benachrichtigt worden war, daß sich der Gesundheitszustand seiner Mutter verschlechtert hatte, die an Tuberkulose erkrankt war, reiste er überstürzt nach Bonn zurück, wo seine Mutter bereits im Sterben lag. Der erste erhaltene Brief Beethovens an eine Person in Augsburg, die sich seiner auf der Reise angenommen hatte, beschreibt die traurigen Ereignisse dieses Sommers und verweist auf seine eigene schlechte Gesundheit, seine Depressionen und fehlende finanzielle Rücklagen.

Das Vermögen der Familie Beethoven schmolz in der Tat zusammen. An dieser Stelle sollen einige Worte über Beethovens Eltern gesagt werden. Über die Persönlichkeit der Mutter, deren Tod er am 17. Juli 1787 beklagt, gibt es keine besonders aufschlußreichen Darstellungen; in Berichten ist stets in allgemeinen Phrasen von ihrer Frömmigkeit, Sanftmut, Freundlichkeit und ihrem ernsthaften Verhalten die Rede. Ihr wird, ebenfalls in eher allgemeinen Phrasen, Johann van Beethovens schroffes, ja vielleicht sogar gewalttätiges Wesen gegenübergestellt. In jenen Jahren scheint sein Talent, mit dem er seine Familie zu unterhalten gedachte und das zu keiner Zeit herausragend war, auch noch abzunehmen. Ein amtlicher Bericht vom Sommer 1784 beschrieb seine Stimme als »ganz abständig«, und einige Zeit vor dem Tode seiner Frau hatte er, genau wie seine Mutter, stark zu trinken begonnen. So nahm Beethoven 1789, im Alter von nicht einmal 19 Jahren, unversehens den Familienvorsitz ein und suchte um die Hälfte des Gehalts seines Vaters nach, um seine Brüder unterhalten zu können; der Antrag wurde genehmigt, und der alte Tenor hatte damit ausgedient. Die psychologische Bedeutung dieses Akts der Selbstbehauptung ist Beethovens Biographen nicht entgangen.

Die folgenden vier Jahre, übrigens die letzten Bonner Jahre Beethovens, erscheinen in einem freundlicheren Licht. Ab 1789 wurde das musikalische Leben in der Stadt unter dem neuen Kurfürsten wieder völlig aufgenommen, und Beethoven spielte Bratsche, sowohl in der Hofkapelle, als auch im Orchester des Theaters, zusammen mit so hervorragenden Musikern, wie den Geigern Franz Ries und Andreas Romberg, dem Cellisten Bernhard Romberg, dem Hornisten Nikolaus Simrock und dem Flötisten Anton Reicha; einige von ihnen blieben fast ihr gesamtes Leben über befreundet. Diese Orchestererfahrung bildet den notwendigen Hintergrund für die eindrucksvollste Komposition der Bonner Jahre, die Kantate auf den Tod Kaiser Josephs II. (WoO 87).

Joseph II. war nicht nur der ältere Bruder des Kurfürsten, sondern ein mächtiges Symbol für jene intellektuellen, gesellschaftlichen und politischen Ideen der Aufklärung im 18. Jahrhundert. Seine reformerischen Ideen fanden in Bonn unter Beethovens Zeitgenossen rasche Aufnahme, so daß die Trauer über den Tod des Kaisers in Wien am 20. Februar 1790 zweifellos ehrlich empfunden war. Als die Nachricht vier Tage später in Bonn eintraf, plante die dortige Lesegesellschaft sogleich für den 19. März eine Gedenkveranstaltung. Beethoven wurde mit einer Kantate beauftragt; aus unbekannten Gründen kam sie indes nicht zur Aufführung. Möglicherweise gab es nicht ausreichend Probenzeit; daß man das Stück für unbedeutend erachtete, scheint eher unwahrscheinlich, denn im Herbst führte Beethoven den Auftrag für die Komposition einer zweiten Kantate *Auf die Erhebung Leopolds II. zur Kaiserwürde* (WoO 88) aus, wenngleich auch sie offenbar nicht aufgeführt wurde.

Ein weiterer Auftrag wurde in Angriff genommen, um Beethovens begabtem und mächtigem Freund, dem Grafen Ferdinand Waldstein, eine Freude zu bereiten: Am 6. März 1791 brachte der Graf ein Ballett in alten germanischen Kostümen heraus, das vom ortsansässigen Adel aufgeführt wurde. Die Musik für dieses *Ritterballett* (WoO 1) stammte von Beethoven, wenngleich sein Name nicht in Erscheinung trat. Die Tatsache, daß Beethoven die 24 Variationen für Klavier auf das Thema von Righinis Arietta *Venni amore* (WoO 65), die im Sommer 1791 gedruckt wurden, der Gräfin von Hatzfeld widmete, weist auf eine weitere Verbindung zum Adel hin.

Für Beethoven aber dürften sich die aufregendsten Ereignisse dieses Jahres außerhalb Bonns abgespielt haben. Als Großmeister des Deutschen Ordens mußte der Kurfürst während vieler Wochen die Sitzungen in Mergentheim leiten,

»Primo amore«, Szene und Arie für Sopran,
WoO 92 (komponiert um 1790),
Handschrift Beethovens

wohin er stets sein Orchester mitnahm. Die Fahrt der Musiker rheinaufwärts war Anlaß für viele Feste und Späße; Beethoven behielt davon noch in späteren Jahren viele glückliche Erinnerungen, wie auch ein kurioses Andenken in Form eines Scherzdiploms. In Mergentheim kam es zu einer Reihe anspruchsvoller Konzerte, außerdem nahm Beethoven die Gelegenheit wahr, mit Freunden nach Aschaffenburg, einer Sommerresidenz des Kurfürsten von Mainz, zu reisen, wo er dem berühmten Pianisten Sterkel einen Besuch abstattete. Man sagt, daß Sterkels leichter Anschlag und sein graziöses, präzises Spiel für Beethoven eine Entdeckung waren. Als aber Sterkel Beethoven aufforderte, seine eigenen Righini-Variationen zu spielen, wozu er ihn im Stillen nicht für fähig hielt, löste Beethoven seinerseits Verblüffung aus, vor allem, als er weitere Variationen im Stil Sterkels improvisierte.

Sicherlich erkannten zu jener Zeit nicht nur andere Berufsmusiker Beethovens Wert oder wußten seine Freundschaft zu schätzen. Er hatte einen Freundeskreis ins Leben gerufen, der sich aus einigen der herausragendsten, fortschrittlichsten und angesehensten Familien Bonns rekrutierte. Wenigstens einige unter ihnen mögen hier genannt werden. Graf Waldstein, acht Jahre älter als Beethoven, war 1788 aus Wien nach Bonn gekommen. Als enger Vertrauter des Kurfürsten und selbst hochmusikalisch, erwies er sich Beethoven gegenüber als ergebener Freund und Gönner. Er hatte seine Bekanntschaft im kultivierten Kreis der Familie von Breuning gemacht. Frau von Breuning, deren Gatte 1777 bei einem Brand ums Leben gekommen war, hatte vier Kinder, alle wenig jünger als Beethoven: Eleonore, die später einen anderen Freund Beethovens aus dessen Bonner und frühen Wiener Jahren, Franz Gerhard Wegeler, heiratete; Christoph, Stephan, der einen Leben lang mit Beethoven befreundet war, und Lorenz, der früh verstarb. Die junge Witwe wurde für Beethoven fast zur zweiten Mutter und scheint in sein Wesen genauen Einblick gehabt zu haben. Ihrer Autorität ist es zu verdanken, daß er auch Pflichten erfüllte, die ihn langweilten. Auch erkannte sie seinen Hang zur Ich-Bezogenheit, denn noch 1801 ließ Beethoven grüßen: »daß ich noch zuweilen einen raptus han«. Außerdem nahm sie einen gewissen Einfluß auf seine Freundschaften; und bezüglich seiner am wenigsten passenden Freunde bemerkte Beethoven in späteren Jahren: »Die verstand es, die Insekten von den Blüten fernzuhalten«. Diese freundliche Überwachung und die Tatsache, daß ihm beinahe ein zweites Zuhause beschert wurde, bedeuteten viel für Beethoven, der trotz seiner zahlreichen Bewunderer in gewissem Sinne ein einsamer, bisweilen sogar quälend schüchterner junger Mann blieb.

Aber auch sonst hatte Bonn ein angenehmes gesellschaftliches Leben zu bieten. Der Kurfürst war oft verreist, was Beethoven die nötige Freiheit für musikalische Aktivitäten außerhalb des Hofes gab. So verbrachte er viel Zeit im Kreise seiner adeligen Freunde und wohlhabender Bürger, wie den Familien

Westholt, Eichhoff und Koch. Die Kochs leiteten eine Art gesellschaftlichen und intellektuellen Salon, den Zehrgarten, der ein Zentrum des intellektuellen Lebens in Bonn war, und eine ganze Reihe von Beethovens frühen Kompositionen entstanden für Mitglieder dieses Kreises.

Möglicherweise machte Waldstein den entscheidenden Vorschlag, daß Beethoven nun nach Wien gehen und bei Haydn studieren solle. Als Haydn im Dezember 1790 auf dem Weg nach England durch Bonn kam, hatte er die Bekanntschaft einiger der »geschicktesten Musiker« (Dies) gemacht, es ist indes nicht bekannt, ob sich Beethoven unter ihnen befand. Laut Wegeler kam das kurfürstliche Orchester aber im Juli 1792 in Godesberg zusammen, um Haydn, der sich nun auf der Rückreise nach Wien befand, ein Frühstück zu geben, und Wegeler fügt hinzu, daß ihm Beethoven bei dieser Gelegenheit eine Kantate zeigte (zweifellos WoO 87 oder 88) und damit von Seiten Haydns Anerkennung erntete. Wahrscheinlich fand dies früher, nämlich auf Haydns Hinreise statt. Höchstwahrscheinlich kam jetzt aber zur Sprache, daß Beethoven Haydns Schüler werden solle; der Kurfürst, der die Kosten für Reise und Aufenthalt in Wien berappen sollte, stimmte dem Plan schließlich zu. Man legte Beethovens Abreise für Anfang November fest. Ein Stammbuch aus jener Zeit enthält die guten Wünsche einer großen Anzahl seiner Freunde, die keinen Grund zur Annahme hatten, daß er Bonn für immer verlassen würde. Keine der Eintragungen aber war so prophetisch wie die Graf Waldsteins:

»*Lieber Beethoven! Sie reisen itzt nach Wien zur Erfüllung ihrer so lange bestrittenen Wünsche. Mozarts Genius trauert noch und beweint den Tod seines Zöglings. Bey dem unerschöpflichen Haydn fand er Zuflucht, aber keine Beschäftigung; durch ihn wünscht er noch einmal mit jemandem vereinigt zu werden. Durch ununterbrochenen Fleiß erhalten Sie:* Mozarts Geist aus Haydns Händen. *Ihr warer Freund Waldstein.*«

1792–1795

Beethoven erreichte Wien, die Stadt, die nun bis ans Ende seines Lebens sein Zuhause bleiben sollte, in der zweiten Novemberhälfte 1792. Er war nicht ganz 22 Jahre alt. Sein Eintritt in die Wiener Kreise gestaltete sich unauffällig, und die gelegentlichen Eintragungen in sein kleines Tagebuch, das er auf seiner Reise begonnen hatte und bis mindestens 1794 führte, geben am meisten Aufschluß über seine unmittelbaren Beschäftigungen. So erfährt man, daß er nach einem Klavier und einem Perückenmacher sucht, Kleidung einkauft, die Adresse eines Tanzlehrers notiert, und so weiter. Spätere Eintragungen beziehen sich auf das Anmieten einiger Unterkünfte. Und auf der gleichen Seite, die »am Mittwoch den 12ten december [1792], hatte ich 15 ducaten« vermerkt, werden verschiedene kleine Geldsummen im Zusammenhang mit dem Namen ›Haidn‹ genannt. So hatte also der Unterricht bei Haydn, der eigentliche Grund seiner Reise, schon in den ersten paar Wochen seiner Ankunft begonnen. Ein anderes Ereignis desselben Monats, der Tod seines Vaters in Bonn am 18. Dezember, findet im Tagebuch keinen Niederschlag.

Haydn unterrichtete Beethoven nicht länger als ungefähr ein Jahr; im Januar 1794 verließ er Wien und reiste zum zweiten Mal nach London. Beethoven war darüber enttäuscht, verheimlichte seine Gefühle aber vor Haydn, so daß die Beziehung zwischen Lehrer und Schüler nach außen hin während des ganzen Jahres 1793 herzlich war. Haydn scheint auch nichts gegen Beethoven gehabt zu haben – zumindest solange nicht, bis Beethoven später einige recht schroffe Dinge über ihn sagte. Durch ihr unterschiedliches Temperament war ein Konflikt allerdings vorprogrammiert. Zweifellos erhoffte sich der kinderlose Haydn von seinem brillanten Schüler Zuneigung, wenn nicht sogar Liebe – und Beethoven war genau in diesem Bereich zu mißtrauisch, als daß er das Gewünschte hätte geben können. Zwar schrieb er an den lediglich mittelmäßig begabten, längst vergessenen Neefe: »Werde ich einst ein großer Mann, so haben auch Sie teil daran«, andererseits mußte er das

Genie von »Papa« Haydn als Hindernis empfinden, den er wie einen weiteren Vater besiegen oder aber ihm ausweichen mußte. Beethovens Unbehagen kristallisierte sich in dem grundlosen Verdacht, sein Lehrer sei ihm gegenüber nicht wohlmeinend und vernachlässige oder verhindere sogar den Unterricht. (Die formale Seite des Unterrichts ist durch die erhaltenen, streng kontrapunktischen Übungen überliefert; Beethovens Handschrift ist immer wieder von Korrekturen Haydns durchsetzt.) Fehlende Gründlichkeit von Seiten Haydns war einer der Gründe für Beethovens Groll. Nachdem Haydn einige seiner Fehler übersehen hatte, erbat er sich für einige Monate die Hilfe eines anderen Lehrers, des Komponisten Johann Schenk, verheimlichte dies aber vor Haydn.

Unklar ist, ob Haydn ihm auch Unterricht in freier Komposition gab. Einen Anhaltspunkt bietet hierbei eine Episode, die mehr Aufschluß über Haydn als über seinen Schüler gibt. Seit Beethoven Bonn verlassen hatte, konnte er mit dem ihm zur Verfügung stehenden Geld kaum seinen Lebensunterhalt bestreiten. Zwar erhielt er weiterhin vierteljährlich sein Gehalt aus Bonn, auch hatte er nach seines Vaters Tod beim Kurfürst erfolgreich um eine Verdopplung nachgesucht, allerdings mußte ein Teil dieser Summe wohl zum Unterhalt der Brüder dienen, die immer noch in Bonn waren. In Wien standen ihm jährlich nur 100 Dukaten (ungefähr 500 Gulden) zur Verfügung. Er hatte gehofft, die gesamte Summe bei seiner Ankunft in Wien zu erhalten, da ihm beträchtliche Auslagen bevorstanden; sie scheint indes vierteljährlich ausbezahlt worden zu sein. Folglich mußte er Geld leihen. Am 23. November 1793 schrieb Haydn in Beethovens Interesse an den Kurfürsten und legte fünf Musikstücke bei, »Kompositionen meines lieben Schülers Beethoven«, dem er prophezeite, er werde »mit der Zeit die Stelle eines der größten Tonkünstler in Europa vertreten«. Er fügte mit der ihm eigenen Großzügigkeit hinzu: »Ich werde stolz seyn, mich seinen Meister nennen zu können; nur wünsche ich, daß er noch eine geraume Zeit bey mir verbleiben dürfe.« Haydns nächster Brief wandte sich Beethovens Unterhalt zu; die 100 Dukaten des Kurfürsten werden als eine, gemessen an Beethovens Bedürfnissen, recht karge Summe beschrieben, und er verweist darauf, daß er selbst Beethoven 500 Gulden leihen mußte. Der Brief endet mit dem Vorschlag, der Kurfüst täte gut daran, den Unterhalt im kommenden Jahr auf 1000 Gulden zu erhöhen. Die Antwort des Kurfürsten war so treffend wie kühl. Denn vier der fünf beigelegten Werke waren bereits lange vor dem Wechsel nach Wien in Bonn entstanden und aufgeführt und somit kein Anzeichen eines Fortschritts. Darüber hinaus erhielt Beethoven nicht nur die 100 Dukaten, sondern auch sein normales Gehalt von 400 Gulden, so daß er keinen Grund für besondere Schwierigkeiten habe. Der Kurfürst schloß den Brief mit folgenden Worten:

»*Ich denke dahero, ob er nicht wieder seine Rückreise hierher antreten könne, um hier seine Dienste zu verrichten: denn ich zweifle sehr, daß er bey seinem itzigen Aufenthalte wichtigere Fortschritte in der Composition und Geschmak gemacht haben werde und ich fürchte, daß Er eben so wie bei seiner ersten Wienner Reise bloß Schulden von seiner Reise mitbringen werde.*«

Es sieht so aus, als habe Beethoven Haydn nicht nur bezüglich der Gesamtsumme seines Einkommens in die Irre geführt, sondern auch bezüglich der in Wien geschriebenen Musik und ihn somit der vernichtenden Reaktion des Kurfüsten ausgesetzt. Dies legt wiederum nahe, daß Beethoven unter Haydns unmittelbarer Aufsicht kaum etwas vollendete, obgleich er offenbar einige der späteren Bonner Werke überarbeitet und verbessert hat.

So könnte die sich verschlechternde, wenngleich nach außen hin freundschaftlich maskierte Beziehung auch der Grund dafür sein, daß Beethoven Haydn nicht nach England begleitete. Er wandte sich einem anderen Lehrer zu, dem Kapellmeister von St. Stephan, Johann Georg Albrechtsberger, dem bekanntesten Lehrer für Kontrapunkt in Wien. Der Unterricht fand dreimal wöchentlich statt, begann nach Haydns Abreise und dauerte das ganze Jahr 1794 und bis in den Frühling 1795 hinein. Der Unterricht war gründlicher als bei Haydn und umfaßte nicht nur den einfachen Kontrapunkt, sondern auch kontrapunktische Übungen in freier Komposition, in Stilübungen, in zwei-, drei- und vierstimmigen Fugen, Chorfugen, den doppelten Kontrapunkt auf den verschiedenen Intervallen, Doppelfugen, den dreifachen Kontrapunkt und den Kanon. Hier brach der Unterricht ab. Albrechtsberger war ein überaus gewissenhafter, gleichzeitig aber auch sehr trockener Lehrer.

Ein dritter Name wird oft noch im Zusammenhang mit Haydn und Albrechtsberger genannt und zwar der des kaiserlichen Kapellmeisters Antonio Salieri. Salieri hatte die freundliche Angewohnheit, mittellosen Musikern kostenlos Unterricht zu erteilen, insbesondere in der Vertonung italienischer Texte; und man nimmt an, daß Beethoven diese unverbindliche Hilfe bald nach seiner Ankunft in Wien in Anspruch nahm. Allerdings gibt es verbürgte Hinweise auf ein ernsthaftes Studium mit Salieri nur für die Jahre 1801–1802, in denen er eine große Zahl mehrstimmiger Lieder auf italienischen Text ohne Instrumentalbegleitung sowie eine Szene und Arie für Sopran und Streichorchester (WoO 92a) komponierte. Ihnen folgten 1802 noch zwei Stücke mit Orchesterbegleitung, und zwar das Terzett *Tremate, empi, tremate* (op. 116) sowie das Duett *Ne' giorni tuoi felici* (WoO 93). Die Stücke gehen über reine Kompositionsübungen hinaus und waren möglicherweise für ein Konzert vorgesehen. Trotz Salieris Hilfestellung beherrschte Beethoven nie wirklich das italienische Versmaß, wenngleich er zu der Zeit, als er sich der Oper zuwandte, hierin zweifellos Fortschritte erzielte.

Dieses Thema soll indes erst später behandelt werden. Beethovens vordringlichstes Anliegen in Wien war neben seinem Studium, sich als Pianist und Komponist durchzusetzen. Und beides gelang ihm schnell und mit bemerkenswertem Erfolg. Abgesehen von seiner Begabung gibt es hierfür mindestens zwei Gründe, die ihm nicht nur den Weg ebneten, sondern ihn auch dann noch unterstützten, als er bereits die Stufen des

Erfolgs erklommen hatte. Der eine Grund waren seine schnellen Kontakte mit adeligen Kreisen. Er war als der Hoforganist und -pianist des Onkels von Kaiser Franz aus Bonn gekommen, und darüber hinaus hatten die adeligen Wiener, die ihn anläßlich des Besuchs beim Kurfürsten gehört hatten, seinen Ruf bereits verbreitet; er war ein Protégé des Grafen Waldstein, der durch Geburt oder Heirat mit einigen der höchsten Häuser Österreichs, Böhmens und Ungarns verbunden war; und er war ein Schüler Haydns. So hatte er die denkbar günstigste Position inne, um in die besten adeligen Kreise eingeführt zu werden.

Der zweite Grund hing mit der Art dieser Kreise an sich zusammen. Jener Adel, dessen Macht sich auf das österreichische Kapital gründete, war in Europa hinsichtlich seiner hingebungsvollen Liebe zur Musik führend, so daß er einen Großteil seiner Zeit und einen beachtlichen Teil seines Vermögens in dieses auffallend luxuriöse Vergnügen steckte, manchmal bis hin zum finanziellen Ruin. Diese Aristokraten luden nicht nur Virtuosen in ihre Stadtpalais und Landsitze ein, sondern hielten sich auch, wie zum Beispiel Fürst Lobkowitz, private Orchester, die Esterházys sogar eine Operntruppe. Andere, die weniger Geld ausgeben konnten, leisteten sich doch zumindest eine Holzbläsergruppe, wie Fürst Karl Lichnowsky, oder ein Streichquartett, wie der russische Graf Rasumovsky. Der Hofrat von Kees war nur einer von vielen, die Hauskonzerte organisierten; eine riesige Notensammlung befand sich im Besitz des Barons van Swieten, einem patriarchalischen Adeligen, der sich in verdienstvoller Weise der Musik Bachs und Händels annahm und sie dem Wiener Publikum vorstellte. Die Namen von van Swieten und einigen anderen tauchen in den Lebensbeschreibungen von Mozart und Haydn auf. Und in diesen Kreisen hieß man nun auch Beethoven willkommen.

Und doch brauchte er mehr als reine Zustimmung. Sein Bonner Gehalt wurde nur bis März 1794 ausbezahlt, und in einer Liste der Musiker des Kurfürsten vom Herbst des Jahres wurde er geführt als »Beethoven – bleibt ohne Gehalt in

Wien bis er einberufen wird«. (Der Kurfürst hatte jetzt, nach den militärischen Erfolgen der benachbarten Franzosen, ganz andere Sorgen. Er hatte Wien im Januar 1794 besucht, wo Beethoven ihn möglicherweise aufgesucht und über seine Situation unterrichtet hatte.) Da viele der Adeligen weitläufige Wohnungen oder mehrere Häuser besaßen, war es für sie ganz natürlich, Beethoven Unterkunft zu gewähren. Eines der ersten Häuser in Wien, wenn nicht sogar überhaupt das erste, in dem er unterkam, gehörte dem Fürsten Lichnowsky, der bald zum führenden Gönner des Komponisten wurde. Er und seine Frau Christiane, eine geborene Thun, waren hochmusikalisch und überschütteten ihn mit Zuvorkommenheit. Andere wiederum waren weniger großzügig oder gastfreundlich, so daß es kaum verwundert, daß Beethoven im Juni 1793 nach Eisenstadt reiste, wo sich Haydn aufhielt; zweifellos sorgten die Ersterházys für ihn. Außerdem unterstützte ihn bereits zu Anfang der Ungar Nikolaus Zmeskall von Domanovecz, der mit Beethoven ein Leben lang befreundet blieb. Privat spielte er ausgezeichnet Cello, komponierte Quartette und förderte Aufführungen von Beethovens Werken und erwies ihm darüber hinaus auch kleinere Dienste. So versorgte er ihn zum Beispiel mit Federkielen, da Beethoven nicht in der Lage war, sie sich richtig zuzuschneiden.

Beethovens sofortige und eklatante Erfolge als Klaviervirtuose waren anfangs auf Hauskonzerte beschränkt. Regelmäßig stattfindende öffentliche Konzerte, wie sie während der ganzen Saison in London und Paris üblich waren, gab es im Wiener Musikleben nicht; es gab nur einige Wohltätigkeitskonzerte jährlich und gelegentlich das Subkriptionskonzert eines Virtuosen oder Kapellmeisters. In den Salons allerdings verblüffte Beethoven mit seinem Klavierspiel, vielleicht noch mehr mit seinen Improvisationen. Eine Ahnung davon, was diese Seite des Lebens für Beethoven bedeutete, kommt in einem seiner Briefe an Eleonore von Breuning in Bonn zum Ausdruck. Wegen eines Streits vor seiner Abreise nach Wien hatte er ihr erst wieder geschrieben, als er schon nahezu ein Jahr in Wien war. Er widmete ihr das erste seiner in Wien erscheinenden Werke, welches im übrigen teilweise in Bonn entstanden war, seine Variationen für Violine und Klavier über Mozarts *Se vuol ballare* (WoO 40), und gesteht ihr in Anspielung auf die schwierigen Triller in der Coda:

»*Nie würde ich so etwas gesetzt haben; aber ich hatte schon öfter bemerkt, daß hier und da einer in W. war, welcher meistens, wenn ich des Abends fantasirt hatte, des andern Tages viele von meinen Eigenheiten auffschrieb, und sich damit brüstete. Weil ich nun voraus sah, daß bald solche Sachen erscheinen würden, so nahm ich mir vor, ihnen zuvorzukommen. Eine andere Ursache war auch dabei, die hiesigen Klaviermeister in Verlegenheit zu setzen, nämlich: manche davon sind meine Todfeinde, und so wollte ich mich auf diese Art an ihnen rächen, weil ich voraus wußte, daß man ihnen die V. hier und da vorlegen würde, wo die Herren sich dann übel dabei produciren würden.*«

Die Hartnäckigkeit des Virtuosen ist bezeichnend, und es sollte nicht mehr lange dauern, bis er seine Kräfte vor einem größeren Publikum ins Spiel brachte.

Bald bot sich hierzu anläßlich eines Wohltätigkeitskonzerts im Burgtheater am 29. März 1795 die Gelegenheit. Beethoven trat als Komponist und Virtuose in Erscheinung, da er ein Klavierkonzert von eigener Hand spielte, wahrscheinlich das Konzert in B-dur, das später als das 2. Klavierkonzert (op. 19) veröffentlicht wurde. Sein alter Bonner Freund Franz Gerhard Wegeler besuchte Wien von Oktober 1794 bis Sommer 1796 und erlebte die Vorbereitungen für dieses Konzert. Er berichtet, daß Beethoven das Finale erst im allerletzten Moment fertigstellte, wobei er an starken Schmerzen im Unterleib litt. Möglicherweise war es aber auch das neun Monate später im Dezember stattfindende Konzert mit dem 1. Klavierkonzert in C-dur (op. 15). Beethoven erschien auch für das zweite Wohltätigkeitskonzert am folgenden Tag auf dem Podium; diesmal spielte er eine Improvisation. Und am 31. März spielte er zum dritten Mal innerhalb von drei Tagen anläßlich einer von Mozarts Witwe organisierten Aufführung von Mozarts *La clemenza di Tito*; diesmal spielte er ein Klavierkonzert von Mozart.

Abgesehen von den Eleonore von Breuning zugeeigneten Variationen hatte Beethoven bisher noch nichts in Wien veröffentlicht. Eine bewußte Entscheidung, da sein op. 1 als Ereignis gedacht war. Er wählte eine Gruppe von drei Klaviertrios, eine Gattung, die bei den aristokratischen Verehrern der Kammermusik beliebt war, und widmete es dem Fürsten Lichnowsky. Die Trios waren schon gehört und hoch geschätzt worden, möglicherweise in früheren Versionen. Es gibt eine bekannte Geschichte, die die Bedeutung dieser ersten Aufführung während einer Soirée im Hause Lichnowsky und mit Anwesenheit Haydns ins rechte Licht rückt; obgleich Haydn die Trios lobte, heißt es, er habe Beethoven davon abgeraten, das dritte in c-moll zu veröffentlichen. Wenn diese Geschichte im Detail stimmt, so muß die Soirée vor Haydns Abreise nach England im Januar 1794 stattgefunden haben. Denn als er im August 1795 nach Wien zurückkehrte, war das op. 1 gerade erschienen. Aber es ist wahrscheinlicher, daß er die Trios erst nach seiner Rückkehr gehört und sein Bedauern darüber ausgedrückt hat, daß auch das c-moll-Trio veröffentlicht wurde. Da gerade das dritte Trio letztendlich das erfolgreichste war, verdächtigte Beethoven Haydn der Böswilligkeit; Jahre später bestätigte Haydn, daß er gegen die Veröffentlichung des Werks Vorbehalte hatte, und fügte hinzu, er hätte nicht vermutet, daß es verstanden und so gut aufgenommen werden würde. Beethoven veröffentlichte sein op. 1 als Subskription; als Herausgeber zeichnete Artaria. Die Subskriptionsliste enthielt 123 Namen, und die Subskriptionen beliefen sich auf 241 Exemplare zu einem Dukaten, was ungefähr viereinhalb Gulden entspricht; da Beethoven dem Herausgeber lediglich einen Gulden pro Exemplar bezahlte, machte er damit einen stattlichen Gewinn.

Haydns Rückkehr nach Wien war von der Aufführung einer anderen wichtigen Komposition Beethovens im Hause Lichnowsky geprägt: den drei Klaviersonaten, die er nacheinander im März 1796 als op. 2 veröffentlichte und die Haydn gewidmet waren. Ries behauptet, daß Haydn gehofft hatte, Beethoven würde an seinen Namen auf der Titelseite die Worte »Schüler von Haydn« anhängen – im übrigen eine weit verbreitete Geste –, Beethoven dies aber ablehnte und im engsten Kreis erklärte, er habe zwar bei Haydn einige Unterrichtsstunden gehabt, dennoch aber nichts von ihm gelernt. Wie auch immer wurden die Sonaten im März 1796 veröffentlicht, ohne Hinweis auf die Schülerschaft.

Nach außen hin schien die Beziehung zwischen den beiden nicht sichtlich belastet. Am 18. Dezember 1795 trat Beethoven das zweite Mal bei einem von Haydn organisierten Konzert öffentlich als Komponist und Virtuose in Wien auf. Neben drei jüngst für London komponierten Symphonien Haydns spielte Beethoven ein Klavierkonzert, wobei es sich möglicherweise um die Erstaufführung des C-dur-Konzertes handelte. Ein weiteres Zeichen für Beethovens wachsende Popularität war der Auftrag, für den im November desselben Jahres von der Pensionsgesellschaft Bildender Künstler organisierten Ball im Redoutensaal die Menuette und Deutschen Tänze zu schreiben.

1796–1800

Aber Beethoven strebte nach einem noch größeren Publikum. Sein jüngster Bruder Nikolaus Johann war Ende 1795 nach Wien gekommen und hatte in einer Apotheke Anstellung gefunden; und sein anderer Bruder Caspar Carl war seit Mitte 1794 in Wien und verdiente seinen Lebensunterhalt offensichtlich mit Musikunterricht. So waren alle drei Brüder in Wien und Beethoven fühlte sich jetzt in der Lage, auf Konzerttournee zu gehen. Im Februar 1796 reiste er, wie übrigens Mozart sieben Jahre früher, mit Fürst Lichnowsky nach Prag. In einem Brief aus Prag an seinen Bruder Johann in Wien spricht er von seiner Absicht, Dresden, Leipzig und Berlin zu besuchen und fügt hinzu: »Fürs erste geht mir's gut, recht gut.

Meine Kunst erwirbt mir Freunde und Achtung. Was will ich mehr. Auch Geld werde ich diesmale ziemlich bekommen.« Am 11. März gab er ein Konzert in Prag; am 29. April spielte er vor dem Kurfürsten von Sachsen. Nach seiner Ankunft in Berlin spielte er mehrere Male vor König Friedrich Wilhelm II. von Preußen, und mit dem ersten Cellisten des Königs, Jean Louis Duport, spielte er die beiden Cellosonaten op. 5, die für diesen Anlaß entstanden waren. Ein weiteres Gelegenheitsstück waren die 12 Variationen für Cello und Klavier auf ein Thema von Händel; natürlich war das Cello das Instrument des Königs und das Thema von Händel (›See the conqu'ring hero comes‹) mag als eine höfliche Verbeugung in Richtung Thron verstanden werden. Der König überreichte Beethoven eine goldene Schnupftabakdose voller Louis d'ors: »Daß es keine gewöhnliche Dose gewesen sei«, vermerkte Beethoven später voller Stolz, »sondern eine der Art, wie sie einem Gesandten wohl gegeben werde«. Es scheint, daß er ungefähr einen Monat in Berlin war, wobei er sowohl die Bekanntschaft von Kapellmeister Himmel als auch von Zelter und Fasch machte und zweimal an der Singakademie Improvisationen vortrug.

Bis Beethoven wieder nach Wien zurückkehrte, war sein Freund Wegeler zusammen mit Christoph von Breuning nach Bonn zurückgegangen, wohingegen Christophs Bruder Lorenz in Wien blieb. Beethoven und Wegeler, der sein Medizinstudium beendete, 1802 Eleonore von Breuning heiratete und in Koblenz eine Praxis eröffnete, trafen sich nie wieder, blieben indes Freunde und schrieben sich von Zeit zu Zeit. Wegelers Beitrag zu den *Biographischen Notizen über Ludwig van Beethoven*, die er gemeinsam mit Ferdinand Ries nach Beethovens Tod verfaßte und 1838 veröffentlichte (1845 folgte eine Ergänzung), ist eine wertvolle Informationsquelle über Beethovens Kindheit und Jugend in Bonn und über sein Leben in Wien bis 1796.

Ende 1796 ging Beethoven erneut auf Reisen. Am 23. November spielte er bei einem Konzert in Pressburg, dem heutigen Bratislava. Aus dem folgenden Jahr 1797 gibt es kaum überlieferte Ereignisse. Ende Mai schrieb er an Wegeler, daß es ihm gut gehe, und tatsächlich ging es ihm immer besser; am 1. Oktober verfaßte er einige herzlichen Zeilen für Lorenz von Breunings Stammbuch, der nach Bonn zurückkehrte. Was sich zwischen diesen Daten abspielte, ist nicht bekannt, und möglicherweise war er in dieser Zeit sogar ernsthaft krank. Eine Quelle berichtet von einer solchen Krankheit in der zweiten Hälfte des vorangegangenen Jahres, wo es zwischen Juli und November gleichfalls eine Lücke in den Überlieferungen gibt. 1797 wurden mehrere Kompositionen veröffentlicht: Opus 5–8, von denen die Es-dur-Sonate (op. 7) und die für Berlin geschriebenen Cellosonaten (op. 5) am bedeutendsten waren. Außerdem erschien *Adelaide* (op. 46), dem Verfasser dieses Liedes, dem Dichter Matthisson gewidmet. 1798 wurden noch mehr Stücke veröffentlicht, darunter die drei Streichtrios op. 9, seine bis dato beeindruckendsten Kammermusikwerke, sowie die drei Klaviersonaten op. 10. Die Trios waren dem Grafen Johann Georg von Browne gewidmet, einem Gönner, den Beethoven in seiner Widmung als den ›premier Mécene de sa Muse‹ beschreibt. Dessen Frau wiederum war das op. 10 gewidmet.

Anfang 1798 erregte die Ankunft von General Bernadotte, dem Gesandten des Französischen Direktoriums, große Aufmerksamkeit; in seinem Gefolge befand sich der Geiger Rodolphe Kreutzer. Beide machten die Bekanntschaft Beethovens, der nur wenig jünger war als sie. Bernadottes Aufenthalt in Wien war von kurzer Dauer, doch soll er Beethoven auf die Idee gebracht haben, eine ›heroische‹ Sinfonie zu schreiben, die den jungen General Bonaparte zum Thema habe.

Zu einem späteren, nicht genauer bekannten Zeitpunkt dieses Jahres besuchte Beethoven Prag und gab dort zwei öffentliche Konzerte und einen privaten Vortragsabend. Der böhmische Komponist Václav Tomásek (Wenzel Tomaschek) wohnte den Konzerten bei und beschrieb sie teilweise sehr detailliert. Er war dabei, als Beethoven das Adagio und Rondo aus der Klaviersonate in A-dur op. 2 spielte und hörte seine Improvisationen über ›A perdona‹ aus Mozarts *Titus* und über

›Ah vous dirai-je maman‹ sowie das B-dur und C-dur Klavierkonzert. Tomaschek schreibt von ersterem, daß es eigens für Prag geschrieben worden sei, so daß es sich möglicherweise um eine überarbeitete Version handelte. Tomaschek hatte in seinem Leben alle hervorragenden Virtuosen von der Zeit Mozarts bis in die vierziger Jahre des 19. Jahrhunderts gehört, Beethoven aber war für ihn der größte von allen, obgleich er als Komponist mehr Kritik einstecken mußte. Bis 1798/99 hatte Beethovens Virtuosität in Wien offenbar keinen ernsthaften Rivalen, was sich allerdings änderte, als der in Salzburg geborene Pianist Joseph Wölfl und aus London Johann Baptist Cramer auftauchten. Beide waren ungefähr in seinem Alter. Der Ansporn, der von der Konkurrenz zweier so ausgezeichneter Pianisten ausging, mußte, wenngleich der Ausdruck ihres Spiels von dem seinen recht verschieden war, auf Beethoven heilsam gewirkt haben. Und tatsächlich schreibt er 1801 an einen Adressaten, der ihn seit zwei Jahren nicht gehört hatte, daß sich sein Spiel »sehr vervollkommnet« habe.

Beethoven empfand wohl die Herausforderung durch einen lebenden Komponisten als weitaus entmutigender. 1795/96 reagierte er auf die brillanten Symphonien, die Haydn aus London mitgebracht hatte, mit dem Versuch, eine eigene Sinfonie in C-dur zu schreiben. Aber obgleich er eifrig daran arbeitete, blieb sie unvollendet und wurde aufgegeben. Im April 1798 nun gab Haydn eine private Aufführung seines neuen Oratoriums *Die Schöpfung*, und man kann es Beethoven nicht übelnehmen, daß er seinem alten Lehrer die Beteuerung abnahm, die Eingebung einiger Passagen sei übermenschlich. Darüber hinaus brachte Haydn laufend und mit unverminderter Energie meisterhafte Streichquartette hervor: 1793 und 1797 entstanden jeweils sechs Quartette. Obwohl alle Werke mit Opuszahlen, die Beethoven bis jetzt in Wien veröffentlicht hatte, mehr oder weniger der Kammermusik zuzuordnen waren, war doch das Streichquartett das Genre, mit dem man vor allem Haydn und natürlich Mozart verband, und das bei Beethoven deutlich unterrepräsentiert war. Wie sehr sich Beethoven dieser herausragenden Vorbilder bewußt war, zeigt die Tatsache, daß er sich aus mehreren ihrer Quartette zum genaueren Studium Sätze abschrieb. Dennoch fühlte er sich nun der Herausforderung gewachsen, und so arbeitete er in der zweiten Hälfte des Jahres 1798 und während des gesamten Winters und Frühlings an einer Reihe von Quartetten.

Man ist versucht eine Verbindung zwischen dem Selbstbewußtsein dieser Unternehmung und einer damit zusammenfallenden Veränderung in seiner Arbeitsweise zu sehen. Beethoven hatte von den Kompositionen, an denen er gerade arbeitete, stets Skizzen verfaßt, die dann im Laufe der Zeit umfangreicher wurden. Aber bis dato hatte er diese Skizzen auf lose Einzelblätter oder auf doppelte Notenblätter notiert. Ab Mitte des Jahres 1798 trug er seine Entwürfe in ein gebundenes Buch mit Notenpapier ein. Die ersten beiden Skizzenbücher beinhalteten Entwürfe für die vier Quartette, an denen er gerade schrieb, wie auch für eine beachtliche Zahl anderer Werke, die er in diesen Monaten noch vollendete, überarbeitete oder in Angriff nahm. (Unter den vollendeten Werken befindet sich ein Lied mit dem Titel *La Tiranna* (WoO 125), das er auf einen englischen Text verfaßte, wobei er teilweise mit einer phonetischen Transkription arbeitete.) Die Skizzenbücher waren für ihn offenbar von großer Bedeutung, denn wenn sie vollgeschrieben waren, warf er sie nicht weg, sondern bewahrte die meisten Bände dieser immer umfangreicher werdenden Sammlung bis ans Ende seines Lebens auf. Einige Gesichtspunkte ihrer Bedeutung, was in der Beethovenforschung der letzten Jahre einen besonderen Platz einnimmt, werden weiter unten vorgestellt.

1798 kam ein Student der Theologie und begabter Geiger namens Karl Amenda aus Kurland (Lettland) als Erzieher der Kinder des Fürsten Lobkowitz und Musiklehrer im Hause von Mozarts Witwe nach Wien. Er und Beethoven wurden bald gute Freunde; in der Tat waren sie nahezu unzertrennlich. Im Spätsommer 1799 jedoch mußte Amenda wieder nach Kurland zurück, und am 25. Juni 1799 übergab ihm Beethoven die Kopie eines Quartetts ›als ein kleines Denkmal unserer Freundschaft‹. Dieses Quartett wurde später in reichlich veränderter Form als das erste der Quartette op. 18 veröffentlicht. Es ist nicht klar, wieviele der sechs Quartette bis Ende 1799 vollendet waren; auf alle Fälle aber überarbeitete er die zuerst geschriebenen, bevor er sie seinem Verleger zusandte.

Andere Freundschaften, die zu dieser Zeit entstanden, erwiesen sich für Beethoven letztendlich als verhängnisvoller. Im Mai 1799 kamen die Gräfinnen Therese und Josephine von Brunsvik aus Ungarn nach Wien, wo sie ihrer verwitweten Mutter einen kurzen Besuch abstatteten. Diese erbat sich für ihre beiden 20 und 24 Jahre alten Töchter von Beethoven Unterricht. Er war von ihnen entzückt, erwies sich als äußerst aufmerksamer Lehrer und komponierte für ihr Album eine musikalische Gabe, bestehend aus einem Lied mit einigen Variationen für zwei Klaviere (WoO 74). Über die Töchter befreundete er sich mit den anderen Familienmitgliedern, ihrem Bruder Franz und ihrer jüngsten Schwester Charlotte; Julie (Giulietta) Guicciardi, die 1800 mit ihren Eltern von Triest nach Wien kam, war ihre blutjunge Cousine. Beethoven war bald ein willkommener Gast auf ihren Sommersitzen in Ungarn. Aber die kurze Reise nach Wien hatte für Josephine unglückliche Folgen. Ihre Familie machte die Bekanntschaft des Grafen Joseph Deym (oder auch Herrn Müller; er war nach einem Duell ausgewiesen worden und kehrte unter einem Pseudonym zurück); Deym besaß ein berühmtes Wachsfigurenmuseum, und obgleich er nahezu 30 Jahre älter war als Josephine, sah ihre Mutter in ihm einen passenden Ehemann, zum Teil sicher auch, um den Familienbesitz zu sanieren. Josephine willigte schweren Herzens ein, und die beiden wurden rasch verheiratet; in Wirklichkeit aber war Deym hochverschuldet, so daß die Heirat nicht einmal in dieser Hinsicht lohnte. Beethovens Besuche in dem von den Deyms bewohnten Flügel des 80-Zimmer-Museums mußten der unglücklichen jungen Gräfin ein wenig Trost gespendet haben.

Am 2. April 1800 gab Beethoven sein erstes Konzert im Burgtheater, bei dem die Einnahmen ihm zuflossen. Auf dem Programm standen neben einer Mozartsinfonie und Teilen aus

Haydns *Schöpfung* zwei neue Werke von Beethoven, nämlich das Septett (op. 20) und die 1. Sinfonie. Ersteres wurde eines seiner beliebtesten Werke; auch letzteres nahm man günstig auf, wenngleich die schweren Stimmen für die Bläser angemerkt wurden. Am Klavier trat Beethoven mit einer Improvisation und einem Klavierkonzert in Erscheinung – entweder mit dem Konzert in C-dur oder B-dur. Zweifellos hatte er vor, ein weiteres Konzert zu komponieren, das 3. in c-moll, das ungefähr zu dieser Zeit entstand, aber erst im Frühjahr 1803 aufgeführt wurde. (Die Partitur mit einem gründlich überarbeiteten Solopart ist mit ›1803‹ datiert.) Möglicherweise konnte zu jener Zeit das Konzert in c-moll nicht rechtzeitig fertiggestellt werden. Als er später in diesem Monat mit dem böhmischen Hornisten Johann Wenzel Stich (Stich selbst nannte sich mit Vorliebe ›Giovanni Punto‹) zusammentraf, schrieb er rasch eine Hornsonate (op. 17); drei Wochen später gaben sie ein weiteres Konzert in Pest. Möglicherweise verbrachte Beethoven einen Teil des Sommers 1800 mit den Brunsviks in Ungarn.

Die zweite Hälfte des Jahres 1800 verlief nach außen hin ohne besondere Ereignisse; zweifellos wurden die Streichquartette op. 18 endgültig überarbeitet, außerdem entstand die Klaviersonate in B-dur (op. 22) und die Violinsonaten in a-moll und F-dur (op. 23 und 24). Ansporn, für ein mögliches Konzert im folgenden Frühjahr neue Werke vorzubereiten, gab es kaum, da er einen wichtigen Auftrag für das Theater der Wiener Hofburg erhalten hatte: Er sollte die Musik für ein Ballett des gefeierten Ballettmeisters Salvatore Viganò mit dem Titel *Die Geschöpfe des Prometheus* (op. 43) schreiben. Die Erstaufführung fand am 28. März 1801 im Burgtheater statt und war so erfolgreich, daß man das Werk über zwanzig Mal wiederholen mußte. Lediglich eine Skizze des Bühnenbilds blieb erhalten. Im Finale verwendete Beethoven eine Melodie, der offensichtlich eine gewisse emotionale Bedeutung zukam, ja vielleicht sogar etwas von seiner Entschlossenheit und seinem Heldenmut beim Kampf gegen Widrigkeiten verkörperte, denn immerhin benützte er die Melodie noch in zwei wichtigen und anspruchsvollen Variationenkompositionen, die er 1802 und 1803 fertigstellte: den Klaviervariationen op. 35 und dem Variationenfinale der Eroica.

Zu jener Zeit rangen mehrere Verleger um Beethovens neueste Werke, und wenn auch eine Reihe wichtiger Kompositionen schließlich erschienen waren – so zum Beispiel zum Jahresende 1799 die höchst eigenwillige, dem Fürsten Lichnowsky gewidmete *Sonate pathétique* (op. 13) –, so hatten andere wiederum noch keinen Käufer gefunden. Ein unterhaltsamer Briefwechsel mit dem Verleger Franz Anton Hoffmeister, der erst vor kurzem von Leipzig nach Wien übergesiedelt war, datiert aus ungefähr dieser Zeit. Hoffmeister kaufte schließlich mehrere Werke, angefangen bei der 1. Sinfonie, dem 2. Klavierkonzert, dem Septett und der B-dur-Klaviersonate.

Überraschenderweise beabsichtigte Beethoven, die Sinfonie seinem früheren Landesherrn und Arbeitgeber, dem Kurfürsten von Köln, zu widmen. Die letzten Jahre waren für Maximilian Franz hart gewesen. Nachdem ihn die siegreichen Franzosen im Oktober 1794 aus Bonn vertrieben und er einige Zeit in verschiedenen Städten zugebracht hatte, war er schließlich nach Wien zurückgekehrt und ließ sich in Hetzendorf, vor den Toren der Stadt, nieder. Man nimmt an, daß Beethoven im Sommer 1801 einige Zeit in und um Hetzendorf verbrachte, wobei er sehr wohl den Kurfürst aufgesucht haben könnte, um ihm seine Ehrerbietung zu erweisen oder mit ihm Frieden zu schließen. Immerhin stammen die Anweisungen bezüglich der Zueignung der Sinfonie aus einem Brief an Hoffmeister vom 21. Juni 1801. Beethovens Wunsch wurde nicht entsprochen, da der Kurfürst am 26. Juli starb, und in der Folge wurde die Sinfonie Baron van Swieten gewidmet.

1801–1802 Die Taubheit

In einer Zeit der persönlichen Krise war es für Beethoven nur natürlich, daß sich seine Gedanken um seine letzten Bonner Jahre und die Freunde drehten, die er immer noch dort hatte.

Einer von ihnen – sein ältester Freund, ein ausgebildeter Arzt, diskret und fern von Wien – eignete sich besonders dazu, erster Mitwisser eines Geheimnisses zu werden, das Beethoven einige Jahre lang für sich behalten hatte und das auch jetzt unter seinen Freunden in der Hauptstadt noch nicht bekannt war: die entsetzliche Entdeckung, daß er taub werden würde. In einem Brief vom 29. Juni 1801 wurden nun diese Neuigkeiten Wegeler in Bonn mitgeteilt, zwei Tage später erfuhr auch Karl Amenda in Kurland davon.

Wann genau Beethoven erstmals gewisse Beeinträchtigungen seines Hörvermögens feststellte, kann nicht mit Gewißheit gesagt werden. Vielleicht wußte er es selbst nicht genau, da sich der Beginn heimtückisch vollzog und er wohl Zeiten der vorübergehenden Taubheit oder des verminderten Hörvermögens nicht als unheilvoll ansah, zumal er seit langem an Fieberattacken, Leibschmerzen und eine zeitweise geschwächte Gesundheit gewöhnt war. Ein junger Mann rechnet nicht damit, taub zu werden, und obwohl er einmal andeutete, daß er die ersten Symptome bereits 1796 wahrgenommen habe, so lassen andere Aussagen doch auf ein wesentlich späteres Datum schließen. Die Krise aber kam erst mit der wachsenden Gewißheit, daß seine Taubheit fortschritt und wohl unheilbar war. Aufgrund der Beschreibungen seiner Symptome sind sich heutige Fachleute weitgehend einig, daß Beethovens Taubheit auf eine Mischform der Otoskleose zurückzuführen ist, also auch auf eine Degeneration des Gehörnervs – zweifellos ein seltenes Leiden.

Zu dieser Zeit hatte Beethoven die Hoffnung noch nicht aufgegeben, daß seine Ärzte etwas für sein Gehör tun könnten, allerdings konnte er bereits die unkalkulierbaren Schwierigkeiten vorhersehen, die ihm sowohl im Berufsleben als auch in der Gesellschaft bevorstanden – ein oft vernachlässigter Punkt, der doch gleichermaßen bedeutend für ihn war. So schrieb er an Wegeler:

»Ich kann sagen, ich bringe mein Leben elend zu, seit zwei Jahren fast meide ich alle Gesellschaften, weils mir nicht möglich ist den Leuten zu sagen: ich bin taub. Hätte ich irgend ein anderes Fach, so gings noch eher, aber in meinem Fache ist das ein schrecklicher Zustand; dabei meine Feinde, deren Zahl nicht geringe ist, was würden diese hiezu sagen! –«

An Amenda schrieb er in ähnlichen Worten: »Dein Beethoven lebt sehr unglücklich, im Streit mit Natur und Schöpfer«, fügte allerdings hinzu, daß ihn sein Leiden am wenigsten behindere, solange er spiele und komponiere – am meisten beeinträchtigt war er in Gesellschaft. Eine merkwürdige Eigenheit dieser Briefe ist, daß sie nicht nur eine melancholische Bestandsaufnahme seiner durch die Taubheit hervorgerufenen Verzweiflung sind, sondern auch ein fast lyrisches Portrait seiner beruflichen und finanziellen Erfolge. Lichnowsky hatte sich bereiterklärt, ihm für einige Jahre ein Gehalt von 600 Gulden zu bezahlen; sechs oder sieben Verleger rangen um jedes seiner neuen Werke; oftmals arbeitete er gleichzeitig an drei oder vier Kompositionen; sein Klavierspiel hatte sich merklich verbessert: ›womit könnte ich mich jetzt nicht messen?‹

Viereinhalb Monate später schrieb Beethoven noch einmal einen langen Brief an Wegeler: Seine Ärzte waren nicht in der Lage, sein Gehör zu retten, dennoch führte er ein etwas angenehmeres Leben:

»Du kannst es kaum glauben, wie öde, wie traurig ich mein Leben seit 2 Jahren zugebracht; wie ein Gespenst ist mir mein schwaches Gehör überall erschienen, und ich floh die Menschen, mußte Misanthrop scheinen und bin's doch wenig. – Diese Veränderung hat ein liebes, zauberisches Mädchen hervorgebracht, das mich liebt, und das ich liebe...und es ist das erste mal, daß ich fühle, daß Heirathen glücklich machen könnte; leider ist sie nicht von meinem Stande.«

Dieser Brief ähnelt früheren, in denen Phrasen in einem sehr exaltierten Ton enthalten sind: »Ich will dem Schicksal in den Rachen greifen; ganz niederbeugen soll es mich gewiß nicht. – O es ist so schön, das Leben, tausendmal leben!« Solche Passagen sind, wie auch die mehr düsteren, Ausdruck seiner gegensätzlichen Stimmungen, als er sich mit der Aussicht auf vollständige Taubheit konfrontiert sah, wie auch der so unerwarteten Bedrohung einer bislang triumphalen Karriere. Die Haltung gottergebener Resignation, mit der er so widerstrebende Gefühle zu meistern suchte, war ihm nicht unbedingt gegeben, drückte sich aber in den sechs gleichsam hymnischen Vertonungen geistlicher Gedichte von Gellert aus (op. 48), die er ungefähr zu dieser Zeit vollendete.

Das ›liebe, zauberische Mädchen‹, das Licht in Beethovens Tage brachte, war zweifellos die Gräfin Giulietta Guicciardi. Sie war keine 17 Jahre alt; zu jung, vielleicht auch zu verwöhnt, um Beethovens Verehrung ernst zu nehmen. Dennoch war sie wohl einige Zeit geschmeichelt von den Aufmerksamkeiten, die ihr ein berühmter Komponist entgegenbrachte, ein Mann, den ihre Cousinen so sehr bewunderten. Es wurde viel, wahrscheinlich viel zu viel daran herumgedeutelt, daß er ihr die 1801 entstandene *Mondscheinsonate* (op. 27 Nr.2) widmete, aber es ist klar, daß er für einige Zeit in ihrem Bann stand – sie selbst hat sich damit gebrüstet –, und mit gemischten Gefühlen muß Beethoven die Nachricht von der Heirat mit dem Grafen Wenzel Robert Gallenberg im November 1803 aufgenommen haben, einem Komponisten zahlloser Ballettmusiken und lediglich ein Jahr älter als die Gräfin.

Gegen Ende des Jahres 1801 befand sich Ferdinand Ries, Sohn jenes Franz Ries, der sich in Bonn der Familie Beethoven angenommen hatte, in Wien, und Beethoven erklärte sich bereit, ihm Klavierunterricht zu erteilen. Ries war zu diesem Zeitpunkt gerade 17 Jahre alt und blieb solange bei Beethoven, bis er im Herbst 1805 nach Bonn zurück mußte, um seinen Militärdienst abzuleisten. Während dieser vier Jahre hatte er unvergleichliche Möglichkeiten, Beethoven bei der Arbeit, bei seinen Spaziergängen auf dem Lande, mit seinen Brüdern und Freunden oder bei seinen gesellschaftlichen Verpflichtungen mit dem Adel zu beobachten. Diese Erinnerungen brachte er in Form seiner recht kunstlosen *Biographischen Notizen* nieder, die er in Zusammenarbeit mit Wegeler in den dreißiger Jahren des 19. Jahrhunderts zusammenstellte und die als Quelle für ein authentisches und unsentimentales Beethovenbild von unschätzbarem Wert sind. Ein wiederkehrendes Thema in Ries' Aufzeichnungen ist Beethovens Unlust oder Unfähigkeit, sich den gängigen Konventionen im gesellschaftlichen Umgang unterzuordnen. Vor allem war es ihm unmöglich, den Höfling zu spielen und der gefälligen Bitte nach Hauskonzerten nachzukommen. Die zuletzt genannten Eigenschaften führten später tatsächlich zu der Haltung eines Fürsten der Kunst und er beanspruchte auch, sich als ein solcher zu benehmen.

Eine bestimmte Seite an Beethovens Verhalten stellte für Ries offenbar ein besonderes Rätsel dar, und zwar die Beziehung zu seinen Brüdern: Zu Ries' Entsetzen teilten da erwachsene Männer mitten in einer Auseinandersetzung auf der Straße Schläge aus. Den Machenschaften seiner Brüder sind viele Schwierigkeiten Beethovens in seinen Beziehungen zu Freunden, aber auch ganz alltäglicher Natur zuzuschreiben, wobei Ries sich wohl ganz loyal auf die Seite seines Lehrers stellte. Zweifellos aber spielte besonders Caspar Carl bezüglich der Geschäfte Beethovens eine wichtige Rolle. Ab 1802 waren ihm für mehrere Jahre die Kontakte und Verhandlungen mit Verlegern über neue Kompositionen anvertraut. Am 25. Mai 1806 heiratete er jedoch Johanna Reiss, die Tochter eines wohlhabenden Polsterers; ihr einziges Kind Karl wurde am 4. September geboren. Danach verzichtete Beethoven größtenteils auf die Hilfe seines Bruders, sein Neffe indes nahm später eine wichtige Stelle in seinem Leben ein.

Den Sommer 1802 verbrachte er nur vor den Toren Wiens, in dem kleinen Dorf Heiligenstadt. Hier legte er sicherlich letzte Hand an die 2. Sinfonie und vollendete mehrere andere Werke dieses äußerst produktiven Jahres: die drei Violinsonaten op. 30, die Bagatellen op. 33 und eventuell die erste der beiden Klaviersonaten op. 31. Er war bereits im Frühling nach Heiligenstadt gegangen, möglicherweise mit dem Hintergedanken, seiner Gesundheit und seinem Gehör zuliebe länger als sonst auf dem Lande zu bleiben. Jetzt im Oktober, als er seine Rückkehr in die Stadt vorbereitete, verfaßte er mit Sorgfalt ein merkwürdiges Dokument, das an seine beiden Brüder gerichtet war, wenngleich er statt des Namens seines Bruders Johann jedesmal eine Lücke ließ. Das als ›Heiligenstädter Testament‹ bekannte Schreiben wurde am 6. Oktober 1802 begonnen und am 10. Oktober 1802 beendet und erst nach seinem Tod unter seinen Papieren gefunden. Inhaltlich bezeichnet das Schreiben einen Tiefpunkt der Niedergeschlagenheit innerhalb seiner wechselnden Stimmungen. Sein Gehör hatte sich auf dem Lande nicht verbessert, und er erkannte, daß sein Leiden möglicherweise chronisch sein würde; er verteidigte sich gegenüber dem Vorwurf, ein Misanthrop zu sein, und erklärte, indem er von seinen Brüdern Abschied nahm, daß er jetzt zwar die Idee des Selbstmordes verworfen habe, aber für den Tod bereit sei, wann er auch kommen möge. Das Testament wurde stets als ein ergreifendes Zeugnis der Verzweiflung verstanden, in der sich Beethoven zu dieser Zeit oft befand.

1803–1808

Beethoven scheint sich von dieser abgrundtiefen Niedergeschlagenheit schnell erholt zu haben, vermutlich mit Hilfe seines üblichen Heilmittels, der harten Arbeit. Die Aktivitäten zeigen deutlich, daß er die Ansicht ablehnte, seine Taubheit könne ihm beruflich schaden. Caspar Carl schrieb am 12. Februar 1803 an Breitkopf & Härtel:

»*Sie werden schon gehört haben, daß mein Bruder bey dem Wiedener Theater engagiert ist, er schreibt eine Oper und hat das Orchester unter sich, kann dirigen [sic!], wenn es nöthig ist, weil für alle Tage schon ein Direktor da ist. Er hat die*

Oberdirektion deswegen mehrentheils genommen damit er ein Chor für seine Musick hat.«

Obgleich Beethoven sich bereits in ganz Europa einen Ruf als Komponist von Instrumentalmusik erworben hatte, war doch immer noch die Oper der Hauptweg zum Ruhm. Zu jener Zeit herrschte in Wien selbst ein gewisser Mangel an talentierten Opernkomponisten, der Import französischer Opern aus Paris hatte dafür jedoch ab dem Frühjahr 1802 mehr als entschädigt. Die Opern von Cherubini und in geringerem Ausmaße auch von Méhul waren außerordentlich beliebt; Cherubinis Musik wurde tatsächlich so frenetisch begrußt, daß eine seiner Opern, *Les deux journées*, von rivalisierenden Theatern an aufeinanderfolgenden Abenden gespielt wurde. Wie alle anderen Wiener reagierte auch Beethoven enthusiastisch auf diese Opern aus dem revolutionären Frankreich mit ihrem zeitgemäßen Realismus und ihren heroischen Inhalten, die bisweilen der jüngsten politischen Geschichte abgeschaut waren. So nahm er die Einladung Schikaneders, eine Oper zu schreiben, nur zu gerne an und quartierte sich im Theater an der Wien ein.

Finanziell schlug sich diese Abmachung sofort einmal in der Möglichkeit eines Konzertes nieder. Beethoven vollendete rasch sein Oratorium *Christus am Ölberge*, welches am 5. April 1803 zusammen mit der Ersten und Zweiten Sinfonie und dem 3. Klavierkonzert, von Beethoven selbst gespielt, aufgeführt wurde, wobei mit Ausnahme der Ersten Sinfonie alle Stücke dem Publikum neu waren. Das Oratorium behandelt die Verzweiflung Christi und ist Beethovens erster Auftritt in Wien als Komponist eines dramatischen Vokalstückes. Anläßlich der Ankunft des jungen Geigers, des Mulatten George Polgreen Bridgetower in Wien, schrieb Beethoven schnell noch ein weiteres Stück: Am 24. Mai wurde die Kreutzersonate (op. 47) von Bridgetower und dem Komponisten selbst aufgeführt. Möglicherweise wurde auch die Oper *Vestas Feuer* auf ein Libretto Schikaneders in Angriff genommen.

Aber offenbar drängte ihn etwas anderes, nämlich das innere Bedürfnis, ein großes Instrumentalwerk zu vollenden. Die

Ludwig van Beethoven,
Miniatur von Christian Hornemann (1803)

Arbeit an der Dritten Sinfonie, der *Sinfonia eroica*, nahm ihn in diesem Sommer in Oberdöbling am meisten in Anspruch. Ursprünglich hatte die Sinfonie, als Hommage an den jungen Helden des revolutionären Frankreich, der mit Beethoven fast gleichaltrig war, den simplen Titel ›Bonaparte‹. Aber die Verklärung Napoleons als einen heroischen Führer wich der Ernüchterung, als sich der Erste Konsul im Mai 1804 selbst zum

Kaiser krönte. Das Ausmaß von Beethovens Wut, als diese Nachricht Wien erreichte, ist sattsam bekannt: Er nahm die vollendete Partitur vom Tisch und riß das Titelblatt entzwei. Als die Sinfonie 1806 veröffentlicht wurde, bekam sie ihren heutigen Titel einer ›heroischen Symphonie‹, komponiert ›um das Andenken eines großen Menschen zu feiern‹. Sie ist nicht das einzige Werk Beethovens aus diesen Jahren, das außermusikalische Ideen des Heroischen widerzuspiegeln oder zu verkörpern scheint. Ein ähnlicher Geist weht zum Beispiel durch die sogenannte ›Waldsteinsonate‹ (op. 57), die gleich nach der Sinfonie in den letzten Monaten des Jahres 1803 komponiert wurde, und durch die *Appassionata*, die im folgenden Jahr in Angriff genommen wurde. Selbst die Streichquartette dieser Zeit, die drei im Sommer vollendeten und Graf Rasumovsky gewidmeten Quartette op. 59, entstammen diesem Denken.

Verglichen mit der anregenden Arbeit an diesen Instrumentalstücken, schleppte sich die Arbeit an der Oper hin: Gegen Ende des Jahres 1803 hatte Beethoven keine zwei Szenen von *Vestas Feuer* geschafft und gab das Werk auf. Tatsächlich war er auf ein attraktiveres Opernlibretto gestoßen, das seine Phantasie nicht mehr losließ. Es handelte sich um J. N. Bouillys *Léonore ou L'amour conjugal.* Die Geschichte von der Rettung eines politischen Gefangenen aus einer spanischen Festung, eingefädelt von seiner als Mann verkleideten Gattin, soll angeblich auf eine wahre Begebenheit aus der Zeit der Französischen Revolution zurückgehen. Zweifellos reizte Beethoven anfangs die Möglichkeit eine große ›Rettungsoper‹ zu schreiben, ähnlich den von ihm bewunderten Opern Cherubinis. Am 4. Januar 1804 berichtete er dem Leipziger Kritiker Rochlitz, daß er mit der Arbeit begonnen habe. Aber die tiefere Bedeutung des Stoffes für Beethovens eigene Psychologie sollte sich erst im Laufe der Arbeit herausstellen; durch die unverschuldete Taubheit niedergeschlagen und isoliert, lag es für Beethoven nahe, sich mit dem unschuldig eingesperrten Florestan zu identifizieren, der ohne offensichtliche Hoffnung auf Rettung alleine im Dunkeln ausharrt. (In ähnlicher Weise scheint sich der ›Kelch des Leidens‹, den Christus im Oratorium von 1803 leert, in Beethovens Denken mit seinem eigenen Leiden verbunden zu haben.) Und eine weitere Seite seines Wesens konnte sich wohl in die Figur der beherzten und unerschütterlich treuen Leonore einfühlen; sie, die von einer Vision von Hoffnung und Sehnsucht bestimmt ist und einem inneren Drängen folgt, ist in gewisser Hinsicht Beethovens Geist noch mehr verwandt als Florestan.

Nachdem der Besitzer des Theaters an der Wien 1804 wechselte, hatte Beethovens Vertrag, für dieses Haus eine Oper zu schreiben, keine Gültigkeit mehr. Möglicherweise war er auch gezwungen, eine neue Unterkunft zu finden; auf alle Fälle teilte er sich mit Stephan von Breuning einige Zimmer. Ein heftiger Streit zwischen den Freunden, der wohl hauptsächlich von Beethoven ausging, veranlaßte ihn jedoch, im Juli für einige Wochen nach Baden zu reisen, einer Sommerfrische, kaum 25 km von Wien entfernt. Breuning reagierte gelassen und nachsichtig und schrieb im November an den gemeinsamen Freund Wegeler: »Sie glauben nicht, lieber Wegeler, welchen unbeschreiblichen, und ich möchte sagen: schrecklichen Eindruck die Abnahme des Gehörs auf ihn gemacht hat«. Der Streit wurde beigelegt, aber trotz einiger herausragender Ereignisse, wie zum Beispiel die erste (private) Aufführung der *Eroica*, war dies doch kein glücklicher Sommer für Beethoven. Zeitweise mag er sogar mit dem Gedanken gespielt haben, Wien vollständig den Rücken zu kehren – möglicherweise um nach Paris zu reisen. Aber gegen Ende des Jahres wurde der Vertrag für die Oper erneuert, und er machte sich wieder an die Arbeit.

Neben der Arbeit an der Oper gab es für Beethoven noch einen anderen Grund, in Wien zu bleiben. Im Januar 1804 war Graf Deym, der Gatte von Josephine von Brunsvik, gestorben; die junge Witwe verbrachte mit ihren vier kleinen Kindern weiterhin viel Zeit in Wien, und Beethoven, der mit der Familie in Kontakt blieb, war ab Herbst ein häufiger Gast des Hauses. Er gab Josephine Klavierunterricht. Bald schon entwikkelte sich zwischen ihnen eine intensive Beziehung, deren

Natur und Verlauf man dem Inhalt von dreizehn Briefen entnehmen kann, die Beethoven an Josephine zwischen Herbst 1804 und Herbst 1807 schrieb, wie auch aus den Entwürfen einiger ihrer Antworten. Diese Dokumente wurden erstmals 1957 veröffentlicht. Soviel ist sicher, daß Beethoven in Josephine leidenschaftlich verliebt war; obwohl Josephine von seiner Verehrung gerührt war und sie sich stark für sein Glück, seine Ideale und seine Kunst interessierte, bewahrte sie doch stets eine gewisse Zurückhaltung und wies jede Intimität, die über herzliche Freundschaft hinausging, zurück. Es lassen sich durchaus Gründe dafür finden, daß sie sich nach einer unglücklichen Ehe und mit einer Schar Kinder, für die sie nun zu sorgen hatte, nur ungern mit einem so ungestümen Menschen wie Beethoven zusammentun würde, der Dinge von ihr forderte, die weit über das übliche Maß der Schicklichkeit hinausgingen und der darüber hinaus einen unbedeutenden gesellschaftlichen Rang einnahm. Aus der Sicht ihrer gefühlvollen und unverheirateten Schwester Therese, die viele Jahre später über jene Ereignisse schrieb, war für Josephine die Sorge um ihre Kinder ausschlaggebend. Sicherlich wirkte aber auch eine soziale Schranke trennend für das Paar; es ist ebenso bemerkenswert, daß sie das Ausmaß ihrer Intimität vor dem Rest der Familie Brunsvik ängstlich zu verheimlichen trachteten und sich siezten, wohingegen sich Beethoven mit dem Bruder, Graf Franz Brunsvik, vertraulich duzte.

Die intensivste Zeit dieser Beziehung fiel auf das Ende des Jahres 1804 und auf die ersten Monate des darauffolgenden Jahres, ungefähr auf jene Zeit also, zu der Beethoven das hymnische Finale seiner Oper schrieb, eine Lobpreisung auf die Taten eines tugendhaften Weibes und auf die ›Gattenliebe‹. Beethoven forderte nach wie vor einen engeren Kontakt als Josephine zu gewähren bereit war und so kam es, nach reuevollen Szenen und Mißverständnissen, im Herbst 1807 zum Bruch. Im darauffolgenden Sommer verließ sie Wien und heiratete 1810 Baron von Stackelberg; wie bereits ihre erste Ehe, war auch die zweite nicht glücklich. 1821 starb Josephine von Brunsvik.

Autographer Entwurf des Gefangenenchors, »Leonore« 2. Akt (Fassung von 1805)

Im Sommer 1805 war die Oper fertig, Schwierigkeiten mit der Zensur aber schoben die Premiere bis zum 20. November hinaus. Dies hatte unglückselige Konsequenzen für den Erfolg, da in den vorangegangenen Wochen die französischen Truppen auf Wien vorrückten. Am 9. November verließ die Kaiserin die Stadt, in der Napoleons Truppen vier Tage später einmarschierten. So kam es, daß im Premierenpublikum nicht der österreichische Adel und die wohlhabende Klasse saßen, die Beethoven stets unterstützten und bewunderten, denn diese waren fast vollständig aus der Hauptstadt geflohen, sondern daß statt dessen ein buntgemischtes Publikum, inklusive vereinzelten französischen Offizieren, dem Ereignis beiwohnte. Die Oper wurde alles andere als enthusiastisch aufgenommen und nach der dritten Vorstellung abgesetzt. Als jedoch Beethovens Freunde nach Wien zurückkehrten und wieder normale Zustände herrschten, verlangte man nach einer Wiederaufnahme der Oper, obgleich man sich im Großen und Ganzen darüber einig war, daß die Oper teilweise aufgrund ihrer Überlänge und der Zähigkeit einiger früherer Szenen durchgefallen war. Beethoven wurde zu drastischen Strichen überredet, die er indes nur höchst widerwillig ausführte, da sie zwar teilweise das dramatische Geschehen vorantrieben, auf der anderen Seite aber widerum das Stück verstümmelten. Der neuen Fassung setzte er eine Ouvertüre voran, die *Leonorenouvertüre* Nr. 3, die ihrerseits eine Überarbeitung der Ouvertüre der ersten Fassung (*Leonorenouvertüre* Nr. 2) war. In der veränderten Form wurde die Oper nun zweimal aufgeführt, am 29. März und am 10. April 1806; später geriet Beethoven mit dem Direktor des Theaters, Baron Braun, in Streit und zog seine Partitur zurück. In den folgenden acht Jahren war die Oper nicht mehr auf der Bühne zu sehen. Beethoven hatte stets beabsichtigt, daß die Oper unter dem Titel *Leonore* bekannt würde; aber sowohl 1805 als auch 1806 wurde sie unter dem Titel *Fidelio* angekündigt, und für die Produktion von 1814 (siehe unten) stimmte er schließlich diesem Namen zu. (Der Titel *Leonore* wird heutzutage oft angewandt, um die Fassungen von 1805 und 1806 von der gebräuchlichen Fassung von 1814 zu unterscheiden.)

Diese doppelte Ablenkung, die Oper einerseits und seine Liebe zu Josephine andererseits, und möglicherweise, in einer tieferen Schicht, das allmähliche Akzeptieren seiner Taubheit, mögen dazu geführt haben, daß es in den Jahren 1804 und 1805 weniger neue Kompositionen gab. Aber die Zeit von Frühjahr 1806 bis Ende des Jahres 1808 muß als ungeheuer fruchtbar angesehen werden, brachte sie doch einen ununterbrochenen Strom an vollendeten Werken hervor, viele von ihnen auf höchstem Niveau. Eine Bemerkung, die er unter seinen Skizzen des Sommers 1806 notierte, den er teilweise in Schlesien auf den Landsitzen von Prinz Lichnowsky und Graf Oppersdorff verbrachte, läßt etwas von seiner optimistischen und entschlossenen Stimmung erkennen: »Ebenso wie du dich hier in den Strudel der Gesellschaft stürzest, ebenso möglich ists, Opern trotz allen gesellschaftlichen Hindernissen zu schreiben. Kein Geheimnis sei dein Nichthören mehr, auch bei der Kunst«.

Unter den noch vor Jahresende vollendeten Werken befanden sich drei Streichquartette, die dem russischen Gesandten Graf Rasumovsky gewidmet waren, sowie die *Appassionata*-Sonate, wovon einige bereits früher entstanden waren, die Vierte Sinfonie, das Violinkonzert und im Wesentlichen das 4. Klavierkonzert. Sie wurden dem Publikum schon bald vorgestellt. Das Violinkonzert, ein äußerst rasch fertiggestelltes Werk, wurde am 23. Dezember 1806 von Franz Clement aufgeführt, und die Wiedergabe der Vierte Sinfonie, sowie des 4. Klavierkonzerts fanden im Rahmen zweier Konzerte im Palast von Fürst Lobkowitz im März 1807 statt, zusammen mit einer neuen Ouvertüre zu Collins Tragödie *Coriolan*. Eine weitere Ouvertüre, die offenbar für eine geplante Produktion seiner Oper in Prag geschrieben wurde, entstand auch ungefähr zu dieser Zeit, war aber nie vor Publikum zu hören; sie kam erst nach Beethovens Tod zum Vorschein und ist heute unter dem unlogischen Titel *Leonorenouvertüre* Nr. 1 (op.138) bekannt.

Mit Ausnahme der ersten beiden Rasumovsky-Quartette, die zunächst als ›schwierig‹ empfunden wurden, entzückten die großen Werke das anspruchsvolle Wiener Publikum und verbreiteten Beethovens Ruhm in ganz Europa. Hierfür gibt es viele Anzeichen. Im April 1807 wandte sich Muzio Clementi, der Besitzer eines bekannten Londoner Musikverlags und Klavierbauer, an Beethoven in Wien und sicherte sich die englischen Exklusivrechte einiger seiner neuesten Kompositionen. In näherer Umgebung erhielt er von Prinz Nikolaus Esterházy II., Haydns letztem Gönner, den Auftrag, eine Messe anläßlich des Namenstages seiner Frau im September 1807 zu komponieren. Dieser Auftrag machte Beethoven in ungewöhnlichem Maße nervös. Nicht nur, daß er in dieser Art Komposition gänzlich unerfahren war; sie wurde auch noch von Haydn ganz hervorragend beherrscht. Er hatte bis zum Jahr 1802 anläßlich des Namenstages der Prinzessin sechs solcher Messen verfaßt. Ein Vergleich zwischen Haydns Werken und dem seines einstigen Schülers war also unvermeidlich. Und letztlich war die Messe in C-dur (op. 86) auch nicht erfolgreich, obgleich Beethoven selbst sie sehr schätzte. Nachdem er den Sommer in Baden mit der Arbeit an der Messe verbracht hatte, begab er sich für die Erstaufführung am 13. September nach Eisenstadt; später verbrachte er einige Zeit in Heiligenstadt, wo er in den Folgemonaten zweifellos die Fünfte Sinfonie und seine Cellosonate in A-dur (op. 69) vollendete. Einige Ideen für die Sinfonie hatte er sich bereits in den ersten Monaten des Jahres 1804 notiert, 1807 aber entstand der größte Teil des Werks, wohl erst nachdem die Messe fertiggestellt war. Das Tempo, in welchem die Kompositionen entstanden, ließ auch im folgenden Jahr 1808 nicht im Geringsten nach. So entstand im Sommer, den er erneut in Heiligenstadt verbrachte, das umfangreichste und typischste seiner Werke, die Sechste Sinfonie, auch *Sinfonia Pastorale* genannt. Ihr folgten unmittelbar die beiden Klaviertrios op. 70.

Und doch verbarg sich hinter all jener aufgeregten Kreativität ein Problem, für welches Beethoven bis jetzt noch keine befriedigende Lösung gefunden hatte: Er hatte keine regelmäßige oder zuverlässige Einkommensquelle. Sicher konnte er auf die Großzügigkeit der adeligen Kreise zählen, die ihn nach wie vor bewunderten, auf das Honorar, welches ihm Widmungen oder der Verkauf seiner Musik an Verleger einbrachten. Doch auf diese kleinen Summen konnte er sich nicht verlasssen; immerhin lebte er in der Stadt, in welcher Mozart anderthalb Jahrzehnte früher verarmt gestorben war, teilweise sicher auch aufgrund der Tatsache, daß er keine angemessen bezahlte Stellung innehatte. Es war für ihn nicht einfach, Konzerte zu organisieren, deren Einnahmen ihm zufließen würden, da die meisten Konzerte Privatangelegenheiten des Adels waren oder aber zu wohltätigen Zwecken veranstaltet wurden, wofür sich Beethoven normalerweise zur Verfügung stellte. Gelegentlich konnte man eins der Theater für ein Benefizkonzert erhalten, wenn es aus bestimmten Gründen geschlossen war, wie zum Beispiel in der Karwoche oder rund um Weihnachten. Dies brachte aber oft nur enttäuschende Ergebnisse, so

1802 und erneut 1807. Deshalb ersuchte er in späteren Jahren die Direktoren der Kaiserlichen Theater um einen jährlichen Auftrag zur Komposition einer Oper gegen ein Gehalt von 2400 Gulden; ob nun diesem Gesuch stattgegeben wurde oder nicht, er machte zusätzlich seine Forderung nach einem jährlichen Benefiztag an einem der Theater dringlich. Das Gesuch enthielt einen Hinweis darauf, daß er sich sonst möglicherweise genötigt sähe, Wien zu verlassen. Falls einer der Direktoren überhaupt darauf reagiert haben sollte, so ist doch keine Antwort erhalten. Es folgte kein Werkauftrag, aber nachdem das Theater an der Wien ihm schließlich, nach vielen Verzögerungen, das Theater am 22. Dezember 1808 zur Verfügung stellte, teilweise auch in gerechtfertigter Anerkennung seiner Verdienste um die Wohltätigkeit, organisierte er ein großes Benefizkonzert.

Die Gestaltung des Abends läßt viele typische Charakterzüge Beethovens erkennen. Das Programm mit seinen vier Stunden Musik war unglücklich gewählt, da es praktisch nur unbekannte Stücke enthielt: Die Erstaufführung der Fünften und Sechsten Sinfonie, sowie die Wiener Erstaufführung des 4. Klavierkonzertes, mit Beethoven als Solist, Teile der C-dur-Messe und ein Stück, das zwölf Jahre zuvor für Prag entstanden war, die Szene und Arie *Ah! perfido* (op. 65); zusätzlich sollte Beethoven noch Improvisationen vortragen. Als ob dies für das Publikum nicht genug wäre, beschloß er, den Abend mit einem Finale zu beenden; und da nun ein Chor zur Verfügung stand, verfaßte er schnell noch ein Werk, das als *Chorphantasie* (op. 80) bekannt ist. Es bestand aus einer Introduktion für Klavier solo, die Beethoven bei der Erstaufführung selbst extemporierte, mehreren Variationen für Klavier und Orchester auf eine einfache Liedmelodie, die er in den neunziger Jahren geschrieben hatte, sowie einem kurzen Schlußteil für den Chor. In letzter Minute erst fertiggestellt, war das Werk heillos schlecht probiert; das Orchester stand mit Beethoven bereits auf gespanntem Fuß, da es während der Proben zu einem früheren Benefizkonzert zum Streit gekommen war, und mußte mitten in der Phantasie abbrechen und nochmals beginnen; Beethoven hatte sich mit der ursprünglich für die Arie engagierten Sopranistin überworfen, und die junge Einspringerin entpuppte sich als Fehlbesetzung; zusätzlich herrschte im Theater bittere Kälte. So war der Erfolg des Abends äußerst gemischt. Über die finanziellen Ergebnisse ist nichts bekannt.

1809–1812

Noch vor diesem Konzert war Beethoven eine feste Stelle angeboten worden, nämlich die des Kapellmeisters in Kassel, wo Napoleons jüngster Bruder Jérôme Bonaparte, ein junger Mann Anfang zwanzig, als ›König von Westphalen‹ regierte. Obgleich Beethoven normalerweise über die Wiener mit scharfer Zunge urteilte und sie bis an sein Lebensende kritisierte, ist offensichtlich, daß er, wenn irgend möglich, nicht die Absicht hatte, Wien zu verlassen. Der Kasseler Vertrag, der nur wenige Verpflichtungen enthielt, belief sich auf 600 Dukaten, zusätzlich 150 Dukaten Reisekosten. Insgesamt entsprach die Summe ungefähr 3400 Gulden jährlich; darüber hinaus war es eine Stelle auf Lebenszeit oder auf alle Fälle so lange wie der ›König‹ auf dem Thron bleiben würde. Beethoven setzte dieses Angebot nun als Druckmittel ein, um ein vergleichbares von Wien zu erhalten. Zwar beinhalteten seine Grundbedingungen, sollte er in Wien bleiben, die Garantie für ein Konzert jährlich, außerdem strebte er heftigst den Titel eines Kaiserlichen Kapellmeisters an, im Wesentlichen ging es aber um ein jährliches Gehalt von 4000 Gulden. Und nach ein oder zwei Monate dauernden Verhandlungen wurde dem dann auch entsprochen. Ein Dokument vom 1. März 1809 garantierte Beethoven durch die drei Unterzeichneten ein Jahresgehalt, solange er in Wien bleiben würde; eine Versicherungspolice und Rente deckten darüberhinaus Unfälle und Altersversorgung ab. Bei den Unterzeichneten handelte es sich um Erzherzog Rudolph (1500 Gulden), die Fürsten Lobkowitz (700 Gulden) und Kinsky (1800 Gulden). Zwar gab es Schwierigkeiten mit der regelmäßigen Auszahlung und der vollen Höhe des Betrages, aber als diese Probleme überstanden waren, war Beethoven von allen rationalen Gründen um finanzielle Sorgen frei.

An dieser Stelle seien nun einige Worte über den Erzherzog Rudolph gesagt, den jüngsten Bruder von Kaiser Franz und nicht nur der höchstgeborene, sondern auch der treueste Gönner Beethovens. Für den 1788 geborenen Erzherzog war eine kirchliche Laufbahn vorgesehen. Als Knabe zeigte er Begabung für Musik, und als er heranwuchs, wohl im Winter 1803/1804, im Alter von 16 Jahren, wählte er Beethoven als Klavierlehrer. Später wurde er Beethovens einziger Kompositionsschüler. Die Beziehung währte ohne Unterbrechung bis zu Beethovens Tod (Rudolph selbst starb vier Jahre später im Alter von 43 Jahren) und war auf beiden Seiten von ehrlichem Respekt füreinander geprägt. Rudolph behandelte Beethoven mit Achtung und humorvollem Verständnis; und trotz des unvermeidlichen Hofprotokolls, in welches der Erzherzog eingezwängt war und das Beethoven bisweilen zu schlechtem Benehmen provozierte, legte dieser doch eine beinahe kindliche Verehrung für Rudolph an den Tag, dem er einige seiner größten Werke widmete. Tatsächlich gibt es viele Briefe, in denen er darum bittet, von einer Unterrichtsstunde befreit zu werden, weil ein besonders dringendes Geschäft anstand oder weil er ›krank‹ sei; meistens entsprach der gutmütige Rudolph diesen Bitten, die er als Notlügen durchschaute.

Die Herzlichkeit ihrer Beziehung sollte sich in den Monaten, die der Unterzeichnung des Jahresgehaltes folgten, durch mehrere Ereignisse bestätigen. Zum zweiten Mal innerhalb von vier Jahren überfiel eine französische Armee Österreich und nötigte die kaiserliche Familie nebst Rudolph, die Stadt zu verlassen. Dennoch war man entschlossen, Wien zu verteidigen. Die Folge war, daß Wien während der ganzen Nacht des 11. Mai und den folgenden Morgen von französischen Haubitzen beschossen wurde. Man sagt, daß Beethoven im Keller des Hauses von Caspar Carl Unterschlupf fand und seinen Kopf mit Kissen bedeckte. Am Nachmittag des 12. Mai ergab sich die

Stadt, die nun zum zweiten Mal von den Franzosen besetzt war; die Besetzung dauerte zwei Monate und kostete die Wiener eine Menge Geld.

Der Sommer 1809 stand für Beethoven unter einem schlechten Stern. Wie bereits der Hof, so waren auch nahezu alle seine Freunde aus der Stadt geflohen, und eine Verständigung mit der Außenwelt war nur beschränkt möglich. Auch konnte er nicht zur Inspiration und Erholung aufs Land fahren. So verbrachte er einige Wochen damit, als Vorbereitung für den Unterricht Erzherzogs Rudolph, Teile aus theoretischen Werken von C.Ph.E. Bach, Türk, Kirnberger, Fux und Albrechtsberger zu kopieren. Die Gedanken über seinen abwesenden Gönner drückten sich in weitaus anrührender Weise in der programmatisch mit ›Lebewohl‹ oder ›Les adieux‹ überschriebenen Sonate (op. 81a), deren drei Sätze das schmerzliche ›Lebewohl‹ bei Rudolphs Abfahrt von Wien am 4. Mai 1809 darstellt, die Trauer über Rudolphs ›Abwesenheit‹ und seine Freude über das ›Wiedersehen‹ am 30. Januar 1810. (Beethoven hatte die Absicht, bei einer Veröffentlichung die Noten nicht nur mit diesen Überschriften, sondern auch mit dem Datum zu versehen.) Die Sonate scheint 1809 im Vorgriff auf Rudolphs Rückkehr vollendet worden zu sein und war ihm gewidmet. Zu einem früheren Zeitpunkt in diesem Jahr, noch vor dem Einmarsch der Franzosen, beendete Beethoven den größeren Teil des 5. Klavierkonzerts, das ebenfalls Rudolph zugeeignet war. Das dritte bedeutende Werk dieses Jahres, neben dem Konzert und der *Lebewohl-Sonate* in Es-dur, war das sogenannte ›Harfenquartett‹ (op.74). Einige andere kleinere Stücke wurden ebenfalls noch vor Jahresende komponiert: nicht nur die Klaviersonate in Fis-dur (op. 78), ein Werk, das er selbst sehr hoch einschätzte, sondern auch die Sonatine in G-dur (op. 79), die Klavierphantasie (op. 77) und eine Reihe von Liedern. Beethovens Schaffenskraft war selbst in seinen weniger produktiven Jahren erstaunlich.

Gegen Ende des Jahres wurde Beethoven mit einem Auftrag betraut, der ihm einiges an Kongenialität abverlangte. Nicht nur, daß er erneut mit dem Theater in Kontakt kam, das fragliche Stück war auch noch von Goethe, den er von allen lebenden Schriftstellern am meisten schätzte. Man hatte beschlossen, Goethes *Egmont* mit Begleitmusik zu versehen und Beethoven gebeten, sie zu komponieren; im Juni 1810 hatte er die Partitur beendet, und das Stück wurde alsbald aufgeführt. Abgesehen von der spannenden Handlung an sich – Graf Egmont beabsichtigt, die Niederlande von der spanischen Unterdrückung zu befreien, findet aber letztlich wegen seines tapferen Widerstandes den Tod –, läßt sich hinter Beethovens tiefem Interesse dafür möglicherweise ein weiterer Grund vermuten: Vielleicht stellt es seine eigene, verspätete Reaktion auf die Eroberung und Besetzung durch die Franzosen dar sowie seine Hoffnung auf Befreiung. Im Frühjahr oder Sommer 1810 schrieb er darüber hinaus drei Lieder (op. 83) auf Gedichte Goethes und erfuhr einiges über das Wesen des Dichters, über die Freundschaft mit der blutjungen, begabten und fesselnden Bettina Brentano, einer Freundin Goethes, den sie ihrerseits wiederum brieflich über Beethoven auf dem Laufenden hielt.

Ganz eindeutig war Beethoven von Bettina bezaubert; viel weniger weiß man hingegen über eine andere Frau, für die er sich kurz zuvor ehrlich interessierte. Denn es scheint klar, daß Beethoven im Frühjahr 1810 mehr oder weniger ernsthafte Heiratspläne hatte. Nicht nur, daß er mehr Sorgfalt auf seine Garderobe und persönliche Erscheinung legte; in einem Brief bat er sogar seinen alten Freund Wegeler in Bonn um eine Kopie seines Taufscheins, der sein genaues Alter belegen sollte. Die Frau, der all dies galt, war eine gewisse Therese Malfatti, die Nichte von Doktor Johann Malfatti, der 1808, nach dem Tod seines Vertrauensarztes Doktor Schmidt, bei dem er seit 1801 in Behandlung war, für kurze Zeit sein Arzt war. Es sieht so aus, als habe ihr Beethoven einen Heiratsantrag gemacht, der indes abgelehnt wurde. Zweifellos ging Beethoven von gänzlich falschen Vorstellungen aus; es gibt keinen Anhaltspunkt dafür, daß Thereses Familie in dem über vierzigjährigen Beethoven einen angemessenen Schwiegersohn für ihre nicht einmal zwanzigjährige Tochter gesehen haben dürfte, und der einzige überlieferte Brief an sie ist zwar ausgesprochen herzlich, aber nicht besonders intim. Beethovens Enttäuschung ist schwer zu ermessen. Man drängte ihn zu reisen, möglicherweise aufgrund seines besorgniserregenden Zustands, statt dessen aber ging er nur für zwei Monate nach Baden. Unter den Kompositionen, an denen er in diesem Sommer arbeitete, befand sich das Streichquartett in f-moll (op. 95) – das ›Quartetto serioso‹ – und das sogenannte ›Erzherzogtrio‹ in B-dur (op. 97); obgleich das Autograph der Partituren vom Oktober 1810 und März 1811 datiert ist, wurden beide Werke möglicherweise später vollendet. Die ersten Monate des Jahres 1811 scheinen kompositorisch vergleichsweise fruchtlos gewesen zu sein, wenngleich eine Anzahl größerer Werke, einschließlich der Chorphantasie und des einige Jahre zuvor verfaßten Oratoriums in Druck gingen.

Beethovens Gesundheit war nach wie vor alles andere als zufriedenstellend, und den Sommer 1811 verbrachte er auf Doktor Malfattis Anweisung zur Kur im böhmischen Badeort Teplitz, dem heutigen Teplice. Dort schrieb er die Schauspielmusiken zu zwei Bühnenwerken Kotzebues, *König Stephan* (op. 117) und *Die Ruinen von Athen* (op. 113), die als Prolog und Epilog für die Eröffnungsfeier des neuen Theaters zu Pest vorgesehen waren. Sichtlich erquickt kehrte er nach Wien zurück und begann mit der Arbeit an der 7. Sinfonie, die er im Frühjahr 1812 vollendete; sofort anschließend wurde die 8. Sinfonie in Angriff genommen. (Glaubt man den Skizzenbüchern für diese Sinfonien, so war ursprünglich geplant, daß ihnen eine 3., möglicherweise in d-moll, folgen sollte.) Zum zweiten Mal in zwei Jahren entschied sich Beethoven, Teplitz zu besuchen, wo er, über Prag reisend, am 5. Juli ankam. Am folgenden Morgen verfaßte er einen Liebesbrief an eine Unbekannte; in Anbetracht der Tatsache, daß darüber fast so viel geschrieben wurde wie über Beethovens gesamtes Œuvre, soll hier nur kurz davon die Rede sein. Aufgrund der internationalen Lage (Napoleon strebte gerade die Invasion Rußlands an), wurde das neutrale Teplitz zu einem Treffpunkt für viele hochstehenden Personen und Diplomaten. Für Beethoven aber war von weitaus größerer Bedeutung, daß auch Goethe anwesend war und das langerwartete Treffen zwischen ihnen stattfand. Der Kontakt war herzlich, die Reaktionen der beiden vorhersehbar. Seinem Freund Zelter vertraute Goethe an:

»*Sein Talent hat mich in Erstaunen gesetzt; allein er ist leider eine ganz ungebändigte Persönlichkeit, die zwar nicht Unrecht hat, wenn sie die Welt detestabel findet, aber sie freilich dadurch weder für sich noch für andere genußreicher macht. Sehr zu entschuldigen ist er hingegen und sehr zu bedauern, da ihn sein Gehör verläßt, was vielleicht dem musikalischen Teil seines Wesens weniger als dem geselligen schadet.*«

Beethoven erteilt in einem Brief an Breitkopf & Härtel weitaus strengere Zensuren: »Göthe behagt die Hofluft zu sehr, mehr als es einem Dichter ziemt«. Tatsächlich gedieh Beethovens Bewunderung für seine Mitmenschen aus der Distanz stets am besten.

Von Teplitz aus ging er, angeblich auf den Rat eines neuen Arztes, nach Karlsbad, heute Karlovy Váry, und von dort nach Franzensbrunn; dort nahm er an einem Wohltätigkeitskonzert für die Opfer eines Brandes in Baden teil, durch den ein Großteil dieser Sommerfrische zerstört worden war. Danach besuchte er wieder Karlsbad und kehrte schließlich nochmals nach Teplitz zurück, offenbar immer noch im Bestreben, seine Gesundheit zu stabilisieren. Anfang Oktober war er in Linz, wo er die Partitur der Achten Sinfonie in Angriff nahm; er wohnte bei seinem Bruder Johann, der dort 1808 eine Apotheke gekauft hatte. Aber es handelte sich weniger um einen Besuch als um eine Heimsuchung von Seiten Beethovens, da der Hauptgrund seiner Reise nach Linz darin bestand, in das Privatleben seines Bruders einzugreifen. Johann hatte einen Teil seines Hauses einem Wiener Arzt überlassen, dessen unverheiratete Schwägerin, eine gewisse Therese Obermeyer, später zu ihnen zog. In der Folge wurde Therese Johanns Geliebte. Beethoven protestierte indigniert und versuchte, der Beziehung ein Ende zu bereiten. Er rief sowohl den Bischof als auch die weltliche Obrigkeit zu Hilfe und hielt schließlich eine polizeiliche Anordnung in Händen, die das Mädchen der Stadt verwies. Aber noch bevor diese in Kraft treten konnte, spielte Johann einen Trumpf aus und heiratete Therese am 8. November. Beethovens übertrieben eigenmächtiges Handeln endete mit einer Niederlage, und er zog sich wütend nach Wien zurück. Von Beethoven gibt es in diesem Jahr nichts Neues mehr, außer daß er für den 29. Dezember ein Konzert mit dem französischen Geiger Pierre Rode vorbereitete, für welches er die G-dur Violinsonate (op. 96) vollendete.

Die Abfuhr durch seinen Bruder war die zweite seelische Krise des Jahres 1812, ein Jahr, das für Beethoven in gewisser Weise einen Wendepunkt darstellte. Werfen wir erneut einen Blick auf den Brief vom 6./7. Juli, der als der Brief an die ›Unsterbliche Geliebte‹ bekannt ist und erst nach Beethovens Tod unter seinen Papieren gefunden wurde. In dem 1840 veröffentlichten Brief gibt es keinen direkten Hinweis darauf, an wen sich dieser leidenschaftliche Liebesbrief richtet. Es ist der einzige seiner Briefe an eine Frau, der sich durchweg des intimen ›du‹ bedient. Sogar das Entstehungsjahr (es ist lediglich die Rede von ›Montag, 6. Juli‹) war lange Zeit ungewiß. So nannten seine ersten Biographen die Namen vieler Frauen, von denen bekannt ist, daß sie Beethoven bewunderten; aber fast alle mußten wieder gestrichen werden, als man das Jahr 1812 als das richtige Entstehungsjahr des Briefes erkannte, Teplitz als seinen Entstehungsort und Karlsbad (im Brief als ›K‹) als zeitweiligen Aufenthaltsort der Empfängerin.

In jüngster Zeit stammt die plausibelste Vermutung ihre Identität betreffend von Maynard Solomon, nach dessen Forschungen es sich um Antonie Brentano handelte, eine adelige Wiener Dame. Sie war zehn Jahre jünger als Beethoven und hatte mit 18 Jahren einen Frankfurter Geschäftsmann namens Franz Brentano geheiratet, ein Halbbruder von Bettina Brentano. Die Brentanos waren in den Jahren 1809 bis 1812 in Wien, wo Antonie erst ihren sterbenden Vater pflegte und später dann sein Erbe abwickelte. Zwar ist keineswegs gesichert, daß ihr der Gedanke zuwider war, nach Frankfurt zurückzukehren, wo sie sehr unglücklich war, dennoch machte sie alles nur Erdenkliche, um die Rückkehr hinauszuschieben, bis in die letzten Monate des Jahres 1812. Beethoven wurde durch Bettina 1810 in die Familie eingeführt, und nicht nur mit Antonie verband ihn eine herzliche Freundschaft, sondern auch mit deren Ehemann Franz und der zehnjährigen Tochter Maximiliane, für die er im Juni 1812 ein leichtes Klaviertrio in einem Satz (WoO 39) komponierte. Da die Brentanos nicht nur in Wien mit Beethoven, kurz vor seiner Abreise, in engem Kontakt standen, sondern sich auch gleichzeitig mit ihm in Prag befanden (vom 2. bis 4. Juli) und schließlich am 5. Juli nach Karlsbad weiterreisten, erfüllt Antonie Brentano alle chronologischen und topographischen Forderungen, um die Adressatin jenes berühmten Briefes zu sein.

Ob auch die psychologischen Forderungen erfüllt werden, hängt von der Lesart ihrer Persönlichkeitsstruktur und von der inneren Bedeutung des Briefes ab. Obgleich sie in vielerlei Hinsicht eine pflichtbewußte Ehefrau war, bewunderte sie Beethoven zutiefst, so daß sie sich möglichweise in emotionaler Abhängigkeit von ihm befand, vor allem, als die Rückkehr nach Frankfurt unumgänglich schien. Zweifellos fühlte sich Beethoven, trotz seines strengen Urteils über ehebrecherische Beziehungen, stark zu verheirateten Frauen oder zu Frauen, die bereits in einer Beziehung zu einem Mann standen, hingezogen. Wie auch immer ist der Brief ein äußerst zweideutiges Dokument. Es mischen sich feurige Ausdrücke des Begehrens nach einer völligen Vereinigung mit der Geliebten (»Ach, wo ich bin, bist du mit mir, mit mir und dir rede ich mache daß ich mit dir leben kann, welches Leben !!!! so !!!! ohne dich«) mit Sätzen, die resigniert die fehlende Erfüllung akzeptieren, und man kann sie als eine vorsichtige Zurückweisung lesen, was einen gemeinsamen Alltag betrifft: »In meinen Jahren jezt bedürfte ich einiger Einförmigkeit Gleichheit des Lebens – kann dieses bey unserm Verhältniße bestehn?«. Zweifellos wurden die Zweideutigkeiten geklärt, als Beethoven zu einem späteren Zeitpunkt mit den Brentanos in Karlsbad zusammentraf. Die Familie kehrte im Herbst wie vorgesehen nach Frankfurt zurück; Beethoven begegnete ihnen nie wieder, wenngleich er den Kontakt nicht abreißen ließ. So nahm er 1820 Franzens Dienste als Geschäftsmann in Anspruch und widmete Antonie 1820 (op. 120) und Maximiliane 1821 (op. 109) wichtige Werke.

1813–1821

Wie auch immer die Konfusion des Sommers 1812 zu verstehen ist, so kennzeichnet sie in jedem Fall einen grundlegenden Wendepunkt in Beethovens Seelenleben. Es war der Anfang einer langanhaltenden Periode von deutlich verminderter Schaffenskraft, und es gibt Anhaltspunkte für eine tiefe Depression. Wenngleich sich Beethoven kaum damit abfinden konnte, so schickte er sich doch fortan in die Unmöglichkeit, mit einer Frau eine bleibende Beziehung aufbauen und einen gemeinsamen Alltag teilen zu können; und wie man sehen wird, hatte er bis ins Jahr 1816 diese Sehnsucht noch kaum überwunden. Einige briefliche Hinweise hierfür finden in ausgeprägterer Form in Tagebucheintragungen aus ungefähr dieser Zeit ihren Niederschlag. Wie bereits in früheren Krisen sollte die Hinwendung zur Kunst offenbar die Zuwendung zu einem menschlichen Wesen ersetzen: »Du darfst nicht *Mensch* seyn, *für dich nicht, nur für andre*; für dich gibts kein Glück mehr als in dir selbst in deiner Kunst – o Gott! gib mir Kraft, mich zu besiegen, mich darf ja nichts an das Leben fesseln«. »den 13. May 1813 – Eine große Handlung, welche seyn kann, zu unterlassen und so zu bleiben...o Gott, Gott, sieh auf den unglücklichen B. herab, laß es nicht länger so dauern –«

Aber durch eine Ironie des Schicksals, die vielleicht eine innere Wahrheit enthält, übernahm er gerade jetzt eine Verantwortung, die im Laufe der Zeit sein künstlerisches Schaffen immer mehr beeinflussen sollte und letztlich den emotionalen Horizont in den letzten zwölf Jahren seines Lebens völlig bestimmte. Caspar Carl erkrankte schwer an Tuberkulose und unterzeichnete am 12. April 1813 eine Erklärung, in der er, im

Falle seines Todes, Beethoven zum Vormund seines damals sechsjährigen Sohnes Karl bestimmte. Wie sich zeigen wird, nahm diese Vormundschaft Beethoven schließlich völlig in Anspruch; und obgleich sich der Gesundheitszustand des Bruders erst einmal wieder besserte, mußte er Geld borgen, wobei ihm Beethoven behilflich war.

Zu jener Zeit war auch Beethoven in finanziellen Schwierigkeiten. Der eklatante Verfall der österreichischen Währung war eine Folge des Krieges und führte im Februar 1811 zu einer offiziellen Geldentwertung. Dadurch verringerte sich sein Jahreseinkommen von 4000 auf wenig mehr als 1600 Gulden. Es blieb den Fürsten überlassen, das ursprüngliche Einkommen aufzustocken, was sie auch vorhatten, unglücklicherweise aber starb Fürst Kinsky Ende 1812 bei einem Sturz von seinem Pferd, ohne daß er klare Anweisungen hinterlassen hatte, und die Zahlungen des Fürsten Lobkowitz wurden aufgrund der Mißwirtschaft mit seinem Vermögen von 1811 an für vier Jahre ausgesetzt. Obgleich Beethoven also von den Erben Kinskys, von Lobkowitz und dem Erzherzog Rudolph den vollen Betrag seines Gehalts erhalten sollte, flossen ihm die Subventionen lediglich von Letztgenanntem ununterbrochen und unvermindert zu.

Dies mag einer der Gründe sein, weshalb Beethoven, bei allen im Stillen noch genährten Sorgen, so doch im folgenden Jahr zu einer in der Öffentlichkeit und Gesellschaft präsenteren Figur wurde, die sich in Konzertsälen und Theatern breite Anerkennung holte. Er stellte einen Diener ein, den er offenbar ganze drei Jahre bei sich behielt. Und mit Begeisterung ging er auf den Vorschlag des Erfinders der mechanischen Orgel, des sogenannten ›Panharmonikum‹ (und später des Metronoms), Johann Nepomuk Maelzels, ein, gemeinsam ein Stück über Wellingtons militärischen Sieg bei Vittoria am 21. Juni 1813 zu verfassen, das dieses Ereignis sowohl feiern als auch beschreiben sollte. Diesem absurden Stück Programmusik mit seinen Fanfaren, Kanonaden und einer Fugenversion von *God save the King* wurde bei zwei Wohltätigkeitskonzerten am 8. und 12. Dezember 1813 donnernder Applaus zuteil, gemein-

Ludwig van Beethoven, Bronzebüste von Franz Klein (1812)

sam mit der bislang noch nicht aufgeführten siebten Sinfonie. Das *Schlachtengemälde* mußte drei Wochen später sowie am 24.

Februar 1814 wiederholt werden. Bei dieser Gelegenheit stand auch die Achte Symphonie mit auf dem Programm.

Die erfreulichste und unerwartetste Folge dieser plötzlichen Popularität war die Anfrage des Kärntnertortheaters, den *Fidelio* erneut aufzuführen. Beethoven stimmte zu, forderte indes eine ganze Reihe von Änderungen. Der Dichter G.F. Treitschke, der zu jener Zeit Regisseur am Kärntnertortheater war, nahm die notwendigen Änderungen im Libretto vor. Einige schwache Nummern wurden gestrichen, die beiden Finali neu geschrieben, Leonores Arie bekam ein neues Rezitativ (›Abscheulicher!‹), Florestans Arie einen neuen Schlußteil, darüber hinaus wurden viele kleinere Veränderungen vorgenommen. Beethoven fügte für die Wiederaufnahme auch eine neue Ouvertüre in E-dur hinzu, die heutzutage unter dem Titel ›Fidelio-Ouvertüre‹ bekannt ist. Auch wenn er sich über die Arbeit beschwerte und in einem Brief an Treitschke klagte, mit dieser Oper wäre ihm eine Märtyrerkrone gewiß, so war die Überarbeitung doch sinnvoll, und der Erfolg des Werkes nahm mit dieser Produktion vom 23. Mai 1814 seinen Anfang. Da die neue Ouvertüre für die Premiere noch nicht fertig war, erklang sie erst bei der zweiten Vorstellung am 26. Mai.

Die Gesangspartien der Oper wurden von einem jungen kaum zwanzigjährigen Pianisten namens Ignaz Moscheles vorbereitet. Im Laufe seiner Arbeit unter Beethovens Aufsicht hatte er für eine bestimmte Zeit regelmäßigen Kontakt mit dem Komponisten, den er seit langem bewundert hatte. Und im März 1814 wurde ein weiterer enthusiastischer Anhänger Beethovens nach dessen späteren Angaben diesem erstmals vorgestellt, nämlich der achtzehnjährige Student des Rechts und fähige Geiger Anton Schindler. Schindler zog es stärker zur Musik als zum Jurastudium, und 1822 avancierte er zum Leiter des Orchesters im Theater in der Josephstadt. Von da an verbrachte er in seiner Freizeit viele Stunden in Beethovens Gesellschaft und war eine Zeitlang praktisch dessen unbezahlter Sekretär und Diener. Beethoven fand sein ›Faktotum‹ in praktischen Angelegenheiten sehr nützlich, obgleich ihn

Schindlers Unterwürfigkeit immer störte. 1840, einige Jahre nach Beethovens Tod, veröffentlichte Schindler eine hastig niedergeschriebene Biographie, die im Jahr darauf, mit Anmerkungen von Moscheles versehen, ins Englische übersetzt wurde und kritiklose Verehrung des ›Meisters‹ mit polemischen Äußerungen gegenüber vielen anderen mischte, die ihm nahe gestanden hatten. So ist diese Biographie leider keine verläßliche Quelle, auch nicht für die Jahre nach 1821, in denen Schindler oft in sehr engem Kontakt mit dem Komponisten gestanden hatte; das brauchbare Material ist schwer von den unbrauchbaren Erfindungen zu unterscheiden. Eine spätere Ausgabe seiner Biographie von 1860 war, obgleich umfangreicher und in der Tat in weiten Teilen neu geschrieben, deswegen keineswegs wahrheitsgetreuer.

Die Vorbereitungen zum Wiener Kongreß, an dem die gekrönten Häupter Europas teilnahmen, hielten im Sommer 1814 ganz Wien in Atem. Der Kongreß war für Beethoven vielfach Anlaß zu ›Gelegenheitskompositionen‹. Aber noch bevor er auch nur ein Stück dieser Art in Angriff nahm, vollendete er rasch eine Klaviersonate (op. 90), die erste seit vier Jahren. Das früheste der Werke anläßlich des Kongresses war ein kurzes Chorwerk, *Ihr weisen Häupter* (WoO 95), das die fremden Herrscher willkommen hieß. Als nächstes unternahm er den ernsthaften Versuch, eine Ouvertüre in C-dur zu vollenden, an der er sich in den vorangegangenen fünf Jahren schon mehrere Male versucht hatte; sie war für die Feier anläßlich des Namenstags des Kaisers am 4. Oktober gedacht und ist als Ouvertüre ›Zur Namensfeier‹ (op. 115) bekannt. Aber die Partitur konnte nicht rechtzeitig vollendet werden, so daß Beethoven das ganze bis zum Frühjahr 1815 beiseite legte und sich statt dessen an eine Kantate machte, die den ›glorreichen Augenblick‹ im Schicksal Europas pries. Der bombastische Text von *Der glorreiche Augenblick* (op. 136) grenzt ans Absurde und wurde von einem bekannten Salzburger Chirurgen namens Alois Weissenbach verfaßt, der anläßlich der Feierlichkeiten in der Hauptstadt weilte. Beethoven hatte in Weissenbach einen an Begeisterung kaum zu überbietenden Bewunderer; die beiden Männer waren sich von Anfang an gleichermaßen sympathisch, und die Kantate war ein Ergebnis ihrer Zusammenarbeit. Aber nicht nur die Musik verband die beiden: Auch Weissenbach war taub. Die Kantate wurde für ein Konzert am 20. November angekündigt, dann aber dreimal verschoben, bis sie schließlich, gemeinsam mit dem *Schlachtengemälde* und der Siebten Sinfonie, am 29. November vor dem versammelten Adel zur Aufführung kam.

Geht man von Publikumserfolg und Ruhm in Wien aus, so muß das Jahr 1814 diesbezüglich als Höchststand in Beethovens Leben angesehen werden. Nicht nur, daß seine Kompositionen von einem breiten Publikum gefeiert wurden, er erhielt auch persönlich Auszeichnungen von Seiten regierender Fürsten. Dieser Aspekt kommt in einem letzten Stück zum Ausdruck, das er anläßlich des Kongresses schrieb, und zwar der kleinen Polonaise (op. 89), die er im Dezember 1814 zu Ehren der russischen Zarin komponierte, die sich ihm gegenüber als besonders großzügig erwiesen hatte. Und 1814 war auch ein düsterer Wendepunkt in Beethovens Leben, da er anläßlich der beiden Wiedergaben des ›Erzherzogtrios‹ im April und Mai zum letzten Mal öffentlich als Pianist in Erscheinung trat. Lediglich als Begleiter setzte er sich bisweilen noch ans Klavier. Seine Taubheit hatte sich in letzter Zeit deutlich verschlimmert.

Beethoven besaß nun nicht nur Ruhm, sondern auch ein ordentliches Vermögen, das er in Aktien anlegte. Darüber hinaus führte eine Absprache mit der Familie des Fürsten Kinsky sowie der gute Wille des Fürst Lobkowitz dazu, daß er fast wieder den gesamten ursprünglichen Betrag seines Jahresgehalts erhielt und die rückständigen Zahlungen ausgeglichen wurden. Dennoch drückten sich seine Sorgen über seine finanzielle Situation in Briefen an Verleger und Freunde im Ausland aus (wie zum Beispiel an seinen Freund Ries, der sich in London niedergelassen hatte), und er versuchte, sie für die vielen jüngst entstandenen und noch unveröffentlichten Werke zu interessieren. Doch gegen Ende des Jahres 1815 zog ein trauriges Ereignis all seine Sorgen und Ängste auf sich. Die

Gesundheit seines Bruders Caspar Carl verschlechterte sich plötzlich; seine Tuberkuloseerkrankung war unbemerkt aber rasch fortgeschritten, und nach einem Zusammenbruch starb er am 15. November. In seinem Testament vom 14. November berief er Beethoven zum alleinigen Vormund seines einzigen Kindes, des neunjährigen Karl, ein Nachtrag vom gleichen Tage nahm diese Verfügung indes zurück und verpflichtete mit der Mutter des Knaben eine weitere Person als Vormund:

»*Da ich bemerkt habe daß mein Bruder Hr. Ludwig van Beethoven meinen Sohn Karl nach meinem allfälligen Hinscheiden ganz zu sich nehmen und denselben der Aufsicht und Erziehung seiner Mutter gänzlich entziehen will, da ferner zwischen meinem Bruder und meiner Gattin nicht die beste Einigkeit besteht, so habe ich für nöthig gefunden, nachträglich zu meinem Testamente zu verfügen, daß ich durchaus nicht will, daß mein Sohn Karl von seiner Mutter entfernt werde, sondern daß derselbe immerhin und in so lange es seine künftige Bestimmung zuläßt bei seiner Mutter zu verbleiben habe, daher denn dieselbe so gut wie mein Bruder die Vormundschaft über meinen Sohn Karl zu führen hat. Nur durch Einigkeit kann der Zweck, den ich bei Aufstellung meines Bruders zum Vormunde über meinen Sohn gehabt habe, erreicht werden, daher empfehle ich zum Wohle meines Kindes meiner Gattin* Nachgiebigkeit *meinem Bruder aber mehr* Mäßigung. *Gott lasse sie beide zum Wohl meines Kindes einig seyn. Dieß ist die letzte Bitte des sterbenden Gatten und Bruders.*«

Die Sorgen des sterbenden Mannes waren nur allzu prophetisch. Für Beethoven war es tragisch, daß er den Wünschen des Bruders nicht nachkommen konnte. Nicht nur, daß es ihm unmöglich war, auch nur die geringste ›Harmonie‹ zwischen seiner Schwägerin Johanna und ihm herzustellen. Seine eigene Situation brachte tiefe Leidenschaften und Sehnsüchte hervor, die er zweifellos nicht völlig verstand. Nach mehreren fehlgeschlagenen, von vornherein zwiespältig geplanten und ausgeführten Anläufen, sich zu verehelichen und eine eigene Familie zu gründen, kam das Gefühl in ihm auf, daß, wenn er die alleinige Verantwortung für Karl hätte, er die Erfüllung einer heiligen Aufgabe gegenüber seinem Bruder mit etwas von der Befriedigung und Erfüllung der Vaterschaft vereinen könnte. Dafür aber mußte er erst einmal sich und andere davon überzeugen, daß Johanna gänzlich ungeeignet wäre, um für Karl zu sorgen und daß man ihr die Vormundschaft entziehen sollte. Der Streit um den Neffen zog sich über viereinhalb Jahre hin. Ihm folgten weitere sechs Jahre, in denen die Versorgung und Erziehung des Knaben schwer auf Beethoven lasteten. Es wird sich zeigen, daß diese schwer lastende und intensive Beziehung zwischen Onkel und Neffe oder, wie es Beethoven vorzog, zwischen Vater und Sohn, im Sommer 1826 beinahe zur Katastrophe führte. Bis dorthin hatte Beethoven unzählige Stunden mit Rechtsstreitigkeiten, Briefen, Krächen, Versöhnungen und quälenden Gedanken zugebracht.

Am 22. November 1815 ernannte das K.u.K. niederösterreichische Landrecht Johanna zur ›Vormunderin‹, Beethoven zum ›Mitvormund‹. Sechs Tage später ging Beethoven in Berufung und beanspruchte die alleinige Vormundschaft; in einer späteren Gerichtsverhandlung berief er sich darauf, er könne »wichtige Gründe für die gänzliche Ausschließung der Wittwe von der Vormundschaft« beibringen. Die ›wichtigen‹ Gründe bestanden darin, daß Johanna vier Jahre zuvor zu einem Monat Hausarrest verurteilt worden war, als Strafe für eine von ihrem Gatten begangene Unterschlagung. Das Ergebnis von Beethovens Einsprüchen war, daß er am 9. Januar 1816 vom Gericht die alleinige Vormundschaft zugesprochen bekam. Am 19. Januar legte er einen Eid auf seine Pflichten ab. Am 2. Februar wurde Karl von seiner Mutter entfernt und trat als Internatsschüler in die Privatschule eines gewissen Cajetan Giannastasio del Rio ein.

Beethoven scheint keine besonderen Probleme damit gehabt haben, sich von Johannas moralischer Unfähigkeit zur Erziehung Karls zu überzeugen, denn bei jeder Gelegenheit urteilte er über ihren Charakter und Lebenswandel, nannte sie die *Königin der Nacht* und unterstellt ihr ein angeblich ungehöriges Benehmen, inklusive Prostitution und Diebstahl. Sicherlich war sie kein Exempel an Moral, und einige Zeit nach dem Tod ihres Gatten nahm sie sich einen Liebhaber, von dem sie 1820 eine uneheliche Tochter zur Welt brachte. Aber in Liebesdingen war die Wiener Gesellschaft nachsichtig. Nur wenige von Johannas Zeitgenossen sahen sie im selben peinlichen Licht wie ihr Schwager, so energisch und unerbittlich er auch gegen sie zu Felde ziehen mochte.

Wenngleich Beethoven davon überzeugt war, daß Johanna für die Erziehung des Kindes ungeeignet sei, so fühlte er sich auch schuldig, daß sich Mutter und Kind nicht sehen sollten. Und doch ersuchte er die Landrechte gerade um ein Kontrollrecht, und das Gericht bestätigte, daß Johanna ihren Sohn nur zu Zeiten und an Orten, die von Beethoven genehmigt waren, besuchen sollte, was durchaus einmal im Monat oder noch weniger sein konnte. Zwischen Beethoven und Johanna kam es in den Jahren 1816 und 1817 mit Müh und Not zu einem Waffenstillstand, gleichwohl verdächtigte er sie, Karl heimlich in seiner Schule zu besuchen. Ende Januar 1818 nahm er Karl aus der Obhut Giannastasios und nahm ihn zu sich nach Hause, wo er von einem Privatlehrer unterrichtet wurde; im Mai zog er mit Karl nach Mödling, wo er gemeinsam mit anderen Knaben vom Dorfpriester namens Fröhlich unterrichtet wurde. Einen Monat später aber schloß man Karl, zu Beethovens Empörung, wegen schlechten Benehmens vom Unterricht aus. Eine Reihe kleinerer Vergehen gegen den Gehorsam scheinen hierfür der Grund gewesen sein, Karl hatte den Priester jedoch vor allem mit beleidigenden Reden über seine Mutter schockiert – eine Mißachtung des Fünften Gebots, wozu ihn, wie man später feststellte, Beethoven durchaus ermuntert hatte.

Zu diesem Zeitpunkt im Sommer 1818, da sich Beethoven darum bemühte, Karl in einem Wiener Gymnasium unterzubringen, unternahm Johanna einen weiteren Versuch, über die Erziehung und das Wohlergehen ihres Sohnes eine gewisse Kontrolle zu erlangen. Mithilfe eines juristisch ausgebildeten Verwandten, Jacob Hotschevar, reichte sie bei den Landrechten eine Reihe von Anträgen ein. Die ersten beiden wurden abgelehnt, doch als Karl am 3. Dezember aus der Wohnung Beethovens fort- und zu seiner Mutter lief – die Polizei brachte ihn später wieder zurück –, nutzte sie diesen Vorfall als Grundlage für eine dritte Eingabe, der sie eine von Hotschevar verfaßte genaue Zusammenfassung der ganzen Situation sowie eine Erklärung von Pater Fröhlich beifügte, die die körperliche und moralische Verwahrlosung des Knaben bestätigte. Im Laufe der Verhandlung am 11. Dezember entschlüpfte Beethoven unvorsichtigerweise die Bemerkung, daß Karl nicht adelig sei. Nun war er gezwungen zuzugeben, daß weder er noch sein verstorbener Bruder jemals Dokumente besessen hatten, die eine adelige Abstammung beweisen könnten; das holländische ›van‹ war keineswegs dem Adel vorbehalten. Daraufhin wurden sich die Landrechte, die ein lediglich dem Adel offenstehendes Gericht waren, bewußt, daß der Fall niemals vor ihre Schranken hätte kommen dürfen und übergaben die gesamte Angelegenheit dem Wiener Magistrat, d.h. dem bürgerlichen Gericht.

Welch ein Schlag dies für Beethovens Stolz gewesen sein mag, darüber wurde lang und breit diskutiert; aber selbst vom praktischen Standpunkt aus war es sehr unangenehm. Von Anfang an scheint der Magistrat für Johanna mehr Sympathien als für Beethoven gehabt zu haben. Als erste Tat entzog er ihm einstweilig die Vormundschaft. Karl kehrte für einige Zeit zu seiner Mutter zurück, wo er von einem Privatlehrer unterrichtet wurde und auch ein von Johann Kudlich geleitetes Institut besuchte. Von März bis Juli 1819 verzichtete Beethoven zugunsten des Magistratsrats Tuscher auf die Vormundschaft und beantragte einen Paß, damit Karl in Bayern zur Schule gehen könnte. Der Antrag wurde abgelehnt, und im Juli ebenso sein Recht auf Wiedererhalt der Vormundschaft; am 17. September entschied das Gericht vernünftigerweise, daß Karl, der mittlerweile wieder eine andere Schule besuchte, die ein Pestalozzianhänger namens Joseph Blöchlinger leitete, wie ein Ball von einem Erziehungsinstitut zum anderen geschubst wurde. Deshalb solle die Mutter als rechtmäßiger Vormund eingesetzt werden, gemeinsam mit einem gewissen Leopold Nußböck, dem städtischen Zwangsvollstrecker.

Das war für Beethoven in der Tat eine Niederlage. Als erstes legte er Einspruch gegen die Entscheidung ein; er wurde am 4. November vom Friedensgericht zurückgewiesen. Dann schlug er mit Hilfe eines befreundeten Juristen namens Johann Baptist Bach anstelle von Nußböck seinen Freund Karl Peters vor, den Erzieher der Kinder des Fürsten Lobkowitz. Auch dieser Antrag wurde abgeschmettert. Er wandte sich nun an das Appellationsgericht, wofür er ein achtundvierzig Seiten langes Memorandum (das längste handgeschriebene Dokument Beethovens) vorbereitete. Darin beschuldigt er der Reihe nach Johanna, einen gewissen Herrn Piuk, Mitglied des Friedensgerichts, sowie Pater Fröhlich und verteidigte ausführlichst sein eigenes Verhalten und seine erzieherischen Praktiken. Es ist unwahrscheinlich, daß das Memorandum jemals in der überlieferten Form vorgelegt wurde. Beethovens Fall wurde von Dr. Bach klug und diskret vertreten; Beethoven verlangte immer noch die Vormundschaft für Karl und ersuchte darum, Karl Peters als weiteren Vormund einzusetzen, statt dessen aber Johanna und Nußböck von dieser Pflicht zu entbinden. Nach einer weiteren Prüfung gab das Appellationsgericht am 8. April 1820 dem Antrag statt; eine Petition Johannas beim Kaiser gegen diese Entscheidung wurde drei Monate später verworfen. So konnte sich Beethoven im Juli 1820 endlich als Sieger eines über vier Jahre dauernden Streits fühlen.

Beethovens Sorge um seinen Neffen – vor allem in der Zeit von Ende 1815 bis Anfang 1818 – kann als eine Fortsetzung, in gewisser Weise sogar als der Versuch einer Lösung seiner ungelösten Heiratsprobleme aus dem Jahr 1812 betrachtet werden. Zu jener Zeit hatte er beschlossen, wenngleich wirr und unentschieden, daß seine schöpferische Tätigkeit nicht mit einer Ehefrau vereinbar sei; nun versuchte er herauszufinden, ob es sich mit der Sorge für ein Kind vereinbaren ließe. Daß Beethoven für diese Jahre teuer bezahlt hat, läßt sich an dem Mangel an wertvoller Musik dieser Zeit ablesen. Der Ertrag der Jahre 1813 bis 1815 war mager; außer zwei Cellosonaten (op.

102) in der zweiten Jahreshälfte 1815, waren die meisten der Kompositionen ›Gelegenheitsstücke‹, wie zum Beispiel das *Schlachtengemälde* und die für den Wiener Kongreß geschriebenen Stücke. Auch in den folgenden Jahren hielt dieser Trend an. 1816 brachte wenigstens zwei wichtige Kompositionen, den Liederzyklus *An die ferne Geliebte* (op. 98, im April) und die Klaviersonate in A-dur (op. 101, im November) hervor. 1817 aber war hinsichtlich der Vollendung wichtiger Werke eine völlig unfruchtbares Jahr. Statt dessen begnügte sich Beethoven in diesen Jahren mit eleganten Trivialitäten, wie dem schneidigen Marsch, den er im Juni 1816 für das Wiener Artillerie Corps schrieb (WoO 24), sowie den Instrumental- und Stimmensatz schottischer Melodien, die er für George Thomson aus Edinburg verfaßte (opp. 105, 107, 108, etc). Außerdem polierte er einige Variationen für ein Klaviertrio auf, das er viele Jahre zuvor auf das Thema aus einem Singspiel Wenzel Müllers komponiert hatte. Auch überarbeitete und erneuerte er in gewissem Ausmaß die von fremder Hand verfaßte Version für Streichquintett seines in jungen Jahren geschriebenen c-moll-Trios op. 1 (die später als sein op. 121a und sein op. 104 herausgegeben wurden). Und was bezeichnender ist, er arbeitete hart an einer Anzahl neuer Kompositionen, ohne sie indes fertigstellen zu können; dazu gehören ein Klavierkonzert in D-dur, ein Klaviertrio in f-moll und ein Streichquintett in d-moll. Von allen drei Werken gab es bereits Anfänge einer Partitur.

In der Tat waren dies für Beethoven unglückliche Jahre. Für die Art von Musik, die nun in Wien komponiert und begeistert aufgenommen wurde, hatte Beethoven keinerlei Verständnis. Die aristokratischen Kreise, die ihn in seinen früheren Wiener Jahren willkommen geheißen und ihm Aufnahme gewährt hatten, waren durch die militärischen, politischen und finanziellen Umwälzungen der Napoleonischen Kriege zersprengt worden, mit dem Ergebnis, daß er fast alle seine aristokratischen Freunde verloren oder aber mit ihnen gebrochen hatte, mit Ausnahme des Erzherzogs Rudolph. Trotz seiner großen Erfolge in den Jahren 1813 und 1814 und seiner allgemeinen

Anerkennung als größter lebender Komponist, fand er in Wien kein breites Publikum, das er achten konnte, und so füllten Tagträume über Auslandsreisen nach England, ja sogar nach Italien, seine Gedanken. Auch sollte man nicht annehmen, daß seine Zuneigung zu Antonie Brentano, selbst wenn er sie seit einigen Jahren nicht mehr gesehen hatte, erloschen war. Die sicherste Informantin hierfür ist Fanny, eine der Töchter Giannastasios, die Beethoven zu dieser Zeit mit dem klaren Blick der uneingestandenen Verehrung wahrnahm. Im September 1816 notierte sie in ihr Tagebuch ein zufällig mitangehörtes Geständnis Beethovens gegenüber ihrem Vater. Fünf Jahre zuvor hatte er sich eine intimere Verbindung mit einer Frau gewünscht, aber »es sei nicht daran zu denken, fast Unmöglichkeit, eine Schimäre: ›Dennoch ist es jetzt wie den ersten Tag. Ich habs noch nicht aus dem Gemüt bringen können‹.« Einige Monate zuvor hatte Beethoven einen Brief an Ries in London mit den Worten geendet: »Alles Schöne an Ihre Frau; leider habe ich keine; ich fand nur Eine, die ich wohl nie besitzen werde«. Diese wehmütige Rückerinnerung bildet den Hintergrund für den Liederzyklus, der die ›ferne Geliebte‹ zum Gegenstand hat und im April 1816 entstand.

Auch im praktischen Leben gab es Schwierigkeiten. Beethoven machte sich ununterbrochen Gedanken darüber, ob er fähig sei, für den Neffen zu sorgen und einen ordentlichen Haushalt zu führen. Besonders das Jahr 1817 ist geprägt von einer großen Anzahl Briefe an die liebenswürdige Nannette Streicher, eine Pianistin und Ehefrau des Klavierbauers Johann Andreas Streicher, in denen er sich nach Haushaltsführung, die Kosten für Erleichterungen im Haushalt, die Einstellung von Bediensteten und ähnlichem erkundigt. Seinem Tagebuch vertraute er tiefere Zweifel über die Karl betreffenden Entscheidungen und den Umgang mit Johanna an:

»Gott Gott mein Hort mein Fels o mein Alles [;] du siehst mein Inneres und weißt[,] wie wehe es mir thut[,] Jemanden leiden machen müssen bey meinem guten Werke für meinen theuren Karl!!! o höre stets Unaussprechlicher[,] höre mich – Deinen unglücklichen unglücklichsten aller Sterblichen.«

Weitere Probleme tauchten wegen seiner sich langsam aber unaufhaltsam verschlechternden Gesundheit auf, besonders aber wegen seiner fortschreitenden Taubheit. 1818 war er praktisch vollständig taub, so daß jede Unterhaltung mit Papier und Stift geführt werden mußte. Dies war der Anfang der ›Konversationshefte‹, von denen nahezu 140 erhalten blieben. Sie geben überwiegend nur eine Seite der Unterhaltung wieder; in ihnen ist notiert, was Beethovens Freunde und Besucher zu ihm sagen wollten, nicht aber seine eigenen Bemerkungen, da er diese ganz normal sprach; unglücklicherweise hielt es Schindler, in dessen Besitz die Hefte nach Beethovens Tod gelangten, für angebracht, nicht nur einige davon zu vernichten, sondern in den restlichen falsche Eintragungen vorzunehmen, so daß sie als Dokumente mit Vorsicht zu genießen sind.

Es scheint, daß Beethoven aus seiner kompositorischen Stagnation im Herbst 1817 herausfand. Anfangs jedoch sehr langsam. Zu dieser Zeit entschloß er sich, ein Angebot der Philharmonischen Gesellschaft in London anzunehmen, das diese wenige Monate zuvor gemacht hatte. Sie hatte ihn aufgefordert, für die Gesellschaft zwei große Sinfonien zu schreiben und die Wintersaison 1817/1818 persönlich in London zu verbringen. Aber weder nahm er eine Sinfonie in Angriff, noch traf er Vorbereitungen für eine Reise nach London und erklärte es im Nachhinein damit, daß ihm dies seine angeschlagene Gesundheit nicht gestattete. Statt dessen machte er sich daran, eine gewaltige Klaviersonate mit vier Sätzen in B-dur zu verfassen, die heute unter dem Titel ›Hammerklaviersonate‹ (op. 106) bekannt ist. Die ersten beiden Sätze wurden möglicherweise im April 1818 vollendet, an den verbleibenden zwei Sätzen arbeitete er im Sommer in Mödling, und die ganze Sonate war im Herbst vollendet. So benötigte er für die

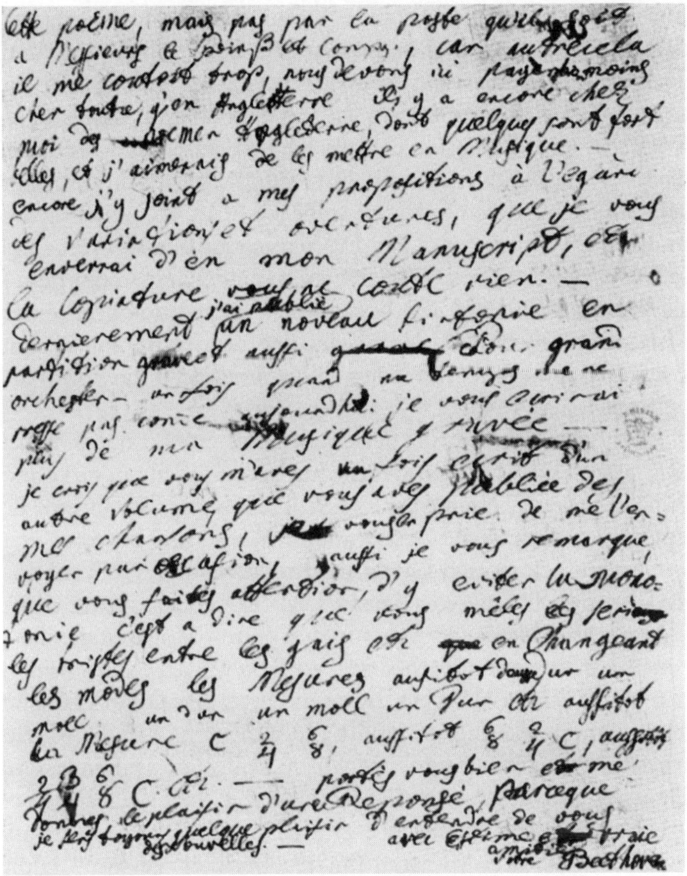

Ausschnitt aus einem Originalbrief Beethovens vom 21. 2. 1818 an George Thomson in Edinburgh

Komposition, die, nach seinen Worten in ›verzweiflungsvollem Zustand‹ entstanden war, beinahe ein ganzes Jahr. Beethoven widmete sie dem Erzherzog Rudolph, für den er nun ein Werk von noch größerem Ausmaß vorhatte. Denn dem Erzherzog sollten kirchliche Würden zuteil werden. Am 24. April 1819 wurde er zum Kardinal geweiht, am 4. Juni zum

Erzbischof von Olmütz (heute Olomuc) in Mähren ernannt. »Ich hoffe«, schrieb Beethoven in seinen Glückwünschen zur zweiten Ernennung, »jedoch mit der Messe zustande zu kommen, so daß selbe am 19., falls es dabei bleibt, kann aufgeführt werden. Wenigstens würde ich in Verzweiflung geraten, wenn es mir durch meine übeln Gesundheitszustände versagt sein sollte, bis dahin fertig zu sein; ich hoffe aber, daß meine innigsten Wünsche für die Erreichung erfüllt werden.« Es sieht so aus, als habe er damals schon einige Zeit an der heute als *Missa solemnis* (op. 123) bekannten Komposition gearbeitet. Mit Sicherheit war die Nachricht, daß der Erzherzog in den Bischofsstand erhoben werden sollte, den Freunden im voraus bekannt.

Da die Amtseinführung des Erzbischofs erst für den 9. März 1820 angesetzt war, muß Beethoven gemeint haben, er könne nun in einem gemächlichen Arbeitstempo fortfahren. Er unterbrach sogar seine Arbeit an der Messe, und bevor er sich wieder ans Gloria und Credo machte, verfaßte er 20 Variationen auf ein Thema von Anton Diabelli. Aber er hatte nicht eingerechnet, daß er 1819 und in den ersten Monaten des Jahres 1820 in besagtem Rechtsstreit stecken würde, ebensowenig, daß jeder Teil des Werkes dazu tendierte, gewaltige Ausmaße anzunehmen. Beethoven mußte die Hoffnung, daß die Messe bis zur Amtseinführung fertig würde, vollständig fallen lassen. Dennoch versuchte er es und ging sogar noch weitere Verpflichtungen ein. So machte er sich Ende März 1820 daran, innerhalb von drei Monaten für den Berliner Verleger Adolf Martin Schlesinger drei Klaviersonaten zu komponieren. Wenngleich dieser optimistische Plan bei weitem nicht erfüllt wurde, so vollendete er doch die erste Sonate und nahm die beiden anderen kurz nach seiner Rückkehr von Mödling nach Wien im Herbst 1820 in Angriff. Die vollendete Sonate stand in E-dur und wurde als op. 109 veröffentlicht. 1821 aber war Beethoven sowohl Anfang des Jahres als auch im Juli ans Krankenlager gefesselt, diesmal aufgrund einer Gelbsucht; außerdem nahm er die Arbeit an der Messe wieder auf, so daß die beiden anderen Sonaten erst gegen Ende des Jahres vollendet waren. Die Handschrift der zweiten Sonate in As-dur ist vom 25. Dezember 1821 datiert, die dritte in c-moll vom 13. Januar 1822; da beide indes überarbeitet wurden, dürfte das Datum ihrer Fertigstellung etwas später liegen. Im Gegensatz zum in Berlin veröffentlichten op. 109 erschienen die beiden anderen, opp. 110 und 111, zuerst in Paris bei dem von Martin Schlesingers Sohn Maurice dort gegründeten Verlag.

1822–1824

Beethoven erfreute sich nun wieder einer ungebremsten schöpferische Kraft. 1822 bekamen nicht nur die zwei Sonaten den letzten Schliff, die letzten übrigens, die er schreiben sollte, im Herbst wurde auch die Messe praktisch fertiggestellt und fast unmittelbar darauf nahm er eine andere große Komposition ungeduldig in Angriff. Es war das Werk, das heute als Neunte Sinfonie bekannt ist. Zuvor hatte er noch eine Sammlung von 11 Bagatellen für Klavier zusammengestellt (op. 119), von denen fünf zu Beginn des Jahres 1821 für eine Etüdensammlung entstanden waren; die meisten anderen beruhten auf viel früherem Material; und er nahm die Arbeit an den Variationen auf ein Thema von Diabelli wieder auf, die er 1819 abgebrochen hatte. Darüber hinaus fand er die Zeit zu einer großartigen Ouvertüre (op. 124) und einem Chorsatz (WoO 98) für die Eröffnung des neuen Theaters in der Josephstadt am 3. Oktober 1822. Der Titel der Ouvertüre, *Die Weihe des Hauses*, bezieht sich auf das Eröffnungsdrama des Theaters.

Einige klärende Worte zu den Klaviervariationen: 1819, im patriotischen Eifer, der zweifellos eine Folge des Wiener Kongresses war, hatte Diabelli, auf der Suche nach attraktivem Material für seine neugegründete Firma Cappi & Diabelli, die Idee, eine große Anzahl angesehener oder berühmter Komponisten aus den österreichischen Ländern zur Komposition einer einzelnen Variation auf ein von ihm verfaßtes, einfaches Thema zu bewegen; daraus sollte ein Album entstehen. Solch ein Album wurde von Diabelli auch tatsächlich herausgegeben,

Autograph der 9. Sinfonie, komponiert 1821–24
(Seite aus dem Finalsatz)

allerdings erst 1824, und enthielt Variationen von 50 Komponisten; unter ihnen befanden sich Schubert und der elfjährige Liszt. Beethoven aber hatte von Anfang an beschlossen, nicht nur eine, sondern eine ganze Reihe von Variationen beizutragen. Mit der Zeit wurden es derer 33 und Diabelli beschloß, Beethovens Variationen (op. 120) als ein separates Album zu veröffentlichen; tatsächlich erschien es noch vor dem anderen.

Die Anlage der Sinfonie, der sich Beethoven nun zuwandte, kann als die Vereinigung verschiedener Elemente verstanden werden, die seine Phantasie teilweise schon jahrelang beschäftigten. Die Idee, einen Vokalsatz zu Schillers *Ode an die Freude* zu komponieren, geht auf seine letzten Tage in Bonn zurück, wie aus einem Brief vom Januar 1793 des Bonner Rechtsprofessors Fischenich an Schillers Frau zu erfahren ist: »Er wird auch Schillers »Freude« und zwar jede Strophe bearbeiten. Ich erwarte Etwas Vollkommenes, denn so viel ich ihn kenne, ist er ganz für das Große und Erhabene.« Zu diesem Vorhaben kehrte er mehrere Male zurück, so zum Beispiel 1798 und 1812, in Zusammenhang mit den Skizzen zu einer Ouvertüre, die später zur *Namensfeier*-Ouvertüre wurde. Ein weiteres Element bildete der Wunsch, für die Philharmonische Gesellschaft wenigstens eine Sinfonie zu vollenden, möglichst aber die zugesagten zwei. Es scheint, daß eine Zeitlang für die eine Sinfonie ein Chorteil geplant war, ein ›frommes Lied in einer Sinfonie nach der alten Art‹, für die andere aber, die in d-moll stehen sollte, war nichts dergleichen vorgesehen. Erst 1822 wurden diese unterschiedlichen Konzeptionen in der Idee einer Sinfonie in d-moll mit einem Vokalsatz von Schillers Ode im Finale vereint: Nun hatte er vor, das ganze mit türkischer Musik und einem großen Chor zu beschließen.

1823 wurde der größte Teil der Neunten Sinfonie komponiert, gleichwohl folgten die letzten Details erst im März des kommenden Jahres. Es war auch ein Jahr, in welchem er große Probleme mit Kopisten und Verlegern hatte. Beethoven hatte den Fehler begangen, den gekrönten Häuptern Europas Kopien seines Messemanuskripts zum Preis von 50 Dukaten auf Subskriptionsbasis anzubieten; das zog eine nervtötende Korrespondenz mit den Höfen nach sich und schließlich eine nicht weniger lästige Überprüfung der handgeschriebenen Partituren, eine Arbeit, zu der Schindler herangezogen wurde. Die Schwierigkeiten wurden noch durch die Krankheit und den Tod von Wenzel Schlemmer am 6. August 1823 verstärkt. Er war für ein Vierteljahrhundert Beethovens bevorzugter Kopist gewesen, und ihm hatte er großes Vertrauen entgegengebracht. In diesem Jahr wurden auch die Klaviersonate op. 111 veröffentlicht sowie die ›Diabelli-Variationen‹. Die Messe bildete den Mittelpunkt einer Reihe unbeschreiblich schwieriger Verhandlungen mit Verlegern in Wien und im Ausland, bei denen es aber auch um andere vollendete und unvollendete Werke ging, wie die Ouvertüre op. 124 und die Neunte Sinfonie. Es sei daran erinnert, daß Beethoven die Messe als sein größtes Werk ansah, das Ergebnis zweijähriger Arbeit, das man nicht leichtfertig aus den Händen geben konnte; nicht etwa die Höhe des geforderten Honorars war grotesk, sondern die Tatsache, daß letztendlich nicht weniger als sieben Verleger involviert waren. Das Ergebnis war schließlich zufriedenstellend: Der renommierte und vertrauenswürdige Schott-Verlag in Mainz beschloß, einige seiner wichtigen Werke zu veröffentlichen, darunter die Messe und die Neunte Sinfonie.

Als die Neunte Sinfonie vollendet war, durfte sich Beethoven einen gewissen Müßiggang gestatten; nach Schindlers Worten »sah [man] ihn wieder durch die Straßen schlendern, mit seinem am schwarzen Bändchen hangenden ›Stecher‹ die schönen Auslagekästen belorgnettieren und manchen Bekannten oder Freund nach langer Zeit wieder einmal im Vorbeigehen begrüßen.« Aber da ihm nun der musikalische Geschmack der Wiener völlig fremd geworden war, sträubte er sich gegen das Risiko eines Konzertes in der Hauptstadt und fragte stattdessen in Berlin wegen einer eventuellen Aufführung der Messe und der Sinfonie an. Die Nachricht sprach sich in Wien herum und führte zu einem berührenden Schreiben, das ihm von einer Anzahl Freunde und Bewunderer überbracht wurde. Es war eine wortreiche Erklärung ihres Vertrauens in ihn, gemeinsam mit der inständigen Bitte, sein neuestes Werk doch in Wien aufzuführen. Beethoven stimmte einem Konzert zu. Es fand am 7. Mai 1824 im Kärntnertortheater statt und beinhaltete die Ouvertüre op. 124, das Kyrie, Credo und Agnus Dei aus der Messe sowie die Neunte Sinfonie. Das Theater war bis auf den letzten Platz besetzt und die Stücke wurden enthusiastisch aufgenommen. Jahre später erinnerte sich der damals anwesende Pianist Thalberg daran, daß Beethoven nach dem Scherzo die Seiten der Partitur umblätterte und den donnernden Applaus nicht hörte, bis ihn die Altistin Caroline Unger am Ärmel berührte und auf das Publikum hinter ihm deutete, dem sich Beethoven dann zuwandte und vor dem er sich verbeugte. (Auch Schindler und Madame Unger erinnern an diesen bewegenden Zwischenfall, obgleich sie ihn an das Ende des Konzerts stellen). Sechzehn Tage später gab es eine zweite Aufführung der Sinfonie und des Kyrie aus der Messe sowie einiger anderer Stücke daraus; der Erfolg war jedoch weitaus geringer.

Ungefähr zur Zeit der Erstaufführung der Symphonie im Mai 1824 kehrte Beethoven erneut ans Klavier zurück und schrieb einen ›Bagatellenzyklus‹. Im Gegensatz zu den früheren Bagatellen (opp. 33, 119) waren die sechs Bagatellen op. 126 nicht als getrennte Stücke gedacht, sondern als ein zusammengehörendes Ganzes. Gegen Ende des Jahres kehrte er zu einem von ihm hochgeschätzten Gedicht zurück. Es handelte sich um Matthissons *Opferlied*, in welchem er, wie Nottebohm es ausdrückt, ein »Gebet zu allen Zeiten« sah. Er hatte es 1795 und erneut 1822 vertont; nun komponierte er eine letzte Version für Sopran, Chor und Orchester (op. 121*b*). In jenen Jahren, da Beethoven hoffte, daß sich seine kleineren Stücke auf jeden Fall leicht verkaufen ließen, war er zweifellos versucht, Entwürfe von Jahre zuvor entstandenen Liedern aufzufrischen und auf den Markt zu bringen. Aber sowohl im *Opferlied* als auch am Beispiel der viel bekannteren Schillerschen *Ode an die Freude* kann man Elemente der Sehnsucht entdecken, die Beethoven ungefähr zu dieser Zeit unvollendete Arbeiten der Vergangenheit wieder aufnehmen und lange Zeit unerfüllte Ideen endlich ihren defininitiven Ausdruck geben ließ. Er begann sich darüber klar zu werden, daß ihm nicht mehr viel Zeit gegeben war.

1824–1827

Niemand hätte wohl voraussagen können, daß sich Beethoven in seinen noch verbleibenden Jahren einem einzigen Medium zuwandte, nämlich dem Streichquartett. Seit 1810 hatte er keine Quartette mehr komponiert. In dem unglaublich fruchtbaren Jahr 1822 schrieb er indes am 5. Juni an seinen Verleger Peters einen Brief, in dem er sein Honorar (50 Dukaten) für ein Streichquartett fordert, »welches Sie ebenfalls bald erhalten könnten«. Einem Monat später erklärt er in einem Brief, das Quartett sei ›noch nicht ganz vollendet, da mir etwas anderes dazwischen gekommen‹. Doch es ist unwahrscheinlich, daß er zu diesem Zeitpunkt überhaupt mit der Arbeit an dem Quartett in Es-dur (op. 127) begonnen hatte. Ein Auftrag des Fürsten Nikolaus Galitzin, einen Musikliebhaber und Cellist aus St. Petersburg, gab den Anstoß jenes zu vollenden und andere zu komponieren. In einem Brief vom 9. November 1822 forderte Galitzin Beethoven auf, »ein, zwei oder drei neue Quartette« zu einem ihm angemessen erscheinenden Honorar zu schreiben; sie sollten dem Fürsten gewidmet werden. In seiner Antwort vom 25. Januar 1823 nahm Beethoven den Auftrag an, setzte sein Honorar auf 50 Dukaten je Quartett fest und versprach, das erste Ende Februar oder spätestens Mitte März abzuliefern. Aber er hatte die Anforderungen der Messe und der Sinfonie nicht miteinberechnet; erst nach den Konzerten im Mai 1824 machte er sich ernsthaft an die Arbeit. Beethoven vollendete das Quartett im Februar 1825, beinahe zwei Jahre später als versprochen; es wurde im privaten Kreis geprobt, bevor man es Galitzin zusandte. Inzwischen hatte Galitzin, auch einer der fürstlichen Subskribenten für die von Beethoven 1823 angebotenen handschriftlichen Kopien der Messe, diese am 7. April (am 26. März nach dem russischen Kalender) 1824 in St. Petersburg erstmals aufgeführt – noch einen Monat vor der ersten Teilwiedergabe in Wien.

Das Es-dur-Quartett wurde am 6. März vom Schuppanzigh-Quartett aufgeführt, konnte dem Wiener Publikum aber nicht gefallen. Spätere Aufführungen jedoch, bei denen anstelle von Schuppanzigh Joseph Boehm die Leitung hatte, wurden wohlwollend aufgenommen. Beethoven wandte seine Aufmerksamkeit sofort dem zweiten Quartett in a-moll (op. 132) für Galitzin zu. Er war schon einigermaßen weit gekommen, als ihn im April eine schwere Erkrankung ans Bett fesselte. Er war ungefähr einen Monat lang krank, fühlte sich aber um den 7. Mai gesund genug, um sich nach Baden zu begeben, wo er das Quartett im Juli vollendete. Der langsame Satz enthaltet Anspielungen auf seine Erkrankung; die Eingangsmelodie ist mit ›Heiliger Dankgesang eines Genesenen an die Gottheit, in der lydischen Tonart‹ überschrieben, und der kontrastierende Teil im 3/8-Takt trägt den Titel ›Neue Kraft fühlend‹. Dieses Werk wurde zweimal, am 9. und 11. September 1825, im privaten Kreis vom Schuppanzigh-Quartett aufgeführt; unter den Zuhörern befand sich der Verleger Maurice Schlesinger, der sowohl dieses Quartett kaufen wollte als auch ein weiteres, noch nicht geschriebenes, jeweils zum Preis von 80 Dukaten. Das Es-dur-Quartett war bereits in den Händen von Schott. Die erste öffentliche Wiedergabe des a-moll-Quartetts lag am 6. November wiederum in den Händen des Schuppanzigh-Quartetts. Ohne Pause machte sich Beethoven an das dritte Quartett für Galitzin, welches ihn von Juli bis Dezember 1825 in Anspruch nahm. Das Schuppanzigh-Quartett führte es am 21. März 1826 auf. Dieses Werk in B-dur (op. 130) bestand aus sechs Sätzen, wovon der letzte, eine großangelegte Fuge, für Musiker und Zuhörer gleichermaßen problematisch war. Zweifellos sollte auch dieses Werk bei Schlesinger veröffentlicht werden, letztendlich gab es Beethoven aber dem Wiener Verlag von Matthias Artaria.

Beethoven hatte nun seinen Auftrag erfüllt, Fürst Galitzin indes hatte erst für das erste der drei Quartette bezahlt; er schuldete Beethoven noch 125 Dukaten – 50 Dukaten für jedes der anderen zwei Quartette sowie 25 Dukaten für die Widmung der Ouvertüre op. 124. Obgleich der Fürst seine Schuld eingestand und ihm die Quartette außerordentlich gut gefielen, war er zu jener Zeit in Geldnöten, und sein Zahlungsversprechen wurde bis zu Beethovens Tod nicht eingelöst.

Anfang des Jahres 1826, wenn nicht sogar früher, war Beethoven mit einem vierten Quartett in cis-moll (op. 131) beschäftigt. Wie schon im vergangenen Jahr, als er mit dem a-moll-Quartett zugange war, kam ihm auch jetzt eine Krankheit dazwischen. Es war nicht das erste Mal, daß ihn Schmerzen im Unterleib und in den Gelenken überfielen; auch seine Augen waren betroffen. Aber noch vor Ende März hatte sich sein Zustand gebessert, und bis Juni hatte er das Quartett in allen wesentlichen Teilen fertig. Dieses Quartett war voll und ganz

Maurice Schlesinger zugedacht, dem er am 22. April mit der Bitte um die sofortige Zusendung von 80 Dukaten geschrieben hatte: »denn Quartette sind nun überall gefragt und unser Zeitalter scheint tatsächlich voranzuschreiten«.* Aber durch einen Brand war an Schlesingers Firma in Paris Schaden entstanden, und da er keine Antwort erhielt, bot er das Quartett ungeduldig Schlesingers Vater in Berlin, Probst in Leipzig und Schott in Mainz an, der das Werk schließlich rettete.

Um die Ereignisse des Sommers 1826 zu verstehen, muß man ein wenig zurückgehen und die Geschichte des Neffen an dem Punkt wieder aufgreifen, wo sie 1820 unterbrochen wurde. Nachdem die Frage der Vormundschaft in diesem Jahr zu Beethovens Gunsten entschieden worden war, blieb Karl bis Sommer 1823 in Blöchlingers Erziehungsanstalt. Von dort ging er zur Universität und besuchte philologische Vorlesungen. Er war gerade siebzehn Jahre alt, und trotz früherer Befürchtungen von Seiten Beethovens und Blöchlingers bezüglich seines Charakters und seiner Fähigkeiten, trotz der aufgezwungenen und nahezu vollständigen Trennung von seiner Mutter und der gerichtlichen Auseinandersetzungen, hatte er sich gut entwickelt und in seinen Studien erfreuliche Fortschritte erzielt. Auch bei seinem Onkel, mit dem er den Sommer 1823 in Baden verbrachte, machte er sich nützlich, indem er als Bote und Faktotum, bisweilen als Sekretär und Rechenmaschine fungierte. Als Beethoven im Spätherbst nach Wien zurückkehrte, ging Karl mit ihm und blieb bis Ostern 1825, wo er von der Universität zum Polytechnischen Institut wechselte und in die Wohnung eines gewissen Matthias Schlemmer zog.

Ob sie nun zusammen oder getrennt lebten, die Verbindung war nicht einfach. In den Konversationsheften erscheint Karl als gutartig, lebhaft und umgänglich, aber vielleicht auch als etwas scheu; außerdem neigte er dazu, Geschichten zu erfinden; nach allem was geschehen war, war er daran gewohnt, daß

* Dieser Brief, der sich nur in der englischen Ausgabe von Beethovens Briefen (ed. E. Anderson) gedruckt findet, wurde aus dem Englischen übersetzt (A.d.Ü.).

Leute gewagte Verleumdungen aussprachen, und er wollte seinem einschüchternden Onkel unbedingt gefallen. Beethovens Hilflosigkeit in praktischen Dingen, wozu auch der Umgang mit Bediensteten gehörte, war für Karl schwer zu ertragen; sein Besitzanspruch, sein Mißtrauen und seine Reizbarkeit müssen noch belastender gewesen sein. Beethoven war auf Karls junge Freunde eifersüchtig und machte sie nicht nur schlecht, sondern versuchte, Begegnungen zwischen ihnen und Karl zu verhindern; gleichzeitig erwartete er von Karl, als er den Sommer über nach Baden gegangen war, daß dieser an Sonntagen und in den Ferien zu ihm herauskommen und ihn besuchen sollte, was mit den Studien des Neffen nicht vereinbar war.

1825 gewann Beethoven selbst einen Freund, der eher Karls Generation angehörte als seiner eigenen. Es handelte sich um Karl Holz, den zweiten Geiger des Schuppanzigh-Quartetts, der zu diesem Zeitpunkt 27 Jahre alt war. Holz nahm in Beethovens Haus eine ähnliche Stellung wie vor ihm Schindler ein; Schindler wurde 1825 und fast das gesamte Jahr 1826 über mehr oder weniger durch Holz ersetzt, was er diesem nie verzieh. Einträge im Konversationsheft lassen vermuten, daß Beethoven Holz dazu benützte, um Karl auszuspionieren.

Die Briefe Beethovens an Karl aus den Jahren 1825 und 1826 sind voller Vorwürfe und Anschuldigungen und flehen um Zuneigung und Aufmerksamkeit. Es gibt auch heftige emotionale Versuche einer Versöhnung. Die Konversationshefte erzählen die gleiche Geschichte: Beethoven war zutiefst mißtrauisch gegenüber Karls Freunden, gegenüber dem, was er in seiner Freizeit unternahm, wofür er sein Geld ausgab, und er machte ihn für all dies verantwortlich. Spätestens ab Sommer 1826 aber scheint Karl seinen Onkel mit Geringschätzung betrachtet zu haben und fing an, sich heimlich mit seiner Mutter, wie auch mit einem seiner ›verbotenen‹ Freunde, Niemetz, zu treffen. Möglicherweise kam es dadurch in seinem Innern zu Konflikten, mit denen er nicht umgehen konnte; es wird aber auch vermutet, er habe sich verschuldet. Wie auch immer, am 29. Juli versetzte er seine Uhr, kaufte dafür zwei neue

Beethovens Arbeitszimmer im Schwarzspanierhaus
Zeichnung von Johann Nepomuk Hoechle (1827),
entstanden wenige Tage nach dem Tod des Komponisten

Pistolen und fuhr nach Baden. Am darauffolgenden Morgen ging er nach Helenenthal, einem der Lieblingsplätze seines Onkels, und setzte beide Waffen an seine Schläfe. Keine der Kugeln drang durch die Schädeldecke, und als man den verwundeten jungen Mann fand, wurde er nach Wien zurückgebracht – in das Haus seiner Mutter.

Karls Selbstmordversuch erschütterte Beethoven schwer; Schindler schreibt, daß er kurze Zeit später einem Siebzigjährigen glich. Er wurde von seinen Freunden gedrängt, die Vormundschaft aufzugeben und zu einer Entscheidung über Karls Zukunft zu gelangen, da der strafliche Aspekt des Falles eine konstante Bedrohung bedeutete. Zwei Jahre zuvor hatte Karl den Wunsch geäußert, zum Militär zu gehen, und so brachte man ihn nun mit Hilfe von Stephan von Breuning als Kadett im Regiment eines gewissen Baron von Stutterheim unter. Beethovens Dankbarkeit für einen solchen Verlauf der Dinge zeigt sich in der geänderten Widmung des cis-moll-Quartetts, welches er für sein ›bestes‹ hielt und das somit diesem unmusikalischen Krieger gewidmet werden konnte.

Seit 1819 besaß Beethovens Bruder Johann einen Landsitz in Gneixendorf bei Krems. Beethoven wurde oft dorthin eingeladen, aber aus Abneigung gegen seine Schwägerin Therese hatte er die Einladungen stets abgelehnt; ihre Untreue schokkierte ihn, ja er hatte sogar Johann von Zeit zu Zeit zu einer Scheidung zu drängen versucht und dazu, sein Vermögen Karl zu vermachen. Da er es in der jetzigen Lage für klug hielt, fern von Wien zu sein, nahm er Johanns Einladung an; und drei Tage, nachdem Karl am 25. September aus dem Hospital entlassen worden war, reisten die beiden Brüder gemeinsam mit ihrem Neffen nach Gneixendorf; unterwegs übernachteten sie einmal. Beethoven war krank, als er Wien verließ; er scheint auch zutiefst deprimiert und verschlossen gewesen zu sein, und die Landbevölkerung hatte ihren Spaß an seinem exzentrischen Benehmen. Und doch gelang es ihm wie üblich zu arbeiten. Seit Juli war er mit dem Quartett in F-dur (op. 135) beschäftigt; er vollendete es in Gneixendorf Mitte Oktober, schrieb selbst die einzelnen Stimmen heraus und schickte es sogleich an Schlesinger in Paris. Dann wandte er sich einem Problem des B-dur-Quartetts (op. 130) zu. Wegen der Schwierigkeiten, die die Fuge des letzten Satzes bildete, bat ihn sein Verleger um ein neues, einfacheres Finale, wofür er nochmals bezahlt werden sollte. Nach einigem Nachdenken ließ er sich darauf ein und lieferte es seinem Verleger Mitte November. Es war das letzte vollständige Stück, das er komponierte. Man hatte sich darauf geeinigt, auch die ›große Fuge‹ zu veröffentlichen, wenn auch als getrenntes Opus (op. 133).

Beethoven reiste am 1. Dezember mit Karl nach Wien zurück, kam dort am folgenden Tag an und rief, kaum zuhause im sogenannten Schwarzspanierhaus angelangt, nach einem Arzt. Bereits auf dem Lande hatte er geschwollene Füße gehabt, aber die Ursache der Krankheit zeigte sich am 13. Dezember, als sich eine Gelbsucht und Ascites (Wassersucht) herausstellte. Seine Ärzte scheinen ganz richtig erkannt zu haben, daß seine Leber geschädigt war (möglicherweise eine aus einer Gelbsucht entstandene Zirrhose), aber sie konnten wenig für ihn tun, außer die Flüssigkeit in seinem Leib zu punktieren. Dies tat man am 20. Dezember und erneut am 8. Januar, 2. Februar und 27. Februar 1827. Inzwischen hatten sich sein besorgniserregender Zustand sowie übertriebene Berichte über seine finanzielle Not überall herumgesprochen. Der Schott-Verlag sandte ein Dutzend Flaschen Rheinwein; die Philharmonische Gesellschaft von London entschloß sich, ihm als finanzielle Unterstützung 100 Pfund zukommen zu lassen. Von Zeit zu Zeit kamen Briefe von Karl, der nun bei seinem Regiment war, und eine gewisse Abwechslung brachte der dreizehnjährige Sohn von Breunings namens Gerhard, der jeden Tag vorbeikam. Und es gab unzählige andere Besucher.

Als das Unabwendbare nahe war, setzte von Breuning ein einfaches Testament auf, das Beethovens gesamten Besitz seinem Neffen vermachte; am 23. März kopierte es Beethoven und unterzeichnete es mühsam mit ›ludwig van Beethoven‹. Er starb am Nachmittag des 26. März gegen 5 Uhr 45. Die Beisetzung am 29. März war ein öffentliches Ereignis für die Wiener; man schätzte die Menge auf 10000. Die Trauerrede hatte Franz Grillparzer verfaßt, und sie wurde am Grab auf dem Friedhof von Währing von dem Schauspieler Heinrich Anschütz verlesen. 1888 wurden Beethovens sterbliche Überreste zusammen mit denen Schuberts auf dem Zentralfriedhof in Wien beigesetzt, wo sie nun Seite an Seite ruhen.

ZWEITES KAPITEL

WERKE

Die ›drei Perioden‹

Die Unterteilung von Beethovens Leben und Werk in drei Perioden wurde erstmals 1828 von Schlosser vorgenommen, von Fétis 1837 aufgegriffen und von Lenz 1852 in dessen einflußreichem *Beethoven et ses trois styles* ausgearbeitet und verbreitet. Sie machten eine erste, formende Periode bis ungefähr 1802 aus, eine zweite Periode bis ungefähr 1812 und eine letzte, alles überragende Periode von 1813 bis 1827. Nicht ohne Grund sah sich dieses Schema Angriffen ausgesetzt; man nannte es vereinfachend und mit althergebrachten vorgefaßten Theorien verdächtig konform. Und doch ist es nicht totzukriegen, denn trotz allem kommt es den deutlichsten Stilunterschieden in Beethovens Schaffen entgegen, und wohl auch deshalb, weil die Schaffenspausen zwischen den Perioden mit den wesentlichen Wendepunkten in Beethovens Biographie übereinstimmen. Zweifellos gab es auch bei Beethoven – von anderen Komponisten ganz zu schweigen – ein enge Verbindung zwischen seiner schöpferischen Energie und seinem Gefühlsleben.

Die dreiperiodische Grundstruktur sollte also nicht fallengelassen werden, eine gewisse Verfeinerung kann ihr indes nicht schaden. Im folgenden werden eine Reihe von Vorschlägen aus der jüngeren Literatur zum Thema aufgegriffen. Erstens sollte eine vierte Periode hinzugefügt, oder besser, von der bisherigen ersten Periode abgetrennt werden, und zwar die in Bonn entstandene Musik, von der das 19. Jahrhundert wenig wußte oder vermutlich wenig wissen wollte. Zweitens haben Untersuchungen ergeben, daß sich jede der vier Perioden ganz natürlich in zwei Unterperioden unterteilen läßt, und man betrachtet sie am besten auf diese Weise. Drittens darf man nicht nur die allgemeine stilistische Entwicklung eines Komponisten verfolgen, sondern muß auch die einem bestimmten Genre innewohnenden Notwendigkeiten miteinbeziehen sowie die Konsequenzen seiner Erfahrung mit diesen Genres. So haben eventuell Genres, denen er sich zum ersten Mal widmet, weniger ›fortgeschrittene‹ stilistische Merkmale als Werke, die zur gleichen Zeit in gewohnten, oft benützten Genres entstanden.

Außerdem muß man sich unbedingt klarmachen, daß in jeder der vier Perioden das Wesen der beiden Subperioden und ihre Beziehung zueinander beträchtlich divergieren. In der Bonner Periode enthält die erste Subperiode (1782 bis 1785) wenig bedeutende Jugendwerke. Dann scheint eine Pause einzutreten; es ist bekannt, daß die Jahre 1786 bis 1789 für Beethoven sehr ereignisreich verliefen, doch weiß man wenig über die Musik aus dieser Periode. Aus den Jahren 1790 bis 1792 ist eine Gruppe weitaus reiferer Werke überliefert – in der Tat ein außerordentlich eindrucksvolles Korpus, das die ehrgeizigen Pläne des jungen Komponisten, in Wien zu studieren, durchaus rechtfertigen konnte.

In seiner frühen Wiener Periode (1793 bis 1799) mußte sich Beethoven zuerst den Stil der Wiener Klassik zu eigen machen und ihm seine individuelle Prägung verleihen. Von 1800 bis 1802 schuf er dann in rascher Folge eine Reihe zunehmend experimenteller Stücke, die im Rückblick als ein Übergang zur mittleren Periode gesehen werden müssen. In dieser Subperiode kommt die verhältnismäßige Auswirkung von Genre und Gewohnheit besonders klar zum Ausdruck. 1798 und 1799 gelingen ihm die Klaviersonaten flüssig und weisen in eine andere Zeit, die ganz frühen Streichquartette hingegen sind noch verhältnismäßig steif. Um 1800 schreibt er zwar Quartette mit leichterer Hand, die Sinfonien hingegen sind immer noch entschieden konservativ.

Die mittlere Periode (1803 bis 1808) beginnt mit einer berühmten Reihe von Kompositionen mit heroischem Duktus: der *Eroica*-Sinfonie, *Leonore (Fidelio)* und andere. Die Musik der Subperiode 1809 bis 1812 folgt ebenfalls jenem allgemeinen stilistischen Impetus, verliert aber eher an Radikalität und Wildheit, je müheloser Beethoven die Technik beherrscht.

Fast alle Orchesterwerke Beethovens stammen aus dieser mittleren Periode.

Die späte Periode ist in jeder Hinsicht die komplexeste. In den Jahren 1813 bis 1818, die von einem chaotischen Gefühlsleben geprägt waren, ging Beethovens Produktivität spürbar zurück. Es ist nur zu verständlich, daß den wenigen ernsteren Kompositionen dieser Subperiode die meiste Aufmerksamkeit zuteil wurde; die zunehmend intimeren, ja sogar ›privateren‹ Stücke vermitteln unmißverständliche Ausblicke auf einen neuen Stil. Aber in den Jahren 1813 bis 1816 entstanden auch viele ›öffentliche‹ Werke, wie die *Schlachtensymphonie*, *Der glorreiche Augenblick* und der *Chor auf die verbündeten Fürsten* für den Wiener Kongreß. Maynard Solomon hat festgestellt, daß diese Art von Musik eine ›Regression in Richtung des heroischen Stils‹ darstellte und ebenso unmißverständlich klar macht, daß der Stilwechsel sich nun langsam und unter großen Schwierigkeiten vollzog – ganz im Gegensatz zu der früheren Übergangsperiode 1800 bis 1802. Die Hammerklaviersonate von 1818 stellte eine Art Durchbruch dar; aber erst nachdem die Gerichte die Vormundschaftsfrage bezüglich seines Neffen geregelt hatten, flossen Beethovens kompositorische Energien wieder ungehindert und führten zu der ununterbrochenen Serie von Meisterwerken in der späten Periode von 1820 bis 1826.

Die Kompositionen der Bonner Periode

Aus den Jahren 1782 bis 1785, der Zeit also, da man ihn zum Wunderkind machen wollte, sind zehn Kompositionen Beethovens bekannt. Die Mehrzahl dieser Stücke wurde veröffentlicht. Außerdem gibt es ungefähr noch weitere 30 Werke aus den Jahren 1787 bis 1792; von ihnen stammen nur wenige aus der Zeit vor 1790, und nur eines wurde damals veröffentlicht. Da man eine ganze Reihe der anderen lediglich aus späteren Quellen kennt, hat die Forschung stets vermutet, daß sie nur in beträchtlich revidierten Fassungen vorliegen. Eine Lieblingsidee von Thayer, dem bedeutenden Beethovenbiographen des 19. Jahrhunderts, war es, daß der junge Komponist mit einem dicken Packen Musik von Bonn nach Wien reiste, wo er dann im Laufe des nächsten Jahrzehnts und auch noch später frei darin herumkomponierte. Wie Thayer feststellte, war Beethoven mehr als andere Komponisten darauf bedacht, in seinen späteren Jahren die Jugendwerke zu veröffentlichen oder aber sie in reifere Stücke einzubauen. Dies wiederum sollte Grund genug sein, sich der bescheideneren Kompositionen aus Beethovens Bonner Jahren anzunehmen.

Von den ganz frühen Kompositionen sind die Sammlungen dreier Klaviersonaten und dreier Klavierquartette am gehaltvollsten. Musikalisch war der junge Beethoven zuerst hauptsächlich von Neefe und Sterkel, dann von Mozart beeinflußt; jedes einzelne der Klavierquartette baut auf einem bestimmten Werk Mozarts aus der Reihe der 1781 veröffentlichten Violinsonaten (KV 379/373*a*, 380/374*f*, 296) auf. Beethoven hat sich während seines ersten Wiener Jahrzehnts immer wieder mit Mozart beschäftigt (siehe hierzu auch opp. 3, 16 und 18 Nr.5). Während der zweiten Bonner Unterperiode hat Beethoven ungefähr ein Dutzend Lieder von beachtlichem Wert geschrieben. Später veröffentlichte er einige davon als op.52 (1805), allerdings nur die einfacheren; die kunstvolleren, tiefer gehenden der Bonner Lieder sind nicht sonderlich bekannt, da man sie erst relativ spät entdeckt und im Anhang zu der Gesamtausgabe von 1888 verborgen hat. 1790 spornte der bedeutende Auftrag, offizielle Kantaten auf den Tod Kaiser Josephs II. sowie auf die Thronbesteigung Leopolds II. zu schreiben, Beethoven zu den ehrgeizigsten Projekten seiner Jugend an. In der Beerdigungskantate hatte er die Möglichkeit, einige bewundernswert ausdrucksstarke Teile im pathetischen c-moll-Chor zu verfassen, der das Werk umrahmt, sowie in der heiteren Sopranarie mit Chor. Er setzte dies 15 Jahre später mit meisterhafter Wirkung in der Schlußszene von *Leonore* ein. Zusätzlich zu den fünf großen Arien in diesen Kantaten komponierte er noch drei vollkommene Konzertarien: *Prüfung* *des Küssens, Mit Mädeln sich vertragen* (seine erste Goethevertonung) und *Primo Amore.*

Variationen gehörten zu dem Genre, in welchem sich jeder angehende Virtuose hervortun mußte. Zwischen 1790 und 1792 schrieb Beethoven zwei glänzende Variationensätze für Klavier, und zwar auf Righinis ›Venni amore‹ und Dittersdorfs ›Es war einmal ein alter Mann‹ sowie Variationen für zwei Klaviere auf ein Thema des Grafen Waldstein; hinzu kamen Variationen für Violine und Klavier auf Mozarts ›Se vuol ballare‹, die er in Wien fertigstellte. Zwar sind viele der Variationen geistlos dekorative Verzierungen des Themas, andere wiederum behandeln dieses doch auf interessantere, gehaltvollere Weise. In diesen ›analytischen‹ Variationen blitzt der zukünftige Beethoven auf, vielleicht deutlicher als in all seinen übrigen Bonner Kompositionen.

Weniger eindrucksvoll gerät in diesen Jahren die Instrumentalmusik im Sonatenstil. Es gibt eine bruckstückhafte Skizze zu einem leidenschaftlichen Sinfoniesatz in c-moll; Fragmente eines großen Violinkonzertes sowie einer Art Sinfonia concertante für Klavier, Flöte und Fagott; ein vollständiges Trio für eben diese Instrumente; ein Klaviertrio (WoO 38), den Teil eines anderen Triosatzes sowie einige eher farblose Sonatensätze für Klavier. Außerdem sind viele Skizzen erhalten. (Ist es ein Zufall, daß so viele dieser Kompositionen lediglich fragmentarisch überliefert sind? Ein Oboenkonzert und die Originalversion des B-dur-Klavierkonzertes, die beide aus dieser Zeit stammen, sind spurlos verschwunden.) Wo auch immer sich Beethoven in diesen Werken von formelhaften Wendungen entfernt hatte, scheint er sich, wie im Fragment des Violinkonzerts, heillos verzettelt zu haben. Obgleich sie einige kühne Einfälle beinhalten, werden sie doch nur selten überzeugend in den musikalischen Gesamtdiskurs integriert.

Einem höheren Maß an Differenzierung begegnet man im Bläseroktett op. 103, aber hier gibt es allen Grund zur Annahme, daß Beethoven in seinen ersten Wiener Jahren die ursprüngliche Bonner Partitur im Hinblick auf eine Veröffentlichung umschrieb. Läßt man dieses Werk außer Acht, so drängt sich die Erkenntnis auf, daß der Bonner Beethoven weniger interessante Kompositionen im Sonatenstil als vielmehr in anderen Genres - Variationen, Lieder und große Vokal- und Orchesterkompositionen - verfertigte. Hinsichtlich seiner späteren Produktion mag diese Schlußfolgerung überraschen. Doch ist der Sonatenstil, wie allgemein bekannt, vornehmlich eine Wiener Spezialität. Die Bonner Arbeiten im Sonatenstil machen deutlich, wie wichtig und klug es war, daß Beethoven Ende 1792 nach Wien zurückkehrte, und welch großen Anteil Wien an der Formung und Ausbildung seiner musikalischen Persönlichkeit hatte.

Die Musik der frühen Wiener Periode

In seinem ersten Wiener Jahr scheint Beethoven deutlich weniger komponiert zu haben als in den unmittelbar vorangegangenen und darauffolgenden Jahren. Es gibt Anzeichen dafür, daß er eine gewisse Anzahl von Bonner Kompositionen überarbeitete und neu instrumentierte, um sie Wiener Gebräuchen und dem dortigen Geschmack anzupassen. Das Bläseroktett wurde bereits erwähnt; Skizzen weisen darauf hin, daß er auch damit begonnen hatte, sein Violin- und Oboenkonzert umzuarbeiten. Fragmente seiner frühen Klavierquartette wurden in einige der ersten Wiener Sonaten eingebaut, und zwar in op. 2 Nr. 1 und Nr. 3.

Als opp. 1 und 2 im Juli 1795 und März 1796 veröffentlicht wurden, hatte sich Beethoven sicher das nötige musikalische Rüstzeug erworben, damit das Wiener Publikum die Köpfe reckte und die Ohren spitzte. Der wohl bekannteste Satz dieser eindrucksvollen Gruppe von sechs Stücken ist die Allegro-Einleitung der Klaviersonate in f-moll op. 2 Nr. 1, ein bemerkenswerter Vorläufer Beethovenscher Konzentration und Intensität - und um so bemerkenswerter, als die Entwürfe hierfür auf Bonner Zeiten zurückgehen. 1795 ist solch ein Satz indes eine Ausnahme. Fast alle frühen Kompositionen sind sehr breit, schwer und diskursiv, ja sogar schwülstig angelegt.

So schrieb Beethoven über viele Jahre hinweg fast ausschließlich viersätzige Sonaten, anstelle der dreisätzigen, wie es bei Haydn und Mozart die Regel war, und es ist bezeichnend, daß sein op. 3 ein Streichtrio in sechs Sätzen war, gebaut nach dem Vorbild von Mozarts umfangreichem Divertimento KV 563. Es gibt die wenig überzeugende Ansicht, daß op. 3 auf eine ursprünglich Bonner Komposition zurückgeht, in seiner endgültigen Form aber entstand es, wie auch das Bläseroktett, sicherlich in Wien.

Opp. 1 und 2 sind Beispiele für die eher schwerfälligen langsamen Sätze, die die erste Wiener Periode charakterisierten, wie auch für die berühmte Erneuerung des Scherzo. Das Tempo der frühen Scherzi Beethovens ist nicht schneller als dasjenige der meisten Haydnmenuette und klingt auch nicht humorvoller, dafür dauern die Scherzi beträchtlich länger und tendieren zu einem Aufbau aus eher symmetrischen Teilen. Was Sätze in Sonatenform angeht, so beinhalten viele eine ganze Menge musikalisches Material – und jede Menge Modulationen in der zweiten Themen-Gruppe. Obgleich Beethovens Fähigkeiten bezüglich des Aufbaus seiner Stücke bisweilen überbewertet wurden, so gibt es doch auch wieder Passagen der authentischen Beethovenschen Kraft, vor allem was über weite Strecken hinweg die Kontrolle kühner harmonischer Wendungen anbelangt. Hier sind vor allem die Modulationen im ersten Satz der Sonate in A-dur op. 2 Nr. 2 zu nennen sowie die ausgedehnte Wiederholung im Adagio des Trios in G-dur op. 1 Nr. 2.

In diesen frühen Jahren machte sich Beethoven einen Namen als Pianist, Improvisator und Komponist, vornehmlich von Klaviermusik. Einige Ideen seines improvisierenden Stils ergeben sich aus seinen veröffentlichten Klaviervariationen, den zahlreichen Notizen auf seinen frühen Skizzenblättern und von manchen unvollendeten Kompositionen für Klavier, die man vielleicht besser als Gedächtnisstützen denn als unvollendete Werke sieht. Das bekannte *Rondo a capriccio* wurde nach Beethovens Tod von Diabelli vollendet und als op. 129 unter dem unverantwortlichen Titel ›Die Wut über den verlorenen Groschen‹ veröffentlicht; ein interessanter Zyklus ›Fantasia‹ in drei Sätzen wurde erst kürzlich im sogenannten ›Kafka-Skizzenbuch‹ in der British Library entdeckt. In späteren Jahren traten die Improvisationen verständlicherweise in den Hintergrund, aber Anhaltspunkte für seinen Stil finden sich noch in den Fantasien opp. 77 und 80, in den Kadenzen der Klavierkonzerte sowie kürzeren, kadenzenähnlichen Passagen in einer großen Anzahl anderer Stücke.

Selbstverständlich war Beethoven für den Einfluß anderer Pianisten und Komponisten zu einer Zeit empfänglich, da die Technik des Instruments beträchtlich erweitert wurde. Man sollte allerdings ähnlichen Themen und vergleichbaren pianistischen Strukturen bei Beethoven und Clementi, Dussek und anderen Komponisten dieser Kategorie nicht zu viel Bedeutung beimessen. Beethoven verpflichtete sich von Anfang an, und selbst in seinen ausschweifendsten Stücken, der totalen Struktur, die einen Clementi im Vergleich äußerst nachlässig erscheinen läßt. Sein wohlbekanntes Bestreben, Überleitungen und Kadenzen einen individuellen Ton zu verleihen, tritt bereits klar zutage; für die Scheidemünze des ›galanten Stils‹, die in den neunziger Jahren noch im Umlauf war, hatte er wenig übrig. Und in seinen ›ernsthaften‹ Kompositionen wird die Virtuosität des Klaviers stets in den Dienst der musikalischen Idee gestellt, niemals aber verselbständigt sie sich. Diese Kompositionen mögen pompös oder bisweilen auch unbeholfen klingen, aber sie klingen nie nach billiger Wirkung und entbehren auch nie einer gewissen intellektuellen und erfinderischen Qualität.

Wie bereits oben erwähnt, lobte Haydn zwar die Trios op. 1, war indes der Meinung, das Publikum würde das dritte in c-moll nicht verstehen oder akzeptieren. Es ist indes anzunehmen, daß Haydn selbst das Extreme der Tempi, Dynamik, Struktur und der diesem Stück eigenen chromatischen Verläufe ablehnte und mehr noch die daraus resultierende gefühlsgeladene Atmosphäre. Und er sollte nicht der letzte Hörer sein, der aus diesem Trio etwas Unausgegorenes und Theatralisches heraushören würde, also etwas grundlegend

Unpersönliches in jenen beharrlich pathetischen und hochdramatischen Gesten. Freilich schlug Beethoven Haydns Rat in den Wind und veröffentlichte innerhalb der nächsten acht Jahre immer ausgefeiltere c-moll-Teile in nahezu jedem seiner mehrteiligen Werke (opp. 9, 10, 18, 30). Zwar standen die eindrucksvollen langsamen Sätze von op. 10 Nr. 3 und op. 18 Nr. 1 wie auch die *Sturm*-Sonate op. 31 Nr.2 in d-moll, waren aber die gesamten Stücke mit einer Molltonart überschrieben, so handelte es sich in diesen Jahren praktisch ausschließlich um c-moll. Die erfolgreichsten frühen Ergebnisse von Beethovens ›C-moll-Laune‹ sind zweifellos die *Sonate pathétique* op. 13 (1799) und das 3. Klavierkonzert (1800?). Später sollten noch die 32 Variationen auf ein eigenes Thema für Klavier, die *Coriolan*-Ouvertüre, die 5. Sinfonie und die letzte Klaviersonate hinzukommen.

Die ersten Sätze des c-moll-Trios und der F-dur-Sonate sind in Sonatenform gehalten und haben ruhige Hauptthemen, die in der Reprise *fortissimo* wiederkehren. Diese Anlage ist für Beethoven charakteristisch. In den frühen Werken wird dadurch oft eine eher tosende Wirkung erzielt. Und doch verweist dies auf eine neue Sicht der Form, wobei die Reprise weniger als symmetrische Rückkehr oder Höhepunkt konzipiert ist, sondern eher als Transformation oder Überwindung. Dem Sonatenstil wohnte stets eine gewisse ›Dramatik‹ inne, wie sie in ihrem eigentlichen Sinne von Tovey benannt und beleuchtet wird. Tovey weist ebenfalls darauf hin, daß in ganz besonderem Maße Haydn und Mozart diesen Stil in einer Art ›höherer Heiterkeit‹ einsetzen, jenem musikalischen Äquivalent zur Sittenkomödie. Beethoven suchte bereits nach Möglichkeiten, den Stil auf die Tragödie, das Melodram oder seine spezifische Form des geistreichen Ideentheaters anzuwenden.

Diese radikale Annäherung an die Sonatenform, die natürlich alle Aspekte umfaßt, nicht nur die erweiterte Reprise, kommt in den Sonaten von 1796 bis 1799 besser zum Ausdruck, und zwar in op. 7, op. 10 Nr. 1–3 und op. 13. Obgleich das Hauptthema in op. 13 sowie in der bedeutenden Sonate in D-dur op. 10 Nr. 3 nicht vorlaut wiederkehrt, drängt sich doch der

Eindruck auf, daß etwas Bedeutendes innerhalb der musikalischen Dialektik auf dem Spiele steht. Ganz allgemein kann man sagen, daß es jenes Gefühl für Dringlichkeit im Umgang mit dem klassischen Stil war, der in Wiener Adelskreisen als ausgesprochen neuartig und eindrucksvoll am ›Großmogul‹ aus den Provinzen empfunden wurde, wie Haydn ihn nannte.

Man kann in Beethovens Aktivitäten dieser Jahre das bewußte Vorhaben verfolgen, alle gängigen musikalischen Genres zu erobern. So schrieb er eine wirkungsvolle Konzertarie – eine Szene mit Rondo – auf einen Text Metastasios mit dem Titel *Ah! perfido*, einige gelungene kleine Vertonungen von Goethegedichten sowie ein interessantes, umfangreicheres Lied, das einst so beliebte *Adelaide*. Er produzierte zwei an Mozart gemahnende Klavierkonzerte, wovon das eine in B-dur op. 19 offensichtlich in vielen Punkten auf eine Bonner Originalkomposition zurückging, sowie eine Anzahl verschiedener Kompositionen für Bläser, darunter ein Quintett für Klavier und Bläser op. 16, dem man leichtfertig Ähnlichkeiten zu einem ähnlichen Werk Mozarts unterstellen kann, nämlich dem KV 452. 1795 und 1796 arbeitete er ausdauernd und intensiv an einer Sinfonie in C-dur. Als sie sich als zu umfangreich herausstellte, legte er sie klugerweise ad acta, griff indes einige ihrer musikalischen Ideen auf, als er schließlich 1800 seine 1. Sinfonie schrieb, auch sie in C-dur.

Die drei Violinsonaten op. 12 gerieten nicht so eindrucksvoll wie die zeitgleich entstandenen Klaviersonaten; die beiden Cellosonaten op. 5 sind ebenfalls Werke von geringerem Wert, interessieren aber durch ihre kühne, virtuose Haltung und verweisen auf die 1802/1803 entstehende Kreutzer-Sonate. Nach der Vollendung der drei Streichtrios op. 9 stürzte sich Beethoven in sein bisher ehrgeizigstes Projekt, die sechs Streichquartette op. 18, die zwischen 1798 bis 1800 entstanden. Unterdessen trug er reichlich zum kurzweiligen Wiener Musikleben bei: leichte Klaviervariationen, Dutzende von Tänzen, patriotische Marschlieder, Arien für Singspiele, Stücke für ein automatisches Harmonium sowie eine Sonatine für Mandoline und Klavier.

Autographes Manuskript des Beginns des 2. Satzes der Violinsonate G-dur op. 30 Nr. 3, komponiert 1802

Die zweite Subperiode der frühen Wiener Jahre, jene Zeit also, in der Beethoven Zeichen der Unzufriedenheit mit einigen eher formalen Aspekten des klassischen Stils zeigte und nach etwas Neuem strebte, wird nicht durch ein einzelnes Werk eingeleitet. In gewisser Weise gab es hierfür von Anfang an Anzeichen. Konzeptionelle Neuerungen kann man in allen Werken entdecken. Sie häufen sich in der *Sonate pathétique* von 1799, als da sind die Verflechtung der Introduktion mit dem eigentlichen ersten Satz, die meisterhaft ausgeführten und kühnen Modulationen in der zweiten Gruppe, der prophetische Zusammenbruch auf der Dominante in der Mitte des Rondos; von der atmosphärischen Geschlossenheit ganz zu schweigen, die die *Pathétique* zum berühmtesten Stück aus Beethovens frühem Schaffen machte. Ein anderes berühmtes früheres Stück, der erste Satz des F-dur-Quartetts op. 18 Nr. 1, verkörpert Beethovens erste erschöpfende Studien über die völlige Ausarbeitung eines Motivs. Das Leitmotiv der ersten beiden Takte bahnt sich seinen Weg in jeden nur möglichen Winkel und Spalt der zweiten Gruppe, der Übergänge, Durchführung und Coda. (Nachdem Beethoven Amenda eine Reinschrift von op. 18 Nr. 1 übergeben hatte, überarbeitete er das Werk nochmals und entfernte beinahe ein Viertel des auftauchenden Leitmotivs.)

Die letzten beiden Quartette von op. 18, die etwa um 1800 entstanden, weisen eine ausgesprochen neue Behandlung der traditionellen viersätzigen Form auf. Die ersten Sätze sind nicht ausgedehnt und entscheidend, sondern statt dessen flott, verbindlich und symmetrisch, so daß die weiteren Sätze alle gewichtiger oder weit markanter erscheinen und sicher auch so gedacht sind. Der vorausgreifendste dieser weiteren Sätze ist das aus unterschiedlichen Teilen zusammengesetzte Finale des Quartetts in B-dur op. 18 Nr. 6, in welchem ein merkwürdig klingendes chromatisches Labyrinth mit dem Titel ›La Malinconia‹ sich mit einem leichten, durchsichtigen, an Wiener Ballsäle erinnernden Tanz abwechselt.

Andere weitreichende Experimente mit der Gewichtung, dem Wesen und Gleichgewicht der verschiedenen Sätze wurden in der eindrucksvollen Serie von ungefähr einem Dutzend Sonaten vorgenommen, die alle zwischen 1800 und 1802 entstanden. Darunter befanden sich op. 26 in As-dur mit einer ›Marcia funebre sulla morte d'un Eroe‹ (vgl. auch die *Sinfonia eroica*), op. 27 Nr. 1 in Es-dur, op. 27 Nr. 2 in cis-moll (beide mit ›quasi una fantasia‹ überschrieben) und op. 31 Nr. 3 in Es-dur. Einige der Sätze gehen ineinander über und es gibt eine beträchtliche Gewichtsverlagerung weg vom ersten und hin zum letzten Satz. Experimente dieser Art mit vielsätzigen Werken tauchten in der nächsten Periode weniger häufig auf, da sich Beethoven unter dem Einfluß seines sich entwickelnden ›sinfonischen‹ Ideals von der traditionellen viersätzigen Dynamik wieder neu inspirieren ließ. Und doch nahmen diese Experimente in der zunehmenden Flexibilität seines Schaffens eine wichtige Stelle ein, so daß sie nach 1812 mit sehr viel mehr Nachdruck und Bewußtsein wieder aufgegriffen wurden.

Einem höheren Maß an Flexibilität begegnet man bereits bei der Integration von Sätzen mit völlig unterschiedlichen Formen und Charakterzügen. Vielleicht nimmt man bei Werken aus dieser Zeit erstmals das frappierend Individuelle in Beethovens Schaffen wahr, jene so oft genannte Eigentümlichkeit. Herausragende Beispiele sind die sogenannte ›Pastoral-Sonate‹ in D-dur op. 28 (das klassische Beispiel auch für die Abfolge thematischer Fragmente in der Durchführung), die Sonate in Es-dur op. 31 Nr. 3 und dann jene großen und verdienten Favoriten der Romantik, die *Pathétique*, die *Mondschein*-Sonate und die Sonate in d-moll op. 31 Nr. 2.

Die Konzeption jener einleitenden Träumerei der *Mondschein*-Sonate ist auch heute noch so verblüffend, daß Beethovens mit so viel Bedacht gewählte Satzfolge in dieser Sonate im Vergleich dazu verblaßt. Für die halb improvisierende Beschaffenheit dieser Einleitung, die durchgehende Atmosphäre und vor allem diese Atmosphäre selbst, jene romantische *mestizia*, die auch den härtesten Zuhörer am Ende der ersten melodischen Phrase überwältigt haben wird, gibt es keinen Vorläufer. Ein kühnes und emotionales, wenngleich mehr intellektuelles Experiment stellt die Einleitung zu op. 31 Nr. 2 dar. Hier besteht das erste Thema eines Satzes in Sonatenform aus früheren und konsequenten Phrasen völlig unterschiedlichen Charakters: ein langsames improvisatorisches Arpeggio und ein schnelles, motivisch bedeutsames *agitato.* Jede dieser Ideen kehrt als Echo in den anderen Sätzen der Sonate wieder.

Zweifellos führte der innere Drang von Beethovens sich entwickelndem musikalischen Denken zu immer mehr Neuerungen; und damit einher ging ein beträchtliches Maß an künstlerischer Eitelkeit. Um das Jahr 1801/1802 lag ihm sehr viel an seiner Originalität, und er gab seinem Verleger sogar Anweisung, mit einer besonderen Werbung die Neuerungen in seinen Klaviervariationen auf eigene Themen opp. 34 und 35 hervorzuheben. Und das zu recht. Die sechs Variationen von op. 34 stehen in sechs verschiedenen Tonarten. In op. 35 wird die grotesk bloßgelegte Baßlinie des Contretanz-Themas aus *Prometheus* abstrahiert, und davon ausgehend entstehen in fantastischer Weise 15 Variationen und eine Fuge in voller Länge. Das Finale der *Eroica* ist eine weitere Strukturübung mit der gleichen Baßlinie, diesmal mit Variationen in verschiedenen Tonarten und zwei Fugenteilen.

Glaubt man Czerny, seinem jungen Schüler in diesen Jahren, so sprach Beethoven von einen ›neuen Weg‹, den er nun beschritt und den Czerny später mit den wichtigen Sonaten op. 31 von 1802 gleichsetzte. Op. 31 Nr. 2 wurde bereits genannt. Eine andere herausragende konzeptionelle Neuerung war die Verteilung der Tonarten im ersten Satz der Sonate in G-dur op. 31 Nr. 1, dessen zweite Gruppe nicht in der Dominate sondern in der Mediante steht (Dur und Moll; vgl. auch das Streichquintett op. 29 von 1801). Dies verweist auf Beethovens gründliche Erforschung und Ausdehnung der tonalen Skala der klassischen Musik, ein Prozeß, der mit der Ausdehnung aller Aspekte der klassischen Form in den folgenden Jahren einherging. In der späten Periode ist es eher die Ausnahme als die Regel, daß die zweite Gruppe in der Dominante steht.

Ein weiteres wichtiges, wenngleich mehr konservatives Werk der Jahre 1799 bis 1801 war die Ballettmusik *Die Geschöpfe des Prometheus*, die Beethoven erstmals auf eine Wiener Bühne brachte; außerdem das nette, wenngleich recht geistlose Septett, dessen hoher Beliebtheitsgrad den Komponisten bald störte; und die magere Erste Sinfonie, die einem unter den Händen zu zerrinnen scheint, sobald Musikwissenschaftler sie auf Zeichen einer künftigen sinfonischen Größe hin untersuchen. Die Zweite Sinfonie von 1802 muß man ebenfalls zu den mehr konservativen Werken zählen – und dies trotz ihrer enorm gewachsenen Sicherheit gegenüber der Ersten Sinfonie und ihrem geistreichen Spiel mit den Noten Fis und G, über die das Ganze zusammengehalten wird. Wenngleich Haydn dieses Werk nie hätte schreiben können, so steht es dennoch für die letzte vollkommene Realisierung des von ihm entwickelten Konzepts eines großen Orchesterwerks. Dieser Eindruck wird dadurch noch bestätigt, daß Beethoven aus der *Schöpfung* eine auffallende, modulierende Passage zitiert, wie Tovey festgestellt hat.

Man merkt, daß sich Beethoven in der Zweiten Sinfonie erstmals mit dem Sinfonieorchester auseinandersetzte und zu begreifen begann, wie es seinen immer deutlicher zutage tretenden Absichten dienen könnte. Er hatte die wahre Bedeutung eines Sinfonieorchesters erkannt. Fast alle berühmten Werke der mittleren Periode von 1803 bis 1812 waren für Orchester komponiert, Werke, mit denen er ein neues ›sinfonisches Ideal‹ entwickelte, das auch seine nicht-orchestralen Werke in hohem Maße beeinflußte.

Das sinfonische Ideal

Nach einer Zeit der inneren Aufruhr, die ihren Ausdruck (und vielleicht ihre Lösung) im Oktober 1802 im Heiligenstädter Testament fand, nahm Beethoven ernsthaft umfangreiche Werke in Angriff, in die er außermusikalische Ideen integrierte. Seit er nach Wien gekommen war, geschah dies zum ersten Mal. Ein äußerer Anstoß war seine Bindung an das Burgtheater, später an das Theater an der Wien; die Entscheidung aber, eine ›Bonaparte-Sinfonie‹ gerade zu dieser Zeit zu komponieren, entstand aus einem inneren Drang heraus. Das Oratorium *Christus am Oelberge* wurde in den erste Monaten des Jahres 1803 rasch niedergeschrieben und war kein großer musikalischer Erfolg. Die Entstehung seiner Oper *Leonore* zog sich über die Jahre 1804 und 1805 hin. Dazwischen lag die Sinfonie Nr. 3, die *Eroica*, ein Werk an der ›Wasserscheide‹, ein Werk, das einen Wendepunkt in der Geschichte der modernen Musik markiert.

Dank Nottebohms Monographie über die Entwürfe zur Eroica gibt es über die Entstehung dieses Werks mehr Erkenntnisse als über irgendein anderes Werk Beethovens. Die Entwürfe bezeugen eine verschwindend geringe Anzahl von Fehlstarts und Umwegen. Die radikalsten Ideen waren, wenngleich noch ungeschliffen, von Anfang an da, und es scheint, daß die Arbeit mit großer Sicherheit voranschritt. Dies ist in der Tat frappierend, denn man mag Beethovens Entwicklung bis 1803 auch noch so genau untersuchen, nichts weist auf den Umfang, die fast schon befremdliche Originalität und nahezu durchgehend sichere Technik in dieser Sinfonie hin. Hinsichtlich der reinen Länge mag Beethoven wohl gemerkt haben, daß er seine eigenen Grenzen gesprengt hatte, denn es dauerte viele Jahre, bevor er ein anderes Instrumentalwerk dieser Dimension schrieb.

Im ersten Satz muß man in jeder Hinsicht über die erweiterte Dimension staunen; über die Projektion bestimmter melodischer Details des Hauptthemas auf die gesamte Form: So wandert das Cis (und Des) im Baß zu den Tonarten der Subdominantenparallele und moduliert zu Moll auf der siebten Stufe, das G-As der Violinen kehrt vertikal als die berühmte Hornrufdissonanz wieder; man staunt über die meisterhafte Verschmelzung unterschiedlichen Materials im Nebenthema; und über das ganze umfassende Konzept der Durchführung, mit jener Passage des zunehmenden Zusammenbruchs, der durch die Einführung eines neuen Themas (wenn es denn wirklich eines ist) wieder getilgt wird. Die fortschreitende thematische ›Auflösung‹ am Ende der Marcia funebre, die vier Alla-breve-Takte im da capo des Scherzos, die neuartige Struktur des Finales, die durchweg kraftstrotzenden Fugati – für nichts von alledem gibt es Vorbilder. Ebenfalls erstaunlich ist die Qualität des ›Potentials‹, mit dem die Hauptthemen der drei schnellen Sätze übermittelt werden. Zwei davon verlangen und bekommen auch zu gegebener Zeit einen horizontalen oder vertikalen Abschluß, und das andere wird im Zustand von nahezu greifbarer Entwicklung präsentiert.

Diese Themen standen im Dienste des neuen ›sinfonischen Ideals‹, welches Beethoven in seiner Dritten Sinfonie mit einem Streich perfektionierte und in der Fünften, Sechsten, Siebten und Neunten Sinfonie weiter zelebrierte. Die Fülle an Kraft, die erweiterte Dimension und offensichtlich radikale Absicht dieser Werke stellt sie außerhalb der traditionellen Sinfonik des 18. Jahrhunderts, zu denen auch noch Beethovens Erste und Zweite Sinfonie gehörten. Aber darüber hinaus gelingt ihnen der Eindruck einer psychologischen Reise oder eines Entwicklungsprozesses. Im Laufe dieses Prozesses scheint etwas zu geschehen, zu triumphieren oder überhöht zu werden – selbst wenn es, wie in der Pastorale in erster Linie das Wetter ist, welches überhöht wird. Dieser Vorstellung wird mit gewissen charakteristischen Kennzeichen nachgeholfen: Themen werden ›entwickelt‹, es gibt Übergänge zwischen weit auseinanderliegenden Passagen, in verschiedenen Sätzen taucht tatsächlich das gleiche Thema auf, und schließlich werden außermusikalische Ideen integriert, in Form eines literarischen Textes, eines Programms oder, wie in der *Eroica*, nur als irritierende Titel.

Formal ausgedrückt kann diese Entwicklung als eine Projektion der dem Sonatenstil zugrunde liegenden Prinzipien auf die Gesamtheit eines viersätzigen Werks gesehen werden, und nicht als die Projektion eines einsätzigen Werks auf die Sonatenform. Dieser Blickwinkel berücksichtigt den Eindruck, daß Beethoven zu dieser Zeit stark mit musikalischen Grundsätzlichkeiten rang. Er hatte die Kraft – man kann hier durchaus von intellektueller Kraft sprechen –, in die gestische Ebene unterhalb der Sonatenform einzudringen. Er konnte die Grundelemente des Sonatenstils in verständlicher, weniger formalistischer Weise manipulieren als jemals zuvor. Man spürt das gleiche Gefühl für das Wesentliche, wenn Beethoven nun melodische, harmonische oder rhythmische Details eines Themas isoliert und es dann ›auskomponiert‹ – um die Bedeutung im weiteren Verlauf des Stückes zu benennen. Natürlich fand dies auch in früheren Stücken statt, ob nun von Beethoven oder einem anderen Komponisten, aber in der mittleren Periode verwandte er auf diesen Prozeß in weitaus höherem Maße Aufmerksamkeit.

Beethovens Faszination für Musiker einer bestimmten Richtung beruht auf seinen fortdauernden Studien grundlegender musikalischer Beziehungen im eigentlichen Sinne. Diesen Untersuchungen kam in der späten Periode eine immer größere Bedeutung zu, sie gerieten auch immer subtiler und feinsinniger, was man feststellt, wenn man die kompositorische Ausführung des Cis-dur und As-dur im oben erwähnten ersten Satz der *Eroica* mit der Verwendung des neapolitanischen D im cis-moll-Quartett op. 131 vergleicht.

Für Musiker und Zuhörer einer anderen Denkungsart beruht Beethovens Anziehungskraft auf einem weiteren Aspekt seines ›sinfonischen Ideals‹, der zwar weniger technisch, dennoch aber nicht weniger entscheidend ist. Die Kombination seiner nun extrem kraftvollen musikalischen Dynamik mit außermusikalischen Elementen umgibt seine Stücke mit einer unweigerlich ethischen Aura. Selbst Tovey, der sich ansonsten als eifrigster Verfechter einer Position der ›reinen Musik‹ hervorgetan hat, vertrat die Ansicht, Beethovens Musik sei ›lehrreich‹ (edifying). J. W. N. Sullivan lehrte die Leser seines einflußreichen Büchleins, Beethovens ›geistige Entwicklung‹ nachzuvollziehen. Konzertbesucher des 19. und 20. Jahrhunderts gaben gerne auch jenen Sinfonien Programmtitel, die gar keine hatten: Der Fünften verpaßte man Beethovens Bemerkung vom Schicksal, das an die Tür klopfe und der Siebten Wagners weniger geglückte Feststellung einer Apotheose des Tanzes. 1937 schlug der exzentrische Musikwissenschaftler Arnold Schering detaillierte, auf Shakespeare und andere Dichter zurückgehende Programmtitel für eine ganze Reihe Beethovenscher Kompositionen vor.

Auf die *Eroica* und andere Werke aus dieser Zeit hatte die französische Musik der postrevolutionären Zeit großen Einfluß. Mit riesigem Erfolg wurden Opern von Cherubini und Méhul 1802 und 1803 zum ersten Mal in Wien gespielt. Ihr Einfluß auf Beethoven wurde in völlig unterschiedlichen Bereichen spürbar, so zum Beispiel bei seiner peitschenden Behandlung der Tutti-Stellen im Orchester, seiner Vorliebe für Märsche oder marschähnliche Musik, der freien Form seiner Ouvertüren (die *Leonoren*-Ouvertüre Nr. 3 von 1805 steht zu *Prometheus* von 1801 im gleichen Verhältnis wie die *Eroica* zur 1. Sinfonie) sowie bei verschiedenen Eigenheiten in der Harmonik und Orchestrierung. Beethovens sinfonisches Ideal wird in den großen revolutionären Sinfonien im Repertoire Frankreichs der neunziger Jahre vorweggenommen, bei denen Komponisten wie Gossec, Méhul und deren

Zeitgenossen bisweilen Chöre einbauten. Bei Beethoven aber zeigt sich nicht nur eine unvergleichlich markantere musikalische Technik, sondern auch ein entschieden anderer Schwerpunkt. Er personalisierte die politische Sinfonie. Die *Eroica* war nicht als ein Tribut an die Idee der Revolution gedacht, sondern an einen Helden der Revolution, an Napoleon, und in Wirklichkeit an Beethoven selbst. Spätere Konzertbesucher waren so in der Lage, auf Beethovens geistige Reisen in einer Weise zu antworten wie es die Feier für längst vergangene politische Ideologien nie möglich machen würde.

Die Konzeption dieses sinfonischen Ideals sowie die Entwicklung der technischen Mittel, das seiner Erfüllung dient, dürfte Beethovens größte Einzelerrungenschaft sein. Es ist ein romantisches Phänomen par excellence, so sehr man auch seine rein musikalischen Vorgänge als ›klassisch‹ ansehen möchte. Es ist auch ein Kennzeichen Beethovens, das bestimmte Kritiker, vor allem zu Beginn dieses Jahrhunderts, gegen ihn auf den Plan brachte. Der Komponist selbst war mit der *Schlachtensinfonie* von 1813 indes in der Lage, eine zynische und äußerst erfolgreiche volkstümliche Travestie seines eigenen sinfonischen Ideals hervorzubringen.

Die Werke der mittleren Periode

Schon kurze Zeit nach der *Eroica* wurde die Fünfte Sinfonie konzipiert, aber wie auch immer kam ihm Arbeit in Form von anderen Projekten in C-dur und c-moll dazwischen, so daß das Werk erst im Spätjahr 1807 und 1808 Gestalt annahm. Mehr als irgendeine andere Musik wurde die Fünfte Sinfonie zum typischen Beispiel für die Verwirklichung der thematischen Einheit, oder auch des ›Organizismus‹, wie es das 19. Jahrhundert benannte, die Beethoven in jenen Jahren so weit vorantrieb. Das berühmte Anfangsmotiv taucht in beinahe jedem Takt des ersten Satzes und in veränderter Form auch in den anderen Sätzen auf. Das Anfangsmotiv geht in das Hornrufmotiv vor dem zweiten Thema über, und das zweite Thema bedient sich des gleichen Notenmusters wie im Hornruf. In der Durchführung wird der Hornruf sukzessive zu einer einzigen Minima dezimiert und bewegt sich in einer Passage, die ihre außerordentliche Spannung in erster Linie mit harmonischen Mitteln erzielt, zwischen Streichern und Holzbläsern. Wie in den meisten anderen Werken dieser Zeit gehen die beiden letzten Sätze ohne Unterbrechung ineinander über; dieses Prinzip trägt eindeutig zur Kontinuität und zur Erwartung einer notwendigen Folge bei. Aber mehr noch vermitteln hier die lange Überleitung zwischen den Sätzen und die Wiederkehr eines Themas aus dem dritten Satz in der Rückführung vor der Reprise des vierten Satzes den Sinn, daß ein Satz vom anderen siegreich abgelöst wird – ein Sinn, den die überaus emphatische Coda des letzten Satzes nur bestätigt.

Solche Codas werden nun sehr gebräuchlich. Oft übernehmen sie eine wichtige Funkion, indem sie eine eventuelle melodische, harmonische oder rhythmische Instabilität im ersten Thema letztendlich lösen – eine Instabilität, die dem Satz bis zur Coda beträchtliche Energie eingeflößt hat. Zu dieser Gewichtsverlagerung der Sonatenform hin zur Coda kommt eine weitere Tendenz, bisweilen wird sie auch mit dieser koordiniert, nämlich, daß eine ganze rhythmische oder sogar harmonische Auflösung während der Reprise zurückgehalten wird. So hat Robert Simpson festgestellt, daß es im ersten Satz der Vierten Sinfonie in der Reprise erst mit dem Auftauchen eines zweiten Themas eine vollständige Dominante-Tonika-Auflösung gibt (man vergleiche auch die beiden ersten Sätze zweier anderer Werke in der gleichen Tonart B-dur, und zwar die Hammerklaviersonate und das Quartett op. 130). Die Vierte Sinfonie, meint Tovey, ›ist möglicherweise das Werk, in welchem sich erstmals Beethovens völlige Beherrschung der Sätze zeigt‹.

Kaum weniger originell als die Fünfte Sinfonie ist die Sechste, die sogenannte *Pastorale* von 1808, obgleich hier zur Abwechslung der erste Satz so ruhig wie möglich gehalten ist. Dies geschieht mit Hilfe einer Durchführung, die jegliche Spannung vermeidet, eine nahezu hymnische Reprise, die sich von der Subdominante aus annähert, sowie zahllosen Orgelpunkten, die den ganzen Satz durchziehen. Zum Ausgleich gibt es an anderer Stelle im Stück als eigenständigen Satz eine wilde Passage, wo zum ersten Mal in dieser Sinfonie Posaunen und Piccoloflöten auftauchen, um diesem ›Sturm‹ Nachdruck zu verleihen. Jeder der fünf Sätze trägt eine programmatische Überschrift, wovon eine völlig bildhaft der Natur entstammt: Die ›Szene am Bach‹, mit der der langsame Satz überschrieben ist, beinhaltet am Ende in einer Art Kadenz der Holzbläser eine Reihe stilisierter Vogelrufe, wobei Beethoven darauf achtete, daß Wachtel, Nachtigall und Kuckuck zu erkennen sind. Andererseits aber betonte er die ›Gefühle‹ in zwei weiteren Überschriften und konnte somit schön darauf achten, daß der Bezug weniger zu der musikalischen ›Malerei‹ als vielmehr zu Emotionen, die der Landschaft entspringen, besteht. Eine Abfolge solcher Gefühle führt den Zuhörer durch den gewohnt therapeutischen Verlauf einer Beethovenschen Sinfonie, allerdings in einer ein wenig freundlicheren Version.

Das sinfonische Ideal inspirierte auch fast alle nicht-sinfonischen Stücke, die zwischen 1803 und 1808 entstanden. Dies gilt in gewisser Weise sogar für die *Kreutzer*-Sonate, die Anfang 1803 entstand, direkt vor der *Eroica*. Die *Waldstein*-Sonate, die unmittelbar nach der *Eroica* geschrieben wurde, übernimmt für den Grundriß des Anfangteils einen Gedanken aus einer früheren Klaviersonate, op. 31 in G-dur. Aber welch ein Unterschied in Anspruch, Ausmaß und Stimmung; was in dem früheren Stück einem geistreichen Konstruktionsmotto diente, wird im späteren zu einem Manifest, das die Erde, oder zumindest das Klavier, erbeben läßt. Der langsame Satz sollte ursprünglich das einigermaßen einfältige, nun als ›Andante favori‹ bekannte Stück werden (vgl. auch die *Kreutzer*-Sonate sowie op. 31 Nr. 1). Als Beethoven dies nun durch eine ›Introduzione‹ mit der Tempobezeichnung ›adagio‹ ersetzte, was eine bedeutsame Vorbereitung für das Finale schafft, bekam die Sonate damit den bezeichnenden ›sinfonischen‹ Schwung, obgleich er sie verkürzte; außerdem verlieh er der großartigen Coda des Finales dadurch Motivation, wenn nicht Bestätigung.

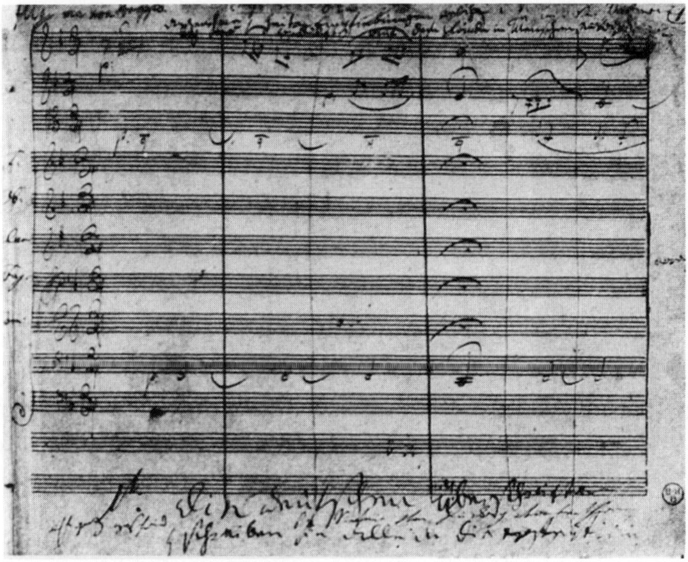

Autographes Manuskript des Beginns der Sinfonie Nr. 6, komponiert 1807–08

Die *Appassionata* (1804–1805) ist noch breiter angelegt und ist von noch größerem Erfindungsreichtum, ein Werk der stärksten Extreme, wie zum Beispiel die gehäuft auftretenden Fortissimo-Akkorde, die die brütende Ruhe der ersten Seite zerschmettern.

Dieser und andere ähnlich gewaltsame Effekte waren auf dem Fortepiano von Walter kaum denkbar, welches sich vor 1803 in Beethovens Besitz befand. Danach besaß er ein Erard-Instrument, das man heute im Kunsthistorischen Museum Wien besichtigen kann. Doch selbst wenn er es mit einem Instrument zu tun hatte, das sich nicht gerade in einer radikalen Weiterentwicklung befand, tat er, als ob es so wäre. Die Streichquartette von op. 59 nahmen die Instrumente in einem Maße in Anspruch, daß sich Spieler und Zuhörer gleichermaßen dagegen sträubten. Der erste Satz des F-dur-Quartetts op.

59 Nr. 1 hat zwar eine von der Eroica völlig verschiedene Stimmung, ähnelt ihr aber in seiner beispiellosen Vielfalt und überraschenderweise auch in einer Anzahl technischer Charakteristika. Der zweite Satz ist Beethovens umfangreichstes, phantasievollstes Scherzando – nicht wirklich ein Scherzo, sondern ein freier Versuch in der Tradition der Sonaten op. 31 Nr. 3 und op. 54. Die langsamen Sätze von jedem der drei Quartette schreien geradezu nach beschwörenden Titeln und die Konzeption der Finali in den letzten beiden Quartetten kann man nahezu als orchestral bezeichnen.

In jedem der Quartette sollte eine russische Melodie vorkommen, zu Ehren des Mannes, dem sie gewidmet waren, Graf Rasumovsky, dem russischen Botschafter in Wien. Hier tritt zum ersten Mal Beethovens Interesse für Volkslieder in Erscheinung, was sich in späteren Jahren noch verstärken sollte. Zwar waren die Volkslieder in den ersten beiden Quartetten nicht eben ein Gewinn, aber der Gedanke Rasumovskys erfüllte sich aufs Vollkommenste im dritten Streichquartett, wo Beethoven davon abging, bereits existierende Melodien zu integrieren, sondern statt dessen das schwermütige Andante in a-moll in einem russischen Idiom schrieb, so wie er es sich vorstellte.

In mehrerlei Hinsicht steht die 1805 komponierte *Leonore* abseits von anderen großen Werken aus dieser Zeit. In herkömmlichen musikalischen Begriffen kann man sagen, daß die Neuerungen und Horizonterweiterungen der Instrumentalwerke in den einzelnen Nummern der Oper nicht in dem Maße reflektiert wurden, wohl gar nicht reflektiert werden konnten. Abgesehen von der Ouvertüre wohnt vielen Stücken eine gewisse Unbeholfenheit inne, was bei einer ersten Oper durchaus verständlich ist. Man kann dies auch bei Beethovens erstem Oratorium *Christus am Ölberge* (1803–1804) und der Messe in C-dur (1807) ausmachen.

Legt man weitergefaßte musikalische Maßstäbe an, so kann die Bedeutung von *Leonore* indes kaum hoch genug eingeschätzt werden. Mit der Aufgabe konfrontiert, einer expliziten Geschichte eine passende Musik zuzuordnen, wobei er zweifellos, wie wir wissen, sich an den Opern Mozarts orientierte, die er zu jener Zeit studierte, fand Beethoven hier überwiegend mit Hilfe klanglicher Mittel zu einer umfassenden dramatischen Kontinuität. Die *Leonoren*-Ouvertüren sind für die Trompetensignale berühmt, weil sie den Höhepunkt der Oper vorwegnehmen und in gewissem Sinne verraten, da sie die Ankunft des Ministers signalisieren und den bösen Pizarro in Verwirrung stürzen. Aber die Ouvertüren behaupten auch C-dur als die Grundtonart der Oper sowie As-dur und E-dur als Nebentonarten; und die *Leonoren*-Ouvertüre Nr. 3 stellt ihrem triumphierenden Tonikaschlußteil eine Reprise in G-dur voran; dann führt das c-moll und C-dur der ersten Gesangsnummern (siehe Übersicht S. 112) über viele Umwege zu den Kernstellen des Dramas in E-dur und As-dur und schließlich in G-dur, c-moll und C-dur in den letzten beiden Nummern. Sogar mehr als die Eroica nimmt *Leonore* die abstrakteren klanglichen Strukturen der späteren Instrumentalwerke vorweg.

Darüber hinaus bedeutet *Leonore* als Idee den strahlenden Prototyp für das Vordringen des Heroischen, das in der Instrumentalmusik weniger explizit zum Ausdruck kommt. Es ist bemerkenswert, wie Beethoven Schritt für Schritt zu einem persönlichen Opernstil fand, und zwar in dem Maße, wie er immer neue Fassungen der *Leonore* schrieb. Von den Anfangsnummern im Duktus eines irgendwie unterwürfigen Plagiats französischer und deutscher Spielopern, fand er doch immer mehr zu einem individuellen und erhabenen Ausdruck – beispielsweise im Gefangenenchor, in der Florestan-Szene, dem Duett ›O namenlose Freude‹ (eine Bearbeitung aus dem Fragment gebliebenen *Vestas Feuer* von 1803) sowie dem vorausgehenden langen Rezitativ, der beklagenswerteste Strich, den Beethoven für die Fassung von 1814 vorgenommen hatte (die Tabelle gibt einen Vergleich der verschiedenen Fassungen). Daß Beethoven das Libretto mit der größten Ernsthaftigkeit und einem Höchstmaß an Idealismus in Angriff nahm, klingt wie eine Binsenweisheit; aber von wie vielen Erstlingswerken aus jener Zeit kann so etwas schon behauptet werden?

Tabelle: Die drei Fassungen von »Leonore« bzw. »Fidelio«

1805	1806	1814
Leonore (Joseph Sonnleithner, nach J.N. Bouilly: Léonore ou L'amour conjugal) Ouvertüre: Leonore no. 2, C	Leonore (1805, rev. Stephan von Breuning) Ouvertüre: Leonore no. 3, C	Fidelio (1806, rev. Georg Friedrich Treitschke) Ouvertüre: Fidelio, E
1. Akt	*1. Akt*	*1. Akt*
1 Arie (Marzelline) ›O wär ich schon‹, c/C	1 1805/1	1 1805/2
2 Duett (Marzelline, Jaquino) ›Jetzt, Schätzchen‹, A	2 1805/2	2 1805/1
3 Terzett (Marzelline, Jaquino, Rocco) ›Ein Mann ist bald genommen‹, Es	3 1805/4	3 1805/4
4 Quartett (Marzelline, Leonore, Jaquino, Rocco) ›Mir ist so wunderbar‹, G	4 1805/6	4 1805/5
5 Arie (Rocco) ›Hat man nicht auch Gold beineben‹, b	5 1805/7	5 1805/6
6 Terzett (Marzelline, Leonore, Rocco) ›Gut, Söhnchen, gut‹, F	6 1805/8	6 1805/7
2. Akt	7 1805/9	7 1805/8
7 Marsch, B. (evtl. nicht enthalten)	8 1805/11	8 1805/9
8 Arie (Pizarro) mit Chor ›Ha! welch ein Augenblick‹, d/D	9 1805/10	9 1805/11 mit neuem Rezit.
9 Duett (Pizarro, Rocco) ›Jetzt, Alter‹, A	10 1805/3	›Abscheulicher, wo eilst du Hin?‹
10 Duett (Marzelline, Leonore) ›Um in der Ehe froh zu leben‹, C	11 1805/12	10 Neues Finale
11 Rezit. und Arie (Leonore) ›Ach brich noch nicht … Komm Hoffnung‹, ? E		*2. Akt*
12 Finale (Marzelline, Leonore, Rocco, Jaquino, Pizarro, Prisoners), b		11 1805/13 Neuer Schlußteil der Arie ›Und spür ich nicht linde‹, F
3. Akt	*2. Akt*	
13 Rezit. und Arie (Florestan) ›Gott! welch Dunkel hier … In des Lebens Frühlingstagen‹, f/As/f	12 1805/13	
14 Melodram und Duett (Leonore, Rocco) ›Nur hurtig fort‹, a	13 1805/14	12 1805/14
15 Terzett (Leonore, Rocco, Florestan) ›Euch werde Lohn‹, A	14 1805/15	13 1805/15
16 Quartett (Leonore, Florestan, Rocco, Pizarro) ›Er sterbe!‹, D	15 1805/16	14 1805/16
17 Rezit. und Duett (Leonore, Florestan) ›Ich kann mich noch nicht fassen … O namenlose Freude‹, G	16 1805/17	15 1805/17 ohne Rezit.
18 Finale (Leonore, Marzelline, Rocco, Florestan, Jaquino, Pizarro, Fernando, Gefangene, Volk), c-C	17 1805/18	16 1805/18 Weitgehend neu komponiert

Anm.: Die gedruckten Libretti und die erhaltenen Entwürfe zeigen, daß die Nr. 11, 13 und 14 der Fassung 1805 für die Fassung 1806 grundlegend verändert wurden; andere Nummern wurden für die Fassungen 1806 und 1814 revidiert.

Um 1808 erfährt das Überschäumende und der kühne Wagemut von Beethovens Musik durch eine stetig wachsende technische Virtuosität langsam eine gewisse Mäßigung. Auch bei den oft immer noch kraftvollen Stücken bemerkt man mehr Weichheit und etwas mehr Sicherheit als zuvor. Aus dieser Zeit stammt das Bühnenwerk *Egmont* (1809–1810), das nicht nur aus der bekannten Ouvertüre besteht, sondern auch eine vierzigminütige Begleitmusik enthält, dazu zum Schluß, im Angesicht der Katastrophe, eine ›Siegessinfonie‹. Die nach innen gewandten Gefühle aus *Leonore* drehten sich in *Egmont* nach außen. Und während es sich bei den *Leonoren*-Ouvertüren Nr. 2 und 3 um unverhüllt explosive Werke handelt, die sich um einen enormen Kampf drehen, so ist die *Egmont*-Ouvertüre dagegen strapazierfähig und klar und kommt ohne Umschweife zu ihrem Pyrrhussieg.

Am deutlichsten ist der Wandel zwischen den Quartetten op. 59 und dem sogenannten ›Harfenquartett‹ von 1809 wahrzunehmen, ein Beiname, der übrigens von den beharrlich funktionalen Pizzicati herkommt. An diesem Werk ist nichts problematisch. Der Höhepunkt des ersten Satzes ist ein Höhepunkt von rein technischem Hochgefühl, und es scheint, daß Beethoven in der Coda endlich das Problem gelöst hat, wie man ein orchestrales Idiom in einem Streichquartett simuliert. Der zweite Satz ist heiter und der dritte in c-moll hört sich an wie eine zwar beschleunigte, so doch besänftigte Version des dritten Satzes aus der Fünften Sinfonie. Das Finale ist ein simpler Variationensatz auf einen glatten Zweivierteltakt. Dieser Typus des leichten Finales taucht wieder in der Violinsonate op. 96 (1812) auf.

Es gibt in dieser Phase keine ›sinfonischen‹ Sonaten, außer vielleicht der ›Les Adieux‹ op. 81a mit geringerem Umfang, die zwischen 1809 und 1810 entstand. Beethovens neues Anliegen in den ersten Sätzen seiner Sonaten und kammermusikalischen Kompositionen ist nun ein Lyrismus, der Werke so unterschiedlichen Charakters inspiriert, wie die Klaviersonate in Fis-dur op. 78 (1809), das ›Erzherzogtrio‹ (1810–1811) und die Violinsonate op. 96. Beethoven hatte nie zuvor so schöne langsame Sätze wie für das ›Harfenquartett‹, das ›Erzherzogtrio‹ und das 5. Klavierkonzert von 1809 geschrieben. Das Klavierkonzert, das im angelsächsischen Sprachraum unpassend ›Emperor Concerto‹ genannt wird, ist bei weitem das ›sinfonischste‹ seiner Konzerte und eines der stärksten Werke, die Beethoven je geschaffen hat. So scheint bereits in den ersten Takten, wo Solist und Orchester sich in einer donnernden, feierlichen Kadenz finden, die Schlacht geschlagen zu sein, noch bevor die Streitkräfte aufmarschiert sind – was ganz sicherlich nicht der Fall war in jenem introvertierten, forschenden 4. Klavierkonzert, das erstmals 1807 aufgeführt wurde.

Mit der Siebten Sinfonie erreichte Beethoven in den Jahren 1811 und 1812 erneut neue Horizonte: die weitgespannte Einleitung, die Quartsextakkorde, die zum Allegretto überführen, die wogenden Ostinato-Figuren am Ende des ersten und letzten Satzes, die durchweg rhythmische Sorgfalt. Im Allegretto kehrt er zu einem Thema zurück, welches er bereits 1806 in Verbindung mit dem Quartett op. 59 Nr. 3 notiert hatte. Die Siebte Sinfonie ist vielleicht emotional weniger unmittelbar wirksam als die *Eroica* oder die Fünfte, ihr Schwung und ihre mühelose Kontrolle über musikalische Prozesse auf jedem Gebiet, können jedoch diese früheren Werke durchaus mehr als hektisch erscheinen lassen. Das durch und durch kräftige Finale stellt einen besonderen Fortschritt dar, und zwar nicht nur in puncto Eleganz, sondern auch in puncto purer Kraft.

Beethoven ließ diesem Werk 1812 unmittelbar die köstliche Achte Sinfonie folgen, eine Verbeugung in Richtung des sinfonischen Ideals aus früheren Jahren. Es gibt einen komischen langsamen Satz und ein gemächliches Menuett anstelle des jetzt üblichen Scherzo. Die Kraft der mittleren Periode blitzt nur in den Ecksätzen auf. Beethoven hätte kaum eine genialere Geste konzipieren können, um von einer Form der Sinfonie und von einem Jahrzehnt Abschied zu nehmen.

Das Quartett in f-moll, ein weiteres der größten Werke, die zwischen 1808 und 1812 entstanden, verweigert sich ebenfalls jeder Norm, die man versucht ist, für diese oder in der Tat für jede Periode anzuführen. Veröffentlicht wurde es erst 1816, so daß sich die Frage stellt, ob es nicht möglicherweise verändert oder in einigen Teilen sogar nach 1810, dem Datum des Autographs, neu komponiert wurde. Das Stück ist unvergleichlich, was Beethovens Leistung an Dichte, überspitzte Artikulation und entsprechenden Sinn für extreme Spannung angeht. Das harmonische Konzept ist radikal. Wie bereits bei op. 57 und op. 59 Nr. 2, wird im ersten Satz auf der Basis der neapolitanischen Sexte im ersten Satz eine Alteration vorgenommen, beide Male in der ersten Gruppe (F-Ges) und in der zweiten (Des-Eses oder D_9). D ist die tonale Basis des zweiten Satzes, einer der schönsten, aber auch einer der bedrängtesten Beethovens – D-dur wird von d-moll überschattet, ein chromatisches Fugato stürzt sich in enharmonische Geheimnisse. Das Scherzo in f-moll besitzt ein Trio, dessen Skala von Ges-dur bis zu D-dur und b-moll reicht.

Dieses von Beethoven so genannte *Quartetto serioso* ist ein Rückblick auf die Moll-Kompositionen der Periode von 1803 bis 1808 und weist auf den Stil und die Stimmung der späten Quartette voraus. Es sollte aber noch einige Zeit dauern, bevor dieses Versprechen eines neuen Stils eingelöst würde.

Der Stil der späten Periode

Während eines beträchtlichen Zeitraums nach 1812 brachte Beethoven keine oder nur wenig wichtige Werke hervor. Für ihn waren es schwierige Jahre, die großen seelischen Aufruhr ebenso beinhalteten wie nicht enden wollende kleine Ablenkungen. Hinzu kommt, daß er sicherlich an einer Art Erschöpfungszustand litt, in den er nach der wahrlich harten Arbeit der vorangegangenen Jahre gefallen war. Wenn man nur einmal das Jahrzehnt von der *Eroica* zur Achten Sinfonie betrachtet, so hatte er in dieser Zeit immerhin 30 Hauptwerke komponiert, die in den meisten Fällen ein ernsthaftes Nachdenken über grundlegende musikalische Dinge bedeuteten. Er hatte beinahe ebensoviele kleinere Werke komponiert und ungefähr 80 Titel wurden gedruckt. Ob lang oder kurz, ob bedeutend oder bescheiden, so verlangten doch alle Verhandlungen mit Verlegern, Korrekturen der von Kopisten gefertigten Abschriften sowie Korrekturlesen – eine Tätigkeit, die Beethoven leider nie wirklich beherrschte.

Aber allgemein waren dies für alle Komponisten der Generation Beethovens schwierige Jahre. Man kann vielleicht das wachsende Gefühl der Unsicherheit nachempfinden, das er im Hinblick auf künstlerische Ziele und Mittel gehabt haben muß. In gewissem Maße reagierte er auf die kraftvollen musikalischen Strömungen, die bald an der Oberfläche trieben; die letzten Werke von Weber und Schubert sowie die ersten Werke Berlioz', Chopins und Bellinis erschienen alle in den zwanziger Jahren des 19. Jahrhunderts. Wie andere große Komponisten, deren Leben tiefgreifende stilistische Veränderungen überbrückten – wie Josquin, Monteverdi und Schönberg –, sah sich Beethoven einer intellektuellen Herausforderung gegenüber, selbst wenn er es nicht in intellektuelle Begriffe faßte. Mit seiner Neuinterpretation des Sonatenprinzips in seinem ›sinfonischen‹ Werk zwischen 1803 und 1812 hatte er bereits eine solche Herausforderung, oder zumindest einen Teil der Herausforderung, kennengelernt. Nun wurde die eigentliche Basis des Sonatenstils in Frage gestellt. Beethoven fand nicht leicht eine Antwort. Einem Korpus von Spätwerken haftet stets etwas Privates und Problematisches an, und es dürfte kein Zufall sein, daß sein starker Einfluß auf den Verlauf der Musik erst viel später erkannt wurde, nach der Zeit von Beethovens jüngeren Zeitgenossen, die so viel von der mittleren Periode gelernt hatten.

Beethovens Vorliebe für Lyrismen verstärkte sich noch während der späten Periode. Bisweilen kritisierte man ihn, er könne keine Melodien schreiben, und richtig, er war mit 23 Jahren nicht, wie Rossini in diesem Alter, in der Lage, die unsterblichen Melodien eines *Barbiere di Seviglia* zu komponieren. Und doch sind einige seiner frühen Bonner Lieder eindrucksvolle lyrische Aussagen, und gegen 1805 entwickelte er eine sehr eindrucksvolle, langsame, hymnenähnliche Melodik. Daran arbeitete er in der späteren Periode weiter, verfeinerte und perfektionierte sie; die Melodielinie von Leonores ›Komm, Hoffnung‹ von 1805 taucht 1825 im Adagio des Quartetts op. 127 erneut auf. Ein neues Kennzeichen ist Intimität und Delikatesse, die bereits 1812 in der G-dur-Violinsonate op. 96 auftaucht, sowie in den Klaviersonaten in e-moll op. 90 von 1814 und in A-dur op. 101 (1816), außerdem in der Cellosonate in C-dur op. 102 Nr. 1 von 1815.

Auch sein Interesse an Volksmusik wächst mit den Jahren, was kaum verwundert, wenn man bedenkt, daß Beethoven für Thompson in diesen Jahren die Begleitungen zu über 150 Volksliedern schrieb. Der Liederzyklus *An die ferne Geliebte* op. 98 von 1816 stellt Beethovens größte Annäherung an das Goethesche Ideal der *Volksweise* als Basis für die Liedkomposition dar; näher ist in dieser Beziehung lediglich das 1816 entstandene kleine Lied *Ruf vom Berge* WoO 147, welches auf der Melodie eines richtigen Volksliedes beruht. Einfache kleine Melodien, die an Volkslieder und Volkstänze erinnern, kommen in den späten Quartetten und anderen Kompositionen immer wieder vor.

Darin scheint Beethoven nach einer direkteren und vertraulicheren Art der Kommunikation gestrebt zu haben. Zwei Textvertonungen können hinsichtlich solcher volkstümlicher Versuche als symbolisch erachtet werden: die Verszeile »ohne Kunstgepräng erklungen« im Liederzyklus sowie Schillers berühmte Beschwörung einer weltweiten Verbrüderung in der Neunten Sinfonie. Im schönsten Geist der frühen Romantik suchte Beethoven nach einer neuen grundlegenden Ebene des menschlichen Kontakts über einfache Lieder, scheinbar ohne Spitzfindigkeiten oder Kunstgriffe. Ein weiterer Ausdruck dieses dringenden, bisweilen sogar störenden Bedürfnisses, ist die nun doch recht häufige Verwendung von Instrumentalrezitativen und Ariosi, wie zum Beispiel in der unvergeßlich ›beklemmenden‹ Passage in der Cavatina des Quartetts in B-dur op. 130. Hier scheint die Instrumentalmusik in schmerzlichem Maße eine sprachliche Kommunikation zu streifen.

Einige der späten Werke beinhalten Variationensätze einer neuen Art. Früher hatte Beethoven viele glänzende Klavier-

Ludwig van Beethoven,
Gravur von Blasius Höfel nach Louis Letronne

variationen geschrieben, angefangen bei dem frühreifen *Venni amore* von 1790/91 bis hin zu den c-Moll-Variationen von 1806, eine Serie, die nun von den enzyklopädischen dreiunddreißig Variationen auf einen Walzer von Diabelli gekrönt werden. In seiner ersten Wiener Periode gibt es jedoch kaum einmal bedeutende Variationensätze innerhalb größerer Werke. In der mittleren Periode tauchen sie häufiger auf. Im großen und ganzen sind die Variationen von jener sich steigernden dekorativen Vielfalt (opp. 57, 61, 67, 74, 97) wie sie auch in den späten Jahren wiederkehrt (opp. 111, 125). Aber in der Sonate in E-dur op. 109 und in den späten Quartetten wie auch in den Diabelli-Variationen entwickelte Beethoven einen neuen Variationentypus, in welchem die einzelnen Teile eine weitaus individuellere und völlig neu interpretierte Sicht auf das ursprüngliche Thema darstellen. Mehr als lediglich variiert scheint das Thema übersetzt oder auf seine Grundfesten hin untersucht. All dies läßt auf ein verändertes Konzept der musikalischen Einheit schließen, die nun als eine Evolution von innen vielmehr als eine Versöhnung sich widersprechender Kräfte verstanden wird: eine wohl eher darwinistische als hegelianische Konzeption.

Grob gesprochen sind auch die überragenden Fugenfinali in der Hammerklavier-Sonate und dem Quartett in B-dur (die ›Große Fuge‹) auf den Variationengedanken zurückzuführen. Die Fugati, die in nicht wenigen der früheren Kompositionen Beethovens auftauchen, können kaum auf die Beschäftigung mit der kontrapunktischen Form der späten Jahre vorbereiten; in kaum einem bedeutenden Werk fehlt nun ein beeindrukkender Fugenteil oder sogar eine mit akademischen Kunstgriffen gespickte, voll ausgearbeitete Fuge. Ganz offensichtlich suchte er nach anderen Mitteln der musikalischen Bewegung als der ihm durch Haydn und Mozart überlieferte Stil geben konnte: die Fuge als ein eher geradliniges, exaktes Stilmittel, welches die harmonischen Vorgänge in sehr unterschiedlichem Licht erscheinen läßt. Unter Beethovens Händen gerät die Fuge zu einem Mittel, das die dramatischen Aspekte der Tonarten einebnet. (Aber dies war nicht das einzige Mittel; siehe hierzu auch den zweiten und dritten Satz des Quartetts in a-moll). Im Zusammenhang mit dieser allgemeinen Tendenz steht auch die Tatsache, daß Beethoven in seinen späten Kompositionen ganz offensichtlich dominante Effekte vermied, daß er Tonikadreiklänge mit Quartsextakkorden durchkreuzte, aber auch seine eigenwilligen Experimente mit den Kirchentonarten. Wie bereits oben erwähnt, plante er anfangs, in die Neunte Sinfonie ein ›frommes Lied ... in der alten Art‹ einzubauen.

Es gibt in der Tat eine anhaltend rückblickende Tendenz in Beethovens später Periode. Er veröffentlichte – oder zog eine Publikation zumindest in Erwägung – mehrere alte Lieder (*Bundeslied, Der Kuß, Mit Mädeln sich vertragen*), überarbeitete das *Opferlied* von 1794, nahm einige alte Bagatellen für Klavier op. 119 wieder vor und überarbeitete eine weitere im zweiten Satz des a-moll-Quartetts. Schließlich setzte er Schillers *Ode an die Freude*, was er seit 1790 vorgehabt hatte, auf eine Melodie, die in Ansätzen bereits in Kompositionen von 1795 und 1808 vorhanden war (WoO 118, op. 80). Ein archaisierendes Bedürfnis drückt sich in seinem Interesse für strengen Kontrapunkt und Modalität aus, selbst wenn die darauf basierenden Stücke kaum archaisch klingen; darüber hinaus blicken einige von ihnen auf bestimmte akademische Übungen zurück, die Beethoven von seinem alten Lehrer Albrechtsberger ans Herz gelegt wurden. Beethoven entdeckte erst in seinen späten Jahren seine Neigung für Gelegenheitskanons. Nachdem er noch um 1800 gut auf Cherubini zu sprechen gewesen war, verlagerte sich sein Interesse nun auf Palestrina, Bach – es gibt den Entwurf einer Ouvertüre auf die Noten B-A-C-H – und vor allem Händel. Händels Einfluß auf die Ouvertüre *Die Weihe des Hauses* von 1822 ist verblüffend.

Und schließlich lag es in Beethovens eigentlichem Interesse, seine Beschäftigung mit der Fugenform, Variationen und lyrischen Elementen so zu verschmelzen, daß sie vollständig in das Muster des Sonatenstils eingebunden werden konnten. Die Präsentation, Durchführung und Wiederkehr musikalischen Materials innerhalb eines streng kontrollierten tonalen Bereichs blieb im Zentrum seines musikalischen Bemühens. Fugen spielen die Rolle der Durchführung in opp. 101, 106, 111 und, wenn auch weniger direkt, in op. 110 und dem Finale der Neunten Sinfonie. Und zu Beginn des Quartetts in cis-moll steht die Fuge als Exposition, die das grundlegende tonale und thematische Material vorstellt, welches im restlichen Stück ausgearbeitet wird. In die Variationensätze aus opp. 127 und 135 ist jeweils eine kraftvolle tonale Dynamik eingebaut. Ebenso in den Diabellivariationen – dank einer weiteren Fuge, welche der letzten, reprisengleichen Variation vorangeht. Selbst die sechs schlichten Melodien des Liederzyklus *An die ferne Geliebte* sind in einer sorgsam durchdachten Tonartenfolge angeordnet, wobei auf eine Reprise eine ›sinfonische‹ Coda in Miniatur folgt.

Werke der späten Periode

In gewisser Hinsicht stehen die wenigen zwischen 1814 und 1816 vollendeten Werke – der Liederzyklus und die Sonaten op. 90, op. 102 Nr. 1 und 2 sowie op. 101 – der romantischen Musik aus den Jahren um 1830 näher als irgendein anderes Stück Beethovens. Der einleitende Satz von op. 101, eine richtige Sonatenform in Miniatur in durchgehend lyrischem Duktus, fängt ganz ruhig auf der Dominate an, obgleich sich die Musik bereits entwickelt: ein nahezu an Schumann erinnernder Effekt. Die Wiederkehr der Themen aus dem ersten Satz (der mit den Anweisungen ›mit der innigsten Empfindung‹ und ›teneramente‹ versehen ist) im weiteren Verlauf dieser Sonate sowie des op. 102 Nr. 1 klingen nicht eben wie typische Beethovensche Reprisen. Es sind wehmütige Erinnerungen, die wiederum an Schumann und seine Generation denken lassen. Alle vier Sonaten gehen weit über Beethovens Suche nach flüssigeren Lösungen für das Problem der Form der totalen Sonate hinaus, vor allem im Hinblick auf Gewicht, Balance und Stimmung der verschiedenen Sätze.

Die Sonate in B-dur op. 106, die willkürlich, wenngleich nicht unpassenderweise die ›Hammerklaviersonate‹ genannt wird (auch opp. 101 und 109 haben den Untertitel ›für das Hammerklavier‹), beschäftigte Beethoven von Ende 1817 bis Ende 1818; sie war sein erstes wirklich großes Projekt in fünf Jahren. Wie die *Eroica*, so nimmt auch sie einen zentralen Platz in seinem Schaffen ein, wenngleich die Unterschiede beider Werke beträchtlich sind. Die *Eroica* ist eine der bekanntesten und ›zugänglichsten‹ Kompositionen Beethovens, wohingegen die Hammerklaviersonate wohl die verschlossenste ist. In unterschiedlicher Weise steht jedes der Stücke für einen Durchbruch Beethovens, das eine ähnlich dem Kamm einer enormen Welle und das andere wie der Bruch eines Dammes. Und während beide Werke von revolutionärer Neuartigkeit sind, stellt die Hammerklaviersonate paradoxerweise auch eine Reaktion dar, da Beethoven anstelle der fließenden Formenexperimente der Sonaten von 1814 bis 1816 mit ihrem lyrisch vertraulichen Ton zum traditionellen viersätzigen Muster zurückkehrte.

Beethoven nahm eines ihrer Charakteristika auf, und zwar den Gedanken eines harschen Finalsatzes in Fugenform wie in der Cellosonate in D-dur op. 102 Nr. 2. Die Fuge in der Hammerklaviersonate mit ihrer berühmten Krebs-Umkehrung ist mit erstaunlicher Sorgfalt und Strenge in die Gesamtkonzeption eingebaut. Eine improvisatorische Einleitung zum Finale scheint nach der Fuge zu tasten oder diese vielleicht zu erzwingen. (Ähnliches findet man in anderen Finali der späten Werke: opp. 110, 125, 133, 135). Außerdem folgen die Form des Themas und die Architektur der Modulation einem Muster, das in jedem der vorangegangenen Sätze nachdrücklich (um nicht zu sagen erschöpfend) aufgestellt wurde. Beethoven gelangt zu einer Konstruktion über absteigende Terzen, die in weitem Maße die traditionelle Dominante ersetzt und einen herrlich fruchtbaren weit ausgebauten Konflikt zwischen der B-dur Tonika und H schafft.

Beethoven hatte nie zuvor ein Werk geschrieben, das in so hohem Maße und in jeder Hinsicht auf einem einzigen musikalischen Einfall beruht. Das Extreme dieses Konzepts sowie die extremen Forderungen, die es an den Pianisten stellt, gehören ebenso zum Charakter dieses Stückes wie die heroischen Ideen der *Eroica*.

In den drei Sonaten von 1820 bis 1822 kehrte Beethoven zu den Verhältnismäßigkeiten und Schwerpunkten der Sonaten von 1814 bis 1816 zurück. Von all diesen Werken ist die Sonate in E-dur op. 109 vielleicht die formal originellste, sowohl was den ersten Satz angeht als auch bezüglich der Gesamtkonstruktion. Der erste Satz ist, wie der erste Satz von op. 101, wieder eine Sonatenform mit ununterbrochenem lyrischen Duktus, indes weitaus komplexer und abschattierter, in erster Linie aufgrund des Wechsels vom vivace, ma non troppo zum adagio espressivo in der zweiten Gruppe nach lediglich acht Takten. Der nächste Satz, ein explosives prestissimo, kombiniert die Funktionen eines klareren Bekenntnisses zur Sonatenform und eines Scherzo. Es folgen ein langsames Thema und Variationen, die mit einem außerordentlich heiteren, unveränderten da capo des originalen, hymnenähnlichen Themas schließt.

Unter dem lyrischen Zauber der Sonate in As-dur op. 110 ist sogar die Fuge im Finale melodisch und auch der Kontrapunkt deutlich weich – im Übrigen das Ergebnis einer unglaublichen Skizzenserie. Und nachdem die c-moll-Sonate op. 111 nach dem ersten Satz in vergeistigter Weise all jene ›C-moll-Gesten‹ der frühen Wiener Jahre zitiert, schaffen die Variationen des zweiten und letzten Satzes eine visionäre Aura, der man bislang in der Musik nicht begegnet war. Diese Stimmung wird auch wieder ganz zum Schluß der Diabellivariationen eingefangen.

Zwischen Oktober 1822 und Februar 1824 vollendete Beethoven drei Werke, die in mancherlei Hinsicht der Hammerklaviersonate in nichts an Großartigkeit nachstehen: die Diabelli-Variationen, die Messe in D-dur (*Missa solemnis*) und die Neunte Sinfonie. Die Messe und die Variationen waren seit Anfang 1819 in Arbeit. Daß Beethoven so lange an der Messe komponierte, kann teilweise mit seiner festen Entschlossenheit erklärt werden, dem Messetext ein Höchstmaß an Ernsthaftigkeit entgegenzubringen und seine Vertonung als ein persönliches Testament zu betrachten. In der Tat beeinflußte der religiöse Impetus auch seine nächste Komposition, die Neunte Sinfonie mit der Vertonung von Schillers halb bacchanalischer, halb religiöser *Ode an die Freude.* Messe und Sinfonie haben beide den Platz eines krönenden Bekenntnisses über außermusikalische Gedanken in Beethovens späten Jahren – ein ›religiöses‹ Bekenntnis, das neben dem ›heroischen‹ der *Eroica* oder der *Leonore* zwanzig Jahre früher steht oder dieses eher noch ersetzt. Zwischen den beiden Spätwerken gibt es viele frappierende Parallelen in Sprache und Gestus der Musik.

Aber ist und war die Neunte Sinfonie, trotz gelegentlichen Murrens über das Finale, stets eine von Beethovens erfolgreichsten und einflußreichsten Kompositionen, so kann das von der Messe nicht gerade behauptet werden. Möglicherweise ist es für die Verbreitung und Einschätzung dieses herrlichen Werks von Nachteil, daß es das lockere Konzertgebaren der Beethovenzeit nicht mehr gibt; so wagte man sich bei der Uraufführung lediglich an drei getrennte Teile. Wenn das heute noch so wäre, würde das Konzertpublikum vielleicht wenigsten die einfacheren Teile schätzen und lieben: das zurückhaltende und lyrische Kyrie, eine der schönsten Erfindungen des Komponisten; das Sanctus mit seinem orgelähnlichen Zwischenspiel und dem ätherischen Geigensolo im Benedictus; und das Agnus, dessen berührende Bitte um das, was Beethoven als ›inneren und äußeren Frieden‹ beschreibt, zweimal von aufregenden militärischen Fanfarenstößen und melodramatischen Rezitativen unterbrochen wird, ganz zu schweigen von der schwindelerregenden, durch die Tonarten rasenden Fuge.

Schon die wenigen hier gemachten Erwähnungen vermitteln einen Eindruck davon, in welchem Maß die Messe, sowohl musikalisch als auch liturgisch, außergewöhnlich ist. Vermehrt taucht Ungewöhnliches im Gloria und Credo auf, den Teilen, die für einen Messekomponisten stets am problematischsten sind. Besonders in diesen beiden zentralen Teilen muß die traditionelle Wiener Messe älteren, frei herangezogenen Traditionen Raum geben; Beethoven übt den Schulterschluß mit Haydn (dem Haydn der Messen), Palestrina, Händel und Bach. Erhabenheit, Erfurcht und Pathos werden in unvergeßlicher Weise, aber vielleicht auch zu oft und in zu schneller Folge zitiert, als daß sie einen befriedigenden Gesamteindruck hinterlassen könnten. Dies ist sogar dann zu spüren, wenn man Beethovens mühevolle Konstruktion anerkennt: der Einsatz wiederkehrender Themen in ›Gloria in excelsis Deo‹ und ›Credo, credo‹, die kraftvolle tonale Dynamik und der gewichtige Eindruck, den die gigantischen Fugen ›In gloria Dei Patris‹ und ›Et vitam venturi‹ hinterlassen.

Bei der Messe war Beethoven eindeutig in den bereits bestehenden Text eingezwängt; bei der Sinfonie wählte er seinen eigenen Text. Er wählte auch den Kontext dafür; und zwar nicht innerhalb einer intellektuellen liturgischen Struktur, sondern in der echten Welt der Erfahrung – es mag paradox erscheinen, aber genau dies bedeuteten die drei ersten Instrumentalsätze für Beethoven. Schließlich wird dann in der Einleitung zum Finale diese Welt zugunsten von Schillers transzendentaler Vision der Freuden der Brüderlichkeit zurückgewiesen, ohne kunstvolle Ausschmückungen vertont, als eine universelle, volkstümlich einfache Melodie ohne Begleitung. Aus der Erfahrung des Einsseins mit seinen Brüdern und der Natur, so sagt Schiller, bekommt man eine Ahnung vom liebenden Vater, der über den Sternen wohnt. Diese Passage des Gedichts bekommt bei Beethoven einen feierlichen religiösen Charakter, der an Teile der Messe in D-dur erinnert.

Als die einzige Sinfonie der späten Periode Beethovens ist die Neunte auch eine Art Rückblick auf das ›sinfonische Ideal‹, das über ein Jahrzehnt seine kleineren Kompositionen beeinflußte. Rückblickend ist ebenfalls der deutliche Widerhall französischer Revolutionskantaten im Finale des Chores. Und als Geste zeigt dieses Finale wieder einmal Beethovens geradezu unheimlichen Griff nach Wesentlichem unter dem schmükkenden Beiwerk. Wie Wagner stets betonte, scheinen die von Chor und Solisten gesungenen Worte sich ihren Weg in die Sinfonie zu erkämpfen, damit sich die Instrumentalmusik erst richtig artikulieren kann, um so Konflikte aus früheren Sätzen mit einem Höhepunkt von beispielloser Extase zu lösen.

In der späten Periode Beethovens wird die Behandlung der Sonatenform immer subtiler und sogar vieldeutiger. So neigte er nun beispielsweise dazu, den Durchführungsteil formal auf ein Minimum zu reduzieren und einen allgemeinen Höhepunkt nicht mit, sondern nach der Reprise einzubauen (siehe

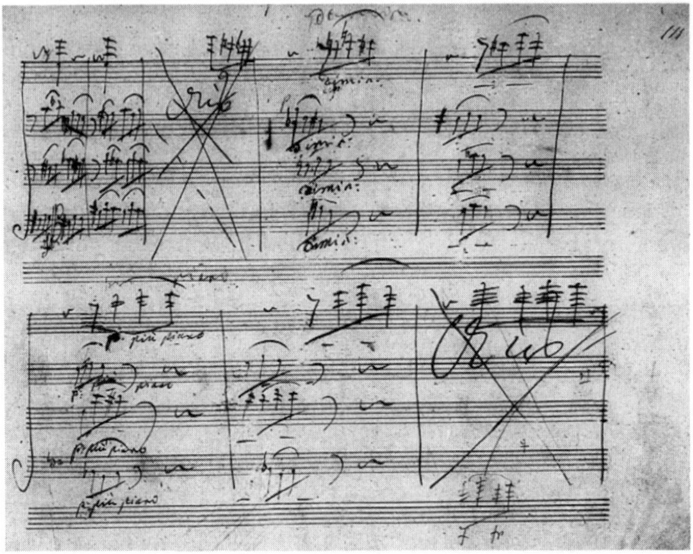

Seite aus dem autographen Manuskript des 5. Satzes des Streichquartetts a-moll op. 132, komponiert 1825

auch opp. 106, 130, 132). Diesbezüglich stellt der erste Satz der Neunten eine mit wundervollem Nachdruck vertretene traditionelle Dynamik dar – wenngleich er einige Unterschiede aufweist. Während der berühmten und oft nachgeahmten Introduktion entsteht das Hauptthema (wieder ein Thema, das sich aus einer zeitlosen Unendlichkeit heraus zu entwickeln scheint) über einer dumpfen Quintdominante (A-E); es kehrt in der Reprise fortissimo als Tonfolge D-A mit einem Fis im Baß wieder: Eine erhöhte Reprise, aus der jede Ahnung von Getöse herausgefiltert und durch etwas ersetzt wurde, was man nach den Worten Toveys nur als Katastrophe bezeichnen kann. Die Passagen in den Nebentonarten dieses Satzes, B-dur und teilweise auch H-dur, sind in denkwürdiger Weise im Rest dieser Sinfonie ›auskomponiert‹ wie auch das grundlegende Schwanken zwischen d-moll und D-dur in der Reprise des ersten Satzes.

Nach der Vollendung der Neunten Sinfonie Anfang 1824 komponierte Beethoven, so scheint es, in den ihm noch verbleibenden zweieinhalb Jahren mit wachsender Leichtigkeit und ausschließlich für Streichquartett. Die fünf späten Streichquartette beinhalten die bedeutendste Musik Beethovens, zumindest empfinden so inzwischen viele Zuhörer dieses Jahrhunderts. Das erste der fünf Quartette, op. 127 in Es-dur, entstanden 1823/1824, weist alle bedeutenden Charakterzüge dieses einmaligen Musikkorpus auf. Wieder wird es mit einer lyrischen Sonatenform eröffnet und besitzt, wie in op. 109, Themen in zwei unterschiedlichen Tempi; das Thema des Maestoso gleitet in ein schnelleres, wunderbar intimes und zärtliches Thema – obgleich es als dreistimmiger Kontrapunkt über einem Cantus firmus konstruiert ist. Der langsame Variationensatz ist von der neueren, umfassenderen Art, und das Scherzo bekommt seinen Impetus von einem Fugato. Das Finale blüht mit Ländlermelodien wie sie auch in den anderen späten Quartetten in den mittleren Tanzsätzen eingebaut werden; man kann sie kaum mehr Scherzi nennen, und Beethoven tat dies sicher selbst nicht. In einer brillianten Coda verweist dieses Finale auf eine Art spiritualisierte Auflösung, ein Effekt, der bereits im Quartett in f-moll op. 95 zum Tragen kam und im folgenden Quartett in a-moll op. 132 wiederholt wurde.

Die Arbeit an op. 132 wurde im April 1825 durch eine ernste Erkrankung unterbrochen, und die großartige ›heilige Danksagung eines Genesenen an die Gottheit in der lydischen Weise‹ bildet den zentralen der fünf Sätze. Beethovens Todesahnungen nehmen die Form von modalen Cantus firmus-Variationen an, die ihm von Albrechtsbergers Zeiten noch dunkel im Gedächtnis sind; sie wechseln sich in ergreifender Weise mit einem rein tonalen Teil ab, der mit ›Neue Kraft fühlend‹ überschrieben ist. Auch im ersten Satz wird eine Cantus firmus-Komposition deutlich, wenn die Themen in den unterschiedlichen Tempi nun eng miteinander verwoben werden. Extrem fließende Rhythmen kontrastieren mit einer extremen Konzentration auf's Detail. Nie zuvor hatte Beethoven eine so zutiefst gequälte Komposition geschrieben.

Im Quartett in B-dur op. 130 hinterläßt die Konfrontation der Themen in unterschiedlichen Tempi einen kapriziösen, ja sogar neckischen Eindruck. Ein Bewußtsein für Trennung wird durch die fünf aufeinanderfolgenden Sätze geschaffen, die häufig in entfernten Tonarten stehen und etwas von der Wirkung von ›Charakterstücken‹ in Barocksuiten besitzen. Dem fiebrigen kleinen presto folgen Sätze, denen Beethoven die Bezeichnung poco scherzando, alla danza tedesca und Cavatina gab; und schließlich folgt die ›Große Fuge‹, die nach einem so hohen Maß an Störungen im bisherigen Stück, auf ihren konvulsivischen Schultern die Verantwortung für eine Wiederherstellung der Ordnung zu tragen scheint. Dies geschieht, indem dieser Teil auf verschiedenen Verwandlungen eines Cantus Firmus-Themas aufgebaut wird – Verwandlungen, die dem Geist des romantisch-sinfonischen Gedichts näher sind als irgendeiner früheren Fugenpraxis. Die Teile haben fast das Gewicht einzelner Sätze, wie im Finale der Neunten Sinfonie. Die lyrische Schönheit des langsamen Ges-dur-Teils und die ›Gemüthlichkeit‹ des wiederkehrenden Teils im 6/8 Takt gehen bisweilen unter, da die Zuhörer eine ehrfürchtige Scheu vor der entschlossen dissonanten Wut der anderen zu empfinden scheinen. Für das 19. Jahrhundert war die ›Große Fuge‹ ein Buch mit sieben Siegeln, für Stravinsky aber war es ›dieses absolut zeitgenössische Stück Musik, das für alle Zeiten zeitgenössisch bleiben wird‹.

Jahre zuvor hatte Beethoven damit begonnen, die dem Sonatenstil zugrunde liegenden Prinzipien auszudehnen, um sämtliche Sätze eines Stückes zu erfassen. Nun aber zerfielen seine längsten Sätze in ›Untersätze‹, die wiederum in sich eine Geschlossenheit besitzen. Auf alle Fälle erwies sich das Quartett in B-dur im wahrsten Sinn des Wortes als störend. Völlig unerwartet billigte Beethoven, daß das Fugenfinale nach der Uraufführung wegfiel, gab es getrennt als op. 133 heraus und fügte dem Quartett ein neues weniger radikales und weniger großartiges Finale hinzu.

Wie als eine Reaktion auf diesen Versuch der musikalischen Dissoziation schrieb Beethoven als nächstes jenes von all seinen großen Kompositionen am meisten Integration aufweisende Werk. In dieser Hinsicht kann das Quartett in cis-moll op. 131 als ein Kulminationspunkt seiner unglaublichen kompositorischen Anstrengungen gesehen werden, seit er nach Wien übergesiedelt war. Die sieben Sätze gehen stetig ineinander über, und zum ersten Mal gibt es in Beethovens Werk eine emphatische und unmißverständliche thematische Verbindung zwischen dem ersten und dem letzten Satz - keine Reminiszenz, sondern eine funktionale Parallele, die dabei hilft, das gesamte Werk zusammenzuhalten. Das Quartett besticht durch höchste Subtilität und Schönheit und scheint am Ende immer noch von elementarsten Schlägen abzuhängen, wenn zum Beispiel die jagenden D-dur-Läufe im Finale an die neapolitanische Beziehung zwischen der einleitenden Fuge in cis-moll und dem darauffolgenden Allegro in D-dur erinnern. Charles Rosen hat bemerkt, daß Beethoven

»stets an irgendeiner Stelle in jedem großen Werk versucht, alle dekorativen und sogar expressiven Elemente aus dem musikalischen Material zu entfernen, so daß der Anteil der tonalen Struktur für Momente nackt und unmittelbar erscheint, und ihre Gegenwart im Rest des Stückes als dynamische und temporale Kraft zu strahlen beginnt.«

Ein Vergleich mit den analogen neapolitanischen Artikulationen am Ende des Quartetts op. 59 Nr. 2 von 1806 zeigt, wie beredt Beethoven solche Effekte am Ende seines Lebens werden lassen konnte.

Das letzte Quartett in F-dur, op. 135, ist eine brillante Studie über die Sehnsucht nach der Klassik, obgleich es auch hier im zweiten Satz nicht an einer abgründigen Vision mangelt, sowie eine charakteristisch hymnische Antwort im dritten. Wenn im Finale das Hauptthema (welches mit den Worten ›Es muß sein‹ versehen ist) als schlichte Umkehrung des Themas aus der langsamen Introduktion auftaucht (hier stehen die Worte ›Muß es sein?‹), so drängt sich der Verdacht der Parodie auf – eine Selbstparodie der gewohnten sich entwickelnden langsamen Introduktionen dieser späten Jahre (vgl. op. 111). Der thematische Aufhänger selbst kommt von einem zeitgenössischen humoristischen Kanon (WoO 196).

Wie schon die 8. Sinfonie, so erscheint auch op. 135 wie der Abschied des Komponisten von einer vollständig ausgeschöpften Periode in seiner künstlerischen Laufbahn. Die späten Quartette entstanden zwar aufgrund äußerer Anregungen – ein Auftrag des Fürsten Galitzin, sowie die Rückkehr des Schuppanzigh-Quartetts nach Wien –, gingen aber ihren eigenen Weg, sobald der Auftrag erfüllt war. Die Geschlossenheit dieses Abschnitts aus Beethovens kompositorischem Schaffen wird von der Beobachtung mehrerer Kritiker noch unterstrichen, daß drei oder noch mehr der späten Quartette gemeinsames musikalisches Material haben. Selbst ohne das aber teilen sie sich bestimmte stilistische Wesenszüge; aber auch so kann man den Schluß nur schwer akzeptieren, daß die einzelnen Werke ästhetisch nur dann komplett sind, wenn man sie als eine Art ›Triptychon‹ oder ›Zyklus‹ betrachtet. Dies mag für die Gedichte von T.S. Eliot zutreffen, zu welchen die Quartette den Dichter inspirierten, aber nicht für die ursprünglichen Quartette, noch für irgendein anderes, klar als zusammengehörend definiertes Werk Beethovens, wie die Messe in D-dur und die 9. Sinfonie.

DRITTES KAPITEL
PERSÖNLICHE WESENSZÜGE

Beethoven hinterließ auf all jene, die ihm in seinen reiferen Jahren begegneten, einen unauslöschlichen Eindruck, und bereits für seine Zeitgenossen gab es gewisse Merkmale in seinem Leben – beispielsweise seine idiosynkratische Arbeitsweise, seine von der Taubheit hervorgerufene, bedauernswerte Isolation sowie die edle und völlige Hingabe an seine Kunst –, die ihn beinahe für eine mythische Figur prädestinierten. Welch romantische Züge der Komponist in den Jahren nach seinem Tod annahm, davon berichtet das vierte Kapitel. Hier soll nun die Rede sein von der Wirklichkeit, aus der der Mythos seine Kraft bezog.

Weder sah er gut aus noch besaß er mehr als eine bruchstückhafte Bildung; durch die Kraft seines Charakters hinterließ er um sich herum einen starken Eindruck. Diese Eigenschaft hatte eine bekannt dornige Kehrseite. Bereits als junger Mann galt er als schwierig, ungeduldig und mißtrauisch, als ›ungehobelter Bär‹. Ein grundlegendes Problem, so scheint es, war seine Unfähigkeit, eigene Motive zu durchschauen und die von anderen zu interpretieren; so kam es häufig zu Mißverständnissen, die bei seinem heftig aufschäumenden Temperament rasch Streit und sogar Handgreiflichkeiten nach sich zogen. Aber typisch war auch, daß darauf Versöhnungen folgten und Szenen der Reue und Gewissensbisse. Sein sprunghaftes, bisweilen unverschämtes Auftreten konnte indes den außergewöhnlichen Reiz seiner Persönlichkeit nicht schmälern. Verschiedenste Männer und Frauen waren von ihm fasziniert, schlossen ihn ins Herz und schätzten seine Freundschaft, egal wie grob er auch mit ihnen umsprang. Diese Anziehungskraft war besonders in seinen jüngeren Jahren zu spüren, aber selbst gegen Ende seines Lebens, als er oft bejammernswert krank war und seine Taubheit undurchdringlich geworden war, rang man um das Vorrecht, ihm zu Diensten zu sein, und es mangelte nie an ergebenen Freunden.

In seinen Beziehungen kann man gewisse wiederkehrende Muster feststellen. Seine Männerfreundschaften kann man grob in zwei Gruppen einteilen. Es gab die herzlichen und intimen Freunde, wie Wegeler, Amenda und Stephan von Breuning, eventuell auch Franz von Brunsvik und Ignaz von Gleichenstein, Männer also, mit denen er meinte, seine privatesten Gefühle und Hoffnungen teilen zu können. Ein gutes Stück danach kamen seine Beziehungen zu vielen anderen, die er, ohne an ihnen besonders interessiert zu sein, mehr aufgrund ihres Nutzen schätzte als aufgrund irgendwelcher tiefgehender gemeinsamer Gefühle. Aus dieser Gruppe ragte der liebenswürdige Junggeselle Zmeskall heraus; auch die beiden Lichnowsky-Brüder können dazugezählt werden, in späteren Jahren sein Faktotum Schindler und eventuell der junge Karl Holz, für den zumindest Beethoven ebenfalls echte und herzliche Gefühle hegte. Fast alle aus der Gruppe der wirklichen Freunde waren zur Zeit, da Beethoven das höchste Maß an Vertraulichkeit mit ihnen verband, unverheiratet. Man sollte auch erwähnen, daß sowohl Wegeler als auch Amenda, also die Freunde, mit denen er am längsten eine ungetrübte Beziehung unterhielt, sich fast sein ganzes Leben lang in entfernten Ländern aufhielten; die Freundschaft mit von Breuning, der in Wien blieb, wurde durch einen viele Jahre währenden Streit unterbrochen.

Beethovens Beziehungen zu Frauen wurden weitaus häufiger diskutiert als seine Männerfreundschaften; sie sind Gegenstand einer Unmenge von hauptsächlich spekulativer und bisweilen äußerst schwachsinniger Literatur. Zweifellos war er für weibliche Schönheit und weiblichen Charme mehr als empfänglich. Der zuverlässige Wegeler berichtet, er sei »niemals ohne eine Liebschaft gewesen, und die meisten von ihnen waren aus den oberen Rängen«. Über seine Bindungen in Bonn ist außer ein, zwei Namen wenig bekannt, in seinen ersten Wiener Jahren indes war er, glaubt man Wegeler, immer in Liebesgeschichten verwickelt und »machte einige Eroberungen, die so manchem Adonis schwer, wenn nicht sogar unmöglich gewesen wären«. Wie weit diese Affären gingen ist eine andere Frage. Sicherlich gab es einige Sexualerlebnisse der trivialen Sorte, aber man wird den Eindruck nicht los, daß er auch viel Zeit darauf verwandte, Frauen in theatralischer Weise zu verfolgen, die seine Gefühle nicht erwidern konnten oder wollten. Und da die meisten von ihnen aus den ›oberen Rängen‹ stammten, gab es normalerweise eine unüberwindliche gesellschaftliche Schranke, welche verhinderte, daß die Beziehung zu weit ging. Obgleich Beethoven stets sein Verlangen nach einer wirklichen Vereinigung der Herzen äußerte, so waren doch viele der von ihm bewunderten Frauen glücklich verheiratet oder aber bereits einem anderen Mann versprochen. So führten diese Geschichten normalerweise zu nichts – was er eventuell unbewußt beabsichtigt hatte. Etwas von diesem Muster kann man auch in den zwei oder drei Beziehungen zu Frauen beobachten, die Beethoven aufs Tiefste berührten. Im ersten Teil des Buches war davon die Rede. Beurteilt man ihren Verlauf, so scheint klar, daß er vor einer totalen Beziehung mit einer Frau zurückwich und daß der Hausstand, den er mit seinem Neffen errichtete, in gewisser Weise als Ersatz für die Ehe angesehen werden muß.

Es kann nicht überraschen, daß aus all diesen Gründen sein Leben in vielerlei Hinsicht einsam war. Sicher macht die alles überlagernde Tatsache seiner Taubheit seine persönliche Geschichte so grundlegend anders als die anderer Musiker. Auf seine Karriere wirkte sich dies so aus, daß er den Weg, auf den ihn seine Interessen möglicherweise schon gebracht hatten, nun endgültig einschlug; er war nun auf alle Fälle gezwungen, sich nahezu gänzlich dem Komponieren zuzuwenden und sich die Möglichkeit, sein Glück als reisender Virtuose zu machen, aus dem Kopf zu schlagen. Die Auswirkungen seiner Taubheit auf sein soziales Leben waren krasser und unmittelbarer. Er fiel darüber in eine tiefe Depression und scheute für einige Zeit jegliche Gesellschaft. Tatsächlich waren die Jahre von 1800 bis 1802, in denen er sich mit der Wahrscheinlichkeit auseinandersetzte, sein Leiden könne unheilbar sein, von einer tiefen persönlichen Krise gekennzeichnet, deren Lösung die Weichen für nahezu den Rest seines Lebens stellte. Da er zu der Erkenntnis gezwungen war, immer mehr von einem Teil menschlicher Erfahrung abgeschnitten zu werden, gelang es ihm, sich in einen ungewöhnlichen und im wesentlichen einsamen Lebensstil zu fügen. Zweifellos bestärkte ihn dies in seiner Überzeugung, daß einige der Regeln im normalen gesellschaftlichen Umgang für ihn nicht taugten – eine Erkenntnis, die er im übrigen schon besaß, als er noch nicht taub war.

Diesbezüglich gibt es zahlreiche Anekdoten. Einige betreffen sein Verhalten gegenüber ranghöheren Personen und gegenüber der Obrigkeit im allgemeinen. Zweifellos war er sich seiner finanziellen Abhängigkeit von aristokratischen Familien bewußt, und so weigerte er sich nach seiner Abreise von Bonn entschieden, ›den Höfling zu spielen‹, oder die Achtung und Gehorsam zur Schau zu stellen, was normalerweise von Musikern in Adelskreisen erwartet wurde. So war er beispielsweise oft sehr widerwillig, wenn seine Gastgeber ihn unerwartet aufforderten, etwas am Klavier zum besten zu geben; bisweilen weigerte er sich rundheraus und verließ sogar wütend die Gesellschaft. Es kam auch vor, daß er sein Spiel abbrach, wenn das Publikum sich unaufmerksam zeigte und dazwischenplapperte. Die förmliche Hofetikette, von der Erzherzog Rudolph umgeben war, war ihm besonders lästig, so daß schließlich Rudolph nachgab und die Order erließ, Beethoven sei von den Regeln suspendiert. Sogar in Kleiderfragen scheint Beethoven nicht gewillt gewesen zu sein, die von ihm erwartete Konformität zu zeigen, obgleich er in seinen frühen Wiener Jahren oftmals flott gekleidet war.

Seine Unduldsamkeit gegen Disziplin und Autorität hatte nicht nur diesen einen Aspekt. Sein Temperament war gänzlich außerstande, eine untertänige Haltung anzunehmen, und selbst in der Musik empfand er es als geschmacklos, die Richtung eines noch lebenden Lehrers, wie zum Beispiel Haydn, oder eines toten Theoretikers zu akzeptieren. Darüber hinaus war er als ein Kind seiner Zeit von den Idealen der Französischen Revolution beeinflußt; sie müssen seine Studienzeit dominiert haben, wenngleich man in seiner Haltung eine gewisse Ambivalenz wahrnehmen kann wie auch gegenüber dem

Mann, der diese Ideale für eine gewisse Zeit verkörperte: Napoleon. In seiner brüsken Ablehnung der Konventionen einer aristokratischen Gesellschaft war Beethoven in der Tat weniger ein Verfechter der Gleichheit als vielmehr des Elitetums. Er konnte mit den allgemeinen humanistischen Tendenzen nicht viel anfangen, sondern verstand sich als Künstler – er liebte den eher großartigen Ausdruck ›Tondichter‹ –, als welcher er sich jeder durch Geburt oder Vermögen zu Ansehen gelangten Eminenz mindestens ebenbürtig fühlte. Anderen Künstlern gegenüber, besonders Dichtern, hatte er allergrößten Respekt, und er war verwirrt und enttäuscht, als er feststellte, daß Goethe, den er von allen Dichtern am meisten bewunderte, sich adeligen Personen gegenüber mit übertriebenem Respekt verhielt: War Goethe ihnen denn nicht etwa ebenbürtig?

Wie man sich bereits gedacht haben wird, waren seine Ansichten auch in Religionsfragen idiosynkratisch und recht uneindeutig. Es handelte sich hierbei nicht um ein Thema, welches er viel mit anderen diskutierte. Er wurde im Geiste des toleranten Katholizismus des ausgehenden 18. Jahrhunderts erzogen, gleichwohl beschäftigte ihn die formale Seite der Religion nicht besonders, was wiederum während der Komposition seiner Messe zu beträchtlicher Mühe führte, da er sicher sein wollte, den Messetext auch wirklich verstanden zu haben. Die Gottheit seines Glaubens war ein persönlicher Gott, ein universeller Vater, an den er sich beständig wandte und Trost und Vergebung erbat. Soviel geht aus den mannigfaltigen privaten Geständnissen und Gebeten hervor, die er überall auf seine Briefe kritzelte. Von den philosophischen Schriften bewegten ihn die moralischen Gedanken Kants. Überraschender dürfte sein, daß er einige orientalische Schriften über die immaterielle Natur Gottes fand, die ihm entgegenkamen, und er schrieb sich eine Reihe von Texten ab. Er rahmte sogar einige alte ägyptische Inschriften über das Wesen der Gottheit und bewahrte sie auf seinem Schreibtisch auf.

Er fühlte die Gegenwart Gottes auch in der Schönheit der Natur und suchte ihn in der freien Natur zu ehren, wobei er stark von Christian Sturms *Betrachtungen der Werke Gottes in der Natur* beeinflußt war. Beethovens Liebe zur Natur war ein unveränderlicher Zug seines Wesen. Beinahe jedes Jahr verließ er Wien für mehrere Monate und quartierte sich in einer der außerhalb gelegenen Ortschaften wie Mödling oder Heiligenstadt ein, oder auch im etwas weiter entfernten Kurort Baden. Dort unternahm er lange, einsame Spaziergänge in den Wäldern und erfrischte seinen Geist. »Niemand«, so schrieb er 1810 an Therese Malfatti, »kann das Land so sehr lieben wie ich. Ganz sicher bringen Wälder, Bäume und Felsen das Echo hervor, welches der Mensch zu hören wünscht.«

Auf seinen Spaziergängen hatte er normalerweise ein Bündel gefaltetes Notenpapier bei sich und machte ab und zu eine Pause, um mit einem Bleistift Eintragungen vorzunehmen. Dieser Vorgang wurde von seinen Zeitgenossen als harmlos, aber exzentrisch angesehen. Sie lachten auch über sein kurioses Benehmen in Wirtschaften, wo er manchmal stundenlang gedankenversunken saß und dann eine Zeche bezahlen wollte, die er gar nicht gemacht hatte. Sicherlich war sich Beethoven häufig seiner physischen Umgebung in bedenklicher Weise nicht bewußt und mit seinen eigenen Gedanken beschäftigt – schon in Bonn stand das Wort ›Raptus‹ in scherzhafter Weise für seine emotionalen Ausbrüche – , und der Zustand seiner Wohnung war eigentlich so, daß nur er es darin aushalten konnte.

Und doch kann man bezüglich dessen, was Beethoven am meisten beschäftigte, also zu komponieren und seine Werke dem Publikum vorzustellen, kaum behaupten, daß er desorganisiert war. Er hatte einen geregelten Tagesablauf, stand früh auf, kochte sich Kaffee, wobei er eine genaue Anzahl von Kaffeebohnen abzählte und arbeitete dann an seinem Schreibtisch bis zum Mittagessen um zwei oder drei Uhr. Die Arbeit am Morgen wurde unterbrochen, in gewissem Sinne aber zusammengehalten, von zwei oder drei kurzen Ausgängen, während derer er weiter Skizzen zu Papier brachte. Einige dieser ›Taschenskizzenbücher‹ sind erhalten geblieben, zusammen mit einer großen Anzahl an ›Tischskizzenbüchern‹, in die

Beethoven zu Hause schrieb. Die Bedeutung dieser Bände, in denen er Seite für Seite dem Anschein nach unleserliche Eintragungen machte, wurde von seinen Zeitgenossen nicht verstanden, die in der Sorgfalt, mit der er sie betrieb, lediglich ein weiteres Zeichen für seine Exzentrik sahen. Erst später erkannte man, daß die Skizzenbücher eine einmalige, wenngleich auch recht fragmentarische und bisweilen rätselhafte Dokumentation seines schöpferischen Prozesses darstellen.

Wenn ein Werk vollendet war, so oblag es Beethoven, dafür einen Verleger zu finden. Wie wichtig ihm Verleger Zeit seines Lebens waren, zeigt sich am Ausmaß und der Bedeutung der Korrespondenz mit ihnen – denn er brachte es fertig, sich davon zu überzeugen, daß sein Lebensunterhalt vom Verkauf seiner Musik abhing, obgleich er in Wirklichkeit überwiegend durch aristokratische Zuwendungen unterhalten wurde. Zu jener Zeit konnte ein Komponist für den Verkauf eines Werkes lediglich eine Pauschalsumme erwarten, Tantiemen waren unbekannt. Ebensowenig gab es irgendein internationales Copyright; ein Verleger genoß zwar innerhalb seines Landes einen gewissen Schutz für die von ihm erworbenen Werke, im Ausland aber konnten sie frei nachgedruckt werden. So war ein Komponist stets darum bemüht, die größtmögliche Summe für jede Komposition zu bekommen. In Beethovens Fall, dessen spätere Werke eine monate-, oft sogar jahrelange Entstehungszeit hinter sich hatten, gab es allen Grund, die Angebote zu vergleichen und die verschiedenen Verleger gegeneinander auszuspielen – ein Verhalten, das so mancher moderne Kritiker, zweifellos aufmerksam geworden durch Beethovens lautstarke Beteuerungen bezüglich redlicher Geschäftsbeziehungen, als unsympathisch empfand.

Einer der Pläne, die er verfolgte, bestand darin, ein Werk gleichzeitig in mehreren Ländern herauszubringen. Haydn hatte dies mit Erfolg bewerkstelligt. Einer der Vorteile bestand darin, daß der Komponist mit zwei oder mehr Honoraren rechnen konnte, wodurch er bei dem jeweiligen Verleger für eine kleinere Summe unterkam. Aus der Sicht des Verlegers

Ludwig van Beethoven
Zeichnung von Johann Peter Lyser
(erstmals 1833 veröffentlicht)

bedeutete es keinen großen Verlust, das Werk mit einem ausländischem Verleger zu teilen, da der Markt in jedem Land mehr oder weniger unabhängig war. Trotz der vielen praktischen Probleme, die Manuskripte zu liefern und die Veröffentlichung zu synchronisieren, gelang es Beethoven doch, eine beachtliche Anzahl seiner Werke von zwei oder mehr Verlagen in verschiedenen Ländern zu ungefähr der gleichen Zeit veröffentlichen zu lassen.

Beethovens wichtigste Verleger sollen hier kurz zusammen mit den Daten genannt werden, zu denen sie besonders viele seiner Werke verlegten: Artaria & Co., Wien (1795–1798), sowie zwei von Artarias früheren Partnern, Tranquillo mollo (1798–1801) und Giovanni Cappi (1802); Hoffmeister & Kühnel, Leipzig (1801–1804); Bureau des Arts et d'Industrie, Wien (1802–1808); Breitkopf & Härtel, Leipzig (1802–1803, 1808–1812); Steiner & Co., Wien (1815–1817); A.M. Schlesinger, Berlin sowie M. Schlesinger, Paris (1821–1823 und 1827); Schott, Mainz (1825–1827). Andere Verleger wie Simrock in Bonn veröffentlichten gelegentlich wichtige Werke. Auf dem englischen Markt ist ein Verlag vorherrschend, der von Muzio Clementi (1810–1823), der sich von einer großen Anzahl Werke die Rechte sicherte, indem er direkt mit Beethoven verhandelte und zur selben Zeit wie die Verlage in Wien, Leipzig oder Paris veröffentlichte. Da diese englischen Ausgaben unabhängig von den kontinentalen produziert wurden, ist jede besonders wichtig hinsichtlich eines authentischen Textes. George Thomson aus Edinburgh verdient es ebenfalls, hier in zwei Sätzen genannt zu werden. Er war ein Beamter und Musikliebhaber, der einen großen Teil seines Lebens dem Sammeln nationaler, insbesondere schottischer Volksmusik widmete und bereits mehrere Bände mit Liedern und Begleitungen von Pleyel, Kozeluch und Haydn herausgebracht hatte, bevor er sich 1803 an Beethoven mit der Bitte wandte, doch sechs Sonaten zu schreiben, die schottische Melodien beinhalteten. Obgleich aus diesem oder ähnlichen Vorschlägen nichts wurde, schrieb Beethoven schließlich doch Triobegleitungen zu einer großen Anzahl schottischer, walisischer und irischer Melodien, welche ihm Thomson vorlegte. Diese Werke entstanden zwischen 1810 und 1818, in einer teilweise nicht besonders ergiebigen Zeit. Um 1818 schrieb Beethoven für Thomson ebenfalls einige einfache Variationen für Flöte und Klavier auf nationale Melodien (opp. 105, 107).

Beethoven war lediglich mittelgroß, seine stämmige Statur ließ ihn indes sehr muskulös erscheinen. Er hatte breite Schultern und einen kurzen Hals. Mit seinem pockennarbigen Gesicht, seiner großen Nase und den buschigen Augenbrauen erschien er manchen als häßlich und war sicherlich für die damaligen Vorstellungen weit davon entfernt, im konventionellen Sinn schön zu sein. Dennoch wurde ihm ein gewisser Adel anerkannt. In seiner Jugend hatte er kohlschwarzes Haar und eine dunkle Gesichtsfarbe; in mittleren Jahren wurde sein Haar, sicher auch aufgrund seiner schlechten Gesundheit, teilweise grau, sein Gesicht eher aufgedunsen. Wer ihn traf, war von dem durchdringenden Blick seiner tiefliegenden Augen und der ungeheuren Lebhaftigkeit seiner melancholischen Züge beeindruckt, ja, von dieser ganzen ruhelosen Gestalt. Diese Lebhaftigkeit wird in den meisten Porträts und Skizzen, die von ihm zu Lebzeiten angefertigt wurden, nicht eingefangen. Die echteste Darstellung ist vermutlich die 1814 entstandene Gravur von Blasius Höfel, die auf einer Bleistiftzeichnung von Louis Letronne basiert, dann aber nochmals am lebenden Modell aufgefrischt wurde (Abb. Seite 118). Die Büste von Franz Klein (Abb. Seite 61) beruht auf einer Maske von 1812, so daß die Gesichtzüge durchaus einen Anspruch auf Authentizität haben; und die Skizzen von Lyser, die Beethoven beim Spaziergang auf der Straße zeigen (Abb. Seite 138), scheinen ebenfalls überzeugend, wenngleich sie nicht verbürgt sind. Die idealisierenden Porträts und Büsten aus jüngerer Zeit müssen als Teil des Beethovenkults angesehen werden; sie beruhen weder auf der reinen noch auf der poetischen Wahrheit.

VIERTES KAPITEL

POSTHUMER EINFLUSS UND RUHM

Ganze Bücher sind einzelnen Aspekten von Beethovens posthumem Ruhm gewidmet. Das wichtigste und frappierendste Element ist die enorme und unvergängliche Beliebtheit seiner Musik. Während der letzten Jahre seines Lebens und in der Zeit nach seinem Tode wandelte sich das Musikpublikum, denn ein neues bürgerliches Element ersetzte die typischen Adelskreise des 18. Jahrhunderts, für welche Beethoven geschrieben hatte. Auf diese neue Zuhörerschaft nun wirkte Beethovens Musik mit ganz besonderer und fast unheimlicher Kraft. Seine Sinfonien, Konzerte, Ouvertüren und die bekannteren seiner Klaviersonaten wurden die Kernstücke der Musikkultur, nicht nur des 19., sondern auch unseres Jahrhunderts, obgleich sich der Charakter des Publikums erneut veränderte. Heutige Musiker, die sich in gewisser Weise vom Massenpublikum abheben, neigen neuerdings dazu, der dritten Periode Beethovens die größte Bewunderung entgegenzubringen. Aber für die meisten von ihnen wurde dadurch nicht das traditionelle Kernprogramm verdrängt, sondern lediglich erweitert.

Beethovens Ruhm war und ist dennoch mehr als ein rein musikalisches Phänomen. Die Geschichte seines Lebens, die nach außen hin so ereignislos und doch so voller innerem Pathos war, hat sich untrennbar mit den besonderen Qualitäten seiner Musik verbunden und dadurch ein doppeltes Bild ergeben, das in der Romantik faszinierte und einen gewaltigen, bisweilen traurigen Effekt auf die Laufbahn anderer Musiker ausübte. Mehr als irgendein anderer Komponist, Maler oder Dichter schien Beethoven den eigentlichen Typus des Künstlers zu verkörpern – eine Figur, die im Bewußtsein der Romantik mythische Proportionen annahm. In der Tat ist es nicht übertrieben, von einem Beethovenmythos zu sprechen, der sich auf lediglich oberflächlich betrachtete biographische und musikalische Fakten berief.

Hervorgerufen wurde er überwiegend von (und für) Musikliebhaber, Laien sowie populären und halbpopulären Musikschriftstellern. Aber auch die Professionellen waren nicht davor gefeit und daran beteiligt; da viele Komponisten im 19. Jahrhundert auch Schriftsteller und Publizisten waren, können sie aus den Reihen der Mythenerschaffer nicht getilgt werden.

Indes darf man ihnen verzeihen, denn nur wenige entkamen in technischer Hinsicht seinem Einfluß. Natürlich manifestierte sich dies in sehr unterschiedlicher Hinsicht. Schubert, der lediglich 26 Jahre jünger war als Beethoven, gab zu, daß ihn einige seiner Kompositionen verwirrten und verstörten, und doch war er in der Lage, von ihm auf direktere Art zu lernen als von allen anderen großen Meistern. Beethovens Vorbild kommt in jeder der drei letzten Klaviersonaten zum Vorschein und sogar in einigen Liedern (*Mignon*, *Der Wachtelschlag*). Der maßvolle Schritt aus dem langsamen Satz der 7. Sinfonie hallt in Schuberts Sinfonie in C-dur wieder, in Mendelssohns *Italienischer Sinfonie* und Berlioz *Harold en Italie*, wo im übrigen die Themenaufzählung zu Beginn des Finales von Beethovens Neunter Sinfonie übernommen wurde. Und was gleich den Anfang der Neunten betrifft, so hört man ihn ohne Ende in einer ganzen Reihen von Kompositionen Bruckners, Mahlers, Strauss' und anderer. Und Wagner wurde nie müde, die Neunte Sinfonie als Beweis dafür heranzuziehen, daß die Musik der Zukunft auf einer Linie in der Entwicklung von wortloser Sinfonie zum musikalischen Drama liegen müsse. Die *Mondscheinsonate* erscheint in einem Druidenchor in Bellinis *Norma*. Schumann fand in der *Fernen Geliebten* Einiges zum Nachdenken – und so manches zum Zitieren. Brahms' Fixierung auf Beethoven ist sattsam bekannt; Dvorák ist ohne die Pastorale nicht vorstellbar. Schönberg sagte, sein 1. Streichquartett beruhe auf der *Eroica*, und ganz allgemein wirkten die späten Streichquartette Beethovens als eine offensichtliche Inspiration auf Bartók. Möglicherweise konnte sich erst die Generation wirklich von Beethovens Einfluß befreien, die auf ihr Banner die Worte schrieb: ›Schönberg ist tot‹.

Der Künstler als Held tauchte in der Literatur der deutschen Romantik erstmals vor 1800 auf und war bis Hesse und Mann ein Thema. E.T.A. Hoffmann, der die Vorstellung des ›dämonischen‹ Musikers in seinen Geschichten populär machte, verfaßte bereits 1810 bewundernde und bemerkenswert gründliche kritische Schriften über Beethovens Kompositionen. Das Heldenhafte in Beethoven sah man in seiner Charakterstärke, seiner Unabhängigkeit und seinem Freidenkertum, seiner Taubheit, seinem Leidensweg voller Mißtrauen und seiner Unfähigkeit, die Liebe einer Frau zu erringen, seinem unbeirrbaren künstlerischen Eifer und, so meinte man, seiner manifesten Fähigkeit, die Not der Einsamkeit in eine Reihe von bejahenden künstlerischen Visionen umzusetzen. Das Heiligenstädter Testament, der Brief an die ›Unsterbliche Geliebte‹ und die phantasievollen Erzählungen von Bettina Brentano gaben diesem Mythos Nahrung; aber auch die Titel, die der Komponist selbst seinen Werken gab (Sinfonia eroica, Sonate pathétique), oder die andere ihnen gaben (›Appassionata‹, ›Mondschein‹); zahlreiche Anekdoten trugen dazu bei, aber die typischsten unter ihnen erwiesen sich oft genug als erfunden. Einer von ihnen beispielsweise, die Bettina Brentano wiedergibt, wurde in hohem Maße Glauben geschenkt: Als Beethoven mit Goethe 1812 in Teplitz spazierenging und irgendeine Person des Adels ihren Weg kreuzte, zog Goethe den Hut und blieb respektvoll stehen, während Beethoven weiterschritt und vor sich hin starrte. ›Mein Adel sitzt *hier* und *hier*‹, soll er bei anderer Gelegenheit ausgerufen haben, wobei er auf seinen Kopf und sein Herz deutete. Das 19. Jahrhundert, das sich nicht bewußt war, wie hoch Beethoven das ›van‹ in seinem Namen schätzte, war dies ein Ausdruck des der menschlichen Individualität und seiner schöpferischen Kraft innewohnenden Adels, jenseits von und weit über zufälligen Privilegien.

Mühelos bezwang der Beethovenmythos die Geschichte und Geschichtsschreibung; vom *Beethoven als Schöpfer* war es nur ein kleiner Schritt zu *Beethoven, Das Leben eines Eroberers* und zu *Beethoven, Der Mann der die Musik befreite.* So lauten die Titel von Büchern, die Anfang des 20. Jahrhunderts weit ver-

Ludwig van Beethoven:
Marmorstatue (1886–1902)
von Max Klinger

breitet waren. Er war der Revolutionär, der die Abgußform der Klassik zerbrach, und er bot sich darüber hinaus als Paradebeispiel für die ideologische Sicht einer teutonischen Hegemonie in der großen Musik an, die den deutschen Musikern seit der Zeit Schumanns so teuer war. Dieses Thema wurde mit großem Nachdruck von Wagner aufgegriffen, dessen bedeutende Monographie *Beethoven* 1870 zum hundertsten Geburtstag des Komponisten erschien, in dem Jahr, als der Siebzigerkrieg gegen Frankreich ausbrach.

Im selben Jahr wurde auch Beethovens Geburtshaus am Rheinufer zu einer nationalen Gedenkstätte; später bekam das Beethovenhaus noch ein Handschriftenarchiv und ein Forschungsinstitut. Kann man die Gründung des Beethovenhauses in Bonn als einen Anspruch des Geburtslandes von Beethoven gegenüber dem Land seiner Wahl verstehen, so reagierte Wien 1900 mit der Enthüllung des großartigsten und unvergleichlichsten aller Monumente, die das 19. Jahrhundert von seinem Helden hervorbrachte. Es handelt sich um einen außergewöhnlichen Akt von Klinger, der in einem Raum aufgestellt wurde, den Klimt mit Szenen aus Beethovens Kompositionen bebildert hatte. Sie sind indes nicht erhalten geblieben. Bei der Einweihungszeremonie dirigierte Mahler eine Bläsergruppe und ein Chor, bestehend aus Wiener Arbeitern, sang bei einer Freilichtveranstaltung die *Ode an die Freude.*

So waren auch die beiden größten Monumente der Beethovenforschung, wenngleich jedes auf seine Weise, eng mit dem Beethovenmythos verbunden. Die exemplarische Biographie von Thayer hätte kaum von einem deutschen, vielleicht nicht einmal von einem europäischen Zeitgenossen geschrieben werden können. Von einer Leidenschaft der strengen Objektivität angefeuert, die lediglich mit seiner Bewunderung für Beethoven zu messen ist, sichtete Thayer ein Leben lang gewissenhaft ›harte‹ Beweise, um die Masse an Fehlinformation zu korrigieren, die sich um sein Thema herum angesammelt hatte und um romantische Phantasien vom Sockel zu stoßen. Und es entbehrt nicht der Ironie, daß Thayers so amerikanisches Konzept der objektiven Untersuchung viel mehr aufgedeckt hat, als in seiner Absicht stand. Das wachsende Bewußtsein für gewisse Seiten von Beethovens Wesen stand so eindeutig im Gegensatz zu seinen eigenen viktorianischen Vorstellungen, daß er sich nicht in der Lage sah, seine Studien fortzuführen und diese auch niemals beendete.

Das andere Denkmal ist die umfassende Untersuchung der zahlreichen Skizzen Beethovens sowie die nötigen Kommentare dazu, des Wiener Forschers und Lehrers Gustav Nottebohm, einem Schüler Schumanns und Mendelssohns und engem Freund von Brahms. Nottebohms Entdeckungen in den Skizzenbüchern brachten bemerkenswerte Einsichten in den inneren Mechanismus der Musik; nur wenige Arbeiten der Musikwissenschaft wurden überall in der Musikwelt so herzlich begrüßt wie diese. Und sie trug noch zur Verstärkung des Beethovenmythos bei, da die graphische Darstellung erst die Mühe und Hingabe sichtbar machte, die er jedem schöpferischen Akt angedeihen ließ. Das viktorianische Zeitalter war nur zu bereit, jenes heroische System der Weiterbildung zu bewundern, und die Darwinisten grübelten über dem Beweis, daß sich große Meisterwerke Schritt für Schritt aus einem denkbar einfachen musikalischen Samenkorn heraus entwikkelten. Nottebohms Untersuchungen wurden erst 1960 systematisch abgeschlossen, vorwiegend von Musikwissenschaftlern aus den USA und Großbritannien, und führten mit einiger Verspätung zu einer Welle des wissenschaftlichen Interesses für die Skizzen auch anderer Komponisten.

Zusätzlich zu den Arbeiten von Thayer und Nottebohm brachte das 19. Jahrhundert als Antwort auf Beethovens Musik einige seiner eindruckvollsten analytischen und kritischen Schriften hervor. Dahlhaus hat darauf hingewiesen, daß jene berühmten Kritiken von Hoffmann, die die Vorstellung einer ›absoluten Musik‹ besonders bei Beethoven als den direkten Weg in das Reich des Spirituellen ansieht, auch ausführliche technische Analysen beinhalten, durch welche Hoffmann seine Idee zu stützen meinte, indem er die autonome organische Perfektion der Musik hervorhob. Ihm folgten, wenngleich weniger metaphysisch, Lenz (1852), Marx (1859, 1863), Berlioz (1862), Grove (1884) und Helm (1885). Kein anderer Komponist hat zu einer vergleichbaren Sammlung an technischer Literatur angeregt, was zur Folge hatte, daß man Beethoven als ein Muster an akademischen Untersuchungen über Musik neben Bach stellte. In den Jahrzehnten um 1900, als die große Tradition der ›Drei B‹ in Gefahr schien, rückte seine Musik ins Zentrum des sich entwickelnden Denkens von Theoretikern, die auch in den siebziger Jahren noch von großer Bedeutung waren. Schenker, Tovey und Réti widmen ihre wichtigen Untersuchungen Beethoven: Schenkers Monographien über die Dritte, Fünfte und Neunte Sinfonie sowie die späten Klaviersonaten, Toveys *Companion to Beethoven's Pianoforte Sonatas* und *Beethoven*, sowie Rétis *Thematic Patterns in the Sonatas of Beethoven.*

Das frühe 20. Jahrhundert brachte auch den passenden Höhepunkt der Beethovenschen Hagiographien in Form des ausgesprochen langen und populären Romans *Jean-Christophe* (1904 bis 1912). Es ist der romantisierende Blick des universellen Schriftstellers und Musikwissenschaftlers Romain Rolland auf das Leben des Komponisten. Als eine Reaktion auf die Romantik nach dem Ersten Weltkrieg wurden Stimmen gegen Beethoven laut (Stravinsky, Dent), die vor allem den Beethoven der ›C-dur-Laune‹ und der berühmten Sinfonien meinten. Und es gab sogar welche, die skeptische Fragen bezüglich seiner Persönlichkeit stellten (Newman). Aber vielleicht gerade weil Beethoven kein romantischer Kunstler war, oder zumindest kein rein romantischer Künstler – hier unterscheiden sich die Kommentatoren, wie das denn nun genannt werden soll –, konnten solche Antipathien nicht viel ausrichten. Führende Musiker wie Toscanini, Schnabel und das Budapester Streichquartett bauten ihre Karrieren um ihre Vorstellung von Beethoven herum auf. Und das ausgehende 20. Jahrhundert war fähig, so revisionistische Untersuchungen wie das zwar überfeindliche, wenngleich ernüchternde Werk *Beethoven and his Nephew* der Psychoanalytiker E. und R. Sterba zu akzeptieren, und daneben die sympathischere, ausgewogene und gründliche Psychobiographie von Maynard Solomon.

Beethoven hat die Entmythologisierung überlebt. Als man seinen 200. Geburtstag beging, schienen seine Popularität und sein Ruhm ungebrochen. Die Jubiläumsjahre 1970 und 1977 waren neben anderen Dingen Anlaß für wissenschaftliche Tagungen in Bonn, Ost-Berlin, Wien und Chapel Hill sowie für die Gesamteinspielung seiner Musik auf 77 bzw. 111 Langspielplatten. In entscheidenderem Maße haben Aufführungen und Aufnahmen seiner Musik in den siebziger und achtziger Jahren auf alten Instrumenten, vor allen auf dem Fortepiano, eine neue Dimension der Einsicht in den offenbar unerschöpflichen Fundus von Beethovens Kunst gebracht. Es ist anzunehmen, daß künftige Generationen noch mehr finden.

ALLGEMEINES ABKÜRZUNGSVERZEICHNIS

A	Alt
acc.	accompagnato
Auff., aufgef.	Aufführung, aufgeführt
B	Baß
b.c.	Basso continuo
Bar.	Bariton
Bear., bear.	Bearbeitung, bearbeitet
Cel.	Celesta
Dir.	Dirigent
Ed.	Edition
einger.	eingerichtet
Engl. Hr.	Englisch Horn
Ens.	Ensemble
Fak.	Faksimile
Fg	Fagott
Fl.	Flöte
Frag.	Fragment
geb.	geboren
gew.	gewidmet
Git.	Gitarre
Hr.	Horn
Instr.	Instrument, instrumental
Jb.	Jahrbuch
Jg.	Jahrgang
Kb.	Kontrabaß
Kl. A.	Klavierauszug
Kl.	Klavier
Klar.	Klarinette
Konz.	Konzert
Mand.	Mandoline
Mez	Mezzosopran
o.J.	ohne Veröffentlichungsjahr
Ob.	Oboe
Orch.	Orchester
orchest.	orchestriert
Org.	Orgel
Ouv.	Ouvertüre
Pic	Piccolo
Pos.	Posaune
Quart.	Quartett
Quint.	Quintett
Repr.	Reprint, Nachdruck
Rev., rev.	Revision, revidiert
Rez.	Rezitativ
Sax.	Saxophon
Sinf.	Sinfonie

Sop., S	Sopran
st.	Stimme(n)
Str.	Streicher
T	Tenor
Tl.	Teil
Trp.	Trompete
Übers.	Übersetzung
unveröff.	unveröffentlicht
unvollst.	unvollständig
V.	Violine
v., vv.	Vers(e)
Va.	Viola
Vc.	Violoncello
veröff.	veröffentlicht

BIBLIOGRAPHISCHE ABKÜRZUNGEN

Acm	Acta Musicologica
AMZ	Allgemeine musikalische Zeitung
BeJ	Beethoven-Jahrbuch
BMw	Beiträge zur Musikwissenschaft
FAM	Fontes artis musicae
GfMKB	Gesellschaft für Musikforschung Kongressbericht
Grove 1	G. Grove, ed.: A Dictionary of Music and Musicians
JAMS	Journal of the American Musicological Society
Mf	Die Musikforschung
MGG	Die Musik in Geschichte und Gegenwart
ML	Music and Letters
MMg	Monatshefte für Musikgeschichte
MMR	The Monthly Musical Record
MQ	The Musical Quarterly
MR	The Musical Review
MT	The Musical Times
NBJb	Neues Beethoven-Jahrbuch
NRMI	Nuova rivista musicale italiana
NZM	Neue Zeitschrift für Musik
ÖMz	Österreichische Musikzeitschrift
PNZ	Perspectives of New Music
PRMA	Proceedings of the Royal Musical Association
RMI	Rivista musicale italiana
SMw	Studien zur Musikwissenschaft
SMz	Schweizerische Musikzeitung/Revue musicale suisse
ZfM	Zeitschrift für Musik
ZmW	Zeitschrift für Musikwissenschaft

WERKVERZEICHNIS

Ausgaben: Ludwig van Beethovens Werke. Vollständige kritisch durchgesehene und überall berechtigte Ausgabe. 24 Bde. Lpz. 1862–1865. – Bd. 25 (Nachtragsband). Lpz. 1888. [= GA]
Ludwig van Beethoven: Sämtliche Werke. Supplemente zur Gesamtausgabe. Hrsg. von W.Hess. Wiesbaden 1959–1971. [= HS]
Ludwig van Beethoven: Werke. Neue Ausgabe sämtlicher Werke. Hrsg. vom Beethoven-Archiv Bonn (J.Schmidt-Görg u.a.). München, Duisburg 1960 ff. [= NA]

In der ersten Spalte ausgewiesen ist die Opuszahl beziehungsweise die WoO (Werk ohne Opuszahl)-Zählung nach G.Kinsky und H.Halm (*Das Werk Beethovens*, München, Duisburg 1955), andernfalls die Zählung nach W.Hess (*Verzeichnis der nicht in der Gesamtausgabe veröffentlichten Werke Ludwig van Beethovens*, Wiesbaden 1957). In GA veröffentlichte Werke sind mit der Bandnummer (römische Ziffern) und der fortlaufenden Zählung des Verlags (arabische Ziffern), in HS veröffentlichte Werke in derselben Spalte mit der Bandnummer nachgewiesen. Der Nachweis für die in NA veröffentlichten Werke erfolgt durch Angabe der Abteilung (römische Ziffern) und der Bandnummer (arabische Ziffern).

Die Zahlen in der letzten Spalte verweisen auf Erwähnungen im Text.

FÜR VOLLES ORCHESTER

Nr.	*Titel, Tonart*	*Kompositionszeit, Erstaufführung*	*Erstveröffentlichung*	*Widmung, Anmerkungen*	*GA*	*NA*	*Register*
Op. 21	Sinfonie Nr. 1 (C)	1799/1800; 2. Apr. 1800	Stb.: Lpz. 1801	Freiherr Gottfried van Swieten	I/1		34, 35, 41, 97, 101, 103
Op. 36	Sinfonie Nr. 2 (D)	1801/02; 5. Apr. 1803	Stb.: Wien 1804	Fürst Carl v. Lichnowsky	I/2		39, 41, 101, 102, 103
Op. 55	Sinfonie Nr. 3 (Es) (»Eroica«)	1803; 7. Apr. 1805	Stb.: Wien 1806	Fürst Franz Joseph v. Lobkowitz	I/3		42, 44, 89, 99, 101, *102ff.*, 121, 142, 143
Op. 60	Sinfonie Nr. 4 (B)	1806; März 1807	Stb.: Wien 1808	Graf Franz v. Oppersdorff	I/4		48, 107
Op. 138	Ouvertüre I (C) zur Oper *Leonore*	1806/07; 7. Febr. 1828	Part., Stb.: Wien 1838	*Leonore*-Ouv. II u. III s. unter »Opern«	III/19		48
Op. 62	Ouvertüre (c) zu H. J. v. Collins *Coriolan*	1807; März 1807	Stb.: Wien 1808	Heinrich Joseph v. Collin	III/18	II/1	48, 96
Op. 67	Sinfonie Nr. 5 (c)	1807/08; 22. Dez. 1808	Stb.: Lpz. 1809	Fürst Franz Joseph v. Lobkowitz u. Graf Andreas Kyrillowitsch v. Rasumowsky; Vorarbeiten ab 1804	I/5		49, 50, 96, 103, 105, 106, 113, 119
Op. 68	Sinfonie Nr. 6 (F) (»Pastorale»)	1808; 22. Dez. 1808	Stb.: Lpz. 1809	Fürst Franz Joseph v. Lobkowitz u. Graf Andreas Kyrillowitsch v. Rasumowsky	I/6		49, 50, 103, 107ff., 142
Op. 92	Sinfonie Nr. 7 (A)	1811/12; 8. Dez. 1813	Part., Stb.: Wien 1816	Graf Moritz v. Fries; Bearb. f. 2 Kl. (von Czerny) der russ. Kaiserin Elisabeth Alexejewna gewidmet	I/7		55, 61, 64, 103, 105, *114ff.*, 142
Op. 93	Sinfonie Nr. 8 (F)	1812; 27. Febr. 1814	Part., Stb.: Wien 1817	gekürzte Fassung vom Schluß des 1. Satzes: HS IV	I/8		55, 56, 62, 114

Op. 91	Wellingtons Sieg oder Die Schlacht bei Vittoria (»Schlachtensinfonie«)	1813; 8. Dez. 1813	Part., Stb.: Wien 1816; f. Kl.: London, Wien 1816	Prinzregent von England (später König Georg IV.); urspr. Fass. v. Tl. 2 f. Mälzels Panharmonicon: HS IV	II/10; HS VIII (f. Kl.)	II/1	60, 64, 69, 90
Op. 115	Ouvertüre (C) »Zur Namensfeier«	1814/15; 25. Dez. 1815	Part., Stb.: Wien 1825	Fürst Anton Heinrich Radziwill; verarbeitet einige Jahre ältere Entwürfe u. Vorarbeiten	III/22	II/1	63, 75
WoO 3	Gratulationsmenuett (Es)	1822; 3. Nov. 1822	Stb.: Wien 1832	geschrieben f. Carl Friedrich Hensler, (v. Verleger) gewidmet Karl Holz	II/13	II/3	
Op. 125	Sinfonie Nr. 9 (d)	1822–1824; 7. Mai 1824	Part., Stb.: Mainz 1826	König Friedrich Wilhelm III. v. Preußen	I/9		75, 76, 77, 78, 79, 103, 117, 119, 120, 122, 123, 124ff., 128, 130, 142

FÜR ORCHESTER MIT KONZERTIERENDEN INSTRUMENTEN

WoO 4	Klavierkonzert (Es)	1784	Part.: GA	nur in Kl.-Part. erhalten (Orch.-St. der Solo-St. als Kl.A. beigefügt)	XXV/310		
Hess 13	Romanze (e) f. Kl., Fl., Fg., Orch. (Fragment)	1786	Wiesbaden 1952	als langsamer Satz eines größeren Werks konzipiert	HS III		
WoO 5	Violinkonzert (C) (Fragment)	um 1790–1792	Wien 1879	259 Takte des 1. Satzes; Ausgabe Gerhard v. Breuning gewidmet	HS III		
Hess 12	Oboenkonzert (F) (verschollen)	1792/93?	–	Ende 1793 von Bonn nach Wien abgesandt; einige Skizzen erhalten	–	–	

Nr.	*Titel, Tonart*	*Kompositionszeit, Erstaufführung*	*Erstveröffentlichung*	*Widmung, Anmerkungen*	*GA*	*NA*	*Register*
WoO 6	Rondo (B) f. Kl. m. Begl. des Orch.	vor 1794	Stb.: Wien 1829	ursprüngl. als Schlußsatz v. Op. 19 vorgesehen; Czerny machte das Ms. f. den Druck fertig, indem er Kadenzen hinzufügte u. das v. B. nur angedeutete Passagenwerk ausführte	IX/72; HS III		
Op. 19	Klavierkonzert Nr. 2 (B)	begonnen vor 1793, umgearbeitet 1794/95 u. 1798; 29. März 1795	Stb.: Lpz. 1801	Carl Nicklas Edler v. Nikelsberg; Part.-Fragment der verworfenen früheren Fassung: HS III	IX/66	III/2	26, 31, 34, 35, 97
	Kadenz f. den 1. Satz	1809?	GA		IX/70a	VII/17	
Op. 15	Klavierkonzert Nr. 2 (C)	1795, umgearbeitet 1800?; 18. Dez. 1795	Stb.: 1801	Fürstin Barbara Odescalchi (geb. Gräfin v. Keglevics)	IX/65	III/2	26, 28, 31, 34
	3 Kadenzen f. den 3. Satz	1809?	GA		IX/70a	VII/7	
Op. 50	Romanze (F) f. V. m. Begl. des Orch.	1798?; Nov. 1798?	Stb.: Wien 1805		IV/31	III/4	
Op. 37	Klavierkonzert Nr. 3 (c)	1800? 5. Apr. 1803	Stb.: Wien 1804	Prinz Louis Ferdinand v. Preußen; umgearbeitet 1803?	IX/67	III/2	34, 41, 96
	Kadenz f. den 1. Satz	1809?	GA		IX/70a	VII/7	
Op. 40	Romanze (G) f. V. m. Begl. des Orch.	1801/02?	Stb.: Lpz. 1803		IV/30	III/4	
Op. 56	Konzert (C) (»Tripelkonzert«) f. Kl., V., Vc., Orch.	1803/04; Mai 1808	Stb.: Wien 1807	Fürst Franz Joseph v. Lobkowitz	IX/70	III/1	

Op. 58	Klavierkonzert Nr. 4 (G)	1805/06; März 1807	Stb.: Wien 1808	Erzherzog Rudolph v. Österreich	IX/68		44, 50, 114
	2 Kadenzen f. den 1. Satz, Kadenz f. das Finale	1809?	GA		IX/70a	VII/7	
	Kadenz f. den 1. Satz, 2 Kadenzen f. das Finale (Hess 81, 82, 83)	1809?	NA		HS X	VII/7	
Op. 61	Violinkonzert (D)	1806; 23. Dez. 1806	Stb.: Wien 1808, London 1810	Stephan v. Breuning	IV/29; HS X	III/4	48, 119
–	Umarbeitung des V.-Konz. Op. 61 zum Kl.-Konz.	1807	Stb.: Wien 1808, London 1810	Julie v. Breuning	IX/73 (Solo-St.)		
	Kadenz f. den 1. Satz, Kadenz f. das Finale	1809?	GA		IX/70a		
	2 Kadenzen f. das Finale (Hess 84, 85)	1809?	NA		HS X	VII/7	
Op. 80	Fantasie (c) f. Kl., Chor, Orch. (»Chorfantasie«)	1808; 22. Dez. 1808	Stb.: London 1810, Lpz. 1811	König Maximilian Joseph v. Bayern; Kl.-St. erst 1809 niedergeschrieben; Str.-St. f. verworfene Orch.-Einl.: HS X	IX/71		50f., 55, 120
Op. 73	Klavierkonzert Nr. 5 (Es) (»Kaiserkonzert«)	1809; 28. Nov. 1811?	Stb.: London 1810, Lpz. 1811	Erzherzog Rudolph v. Österreich	IX/69		50, 114, 142

FÜR BLÄSER

Nr.	*Titel, Tonart*	*Kompositionszeit*	*Erstveröffentlichung*	*Widmung, Anmerkungen*	*GA*	*NA*	*Register*
WoO 29	Marsch (B) f. 2 Klar., 2 Hr., 2 Fg.: s. unter »Kammermusik für Bläser und für Bläser mit Streichern«						
WoO 18	Marsch (F) »für die böhmische Landwehr« (»Yorckscher Marsch«)	1809	Kl.-Bearb.: Prag (1809?), Part.: Bln. (1818/19?)	Erzherzog Anton v. Österreich (auf dem Autogr.)	XXV/287/1; HS VIII (Kl.)		
	Trio (B) zu WoO 18	1822/23	HS		HS IV		
WoO 19	Marsch (F)	1810	Kl.-Bearb.: Wien 1810	Erzherzog Anton v. Österreich (auf dem Autogr.)	XXV/287/2; HS IV		
	Trio (f) zu WoO 19	1822/23?	HS		HS IV		
WoO 21	Polonaise (D)	1810	GA		XXV/289		
WoO 22	Ecossaise (D)	1810	GA				
WoO 23	Ecossaise (G)	1819?	Kl.-Bearb. in Czernys *Musikalisches Pfennig-Magazin* 1 (Wien 1834)		XXV/306 (Kl.)		
WoO 24	Marsch (D)	1816	Kl.-Bearb.: Wien 1827		II/15		
WoO 20	Marsch (C) m. Trio	vor 1823	GA		XXV/288; HS IV		70

Hess 33	Menuett (As) f. Quartett	um 1790	HS	auch in Kl.-Fassung vorhanden: HS VIII	HS VI		
Op. 3	Trio (Es)	vor 1794	Wien 1796	fragmentar. Bearb. durch Beethoven f. Kl.-Trio: HS IX	VII/54; HS VI	VI/6	91, 94
Op. 87	Transkription des Trios f. 2 Ob. u. Engl. Hr. Op. 87 als Streichtrio (C)	1795	Wien 1806	Transkription wahrscheinl. v. Beethoven autorisiert	–		
Op. 4	Quintett (Es)	1795	Wien 1796	v. Grund auf neu komp. Fassung des Oktetts Op. 103 (s. unter »Kammermusik für Bläser und für Bläser mit Streichern«)	V/36	VI/2	
WoO 32	Duo (Es) f. Va., Vc. (»Duett mit zwei obligaten Augengläsern«)	1. Satz: Lpz. 1912, Menuett: Frankfurt am Main, London, New York 1952	geschr. wahrscheinl. f. Nikolaus Zmeskall v. Domanovecz		HS VI	VI/6	
Op. 8	Serenade (D) f. Trio	1795/96	Wien 1797		VII/58	VI/6	
Op. 9	3 Trios (G, D, c)	1797/98	Wien 1798	Graf Johann Georg v. Browne	VII/55–57	VI/6	30, 96, 97
Hess 28	ein weiteres Trio f. das Menuett Op. 9 Nr. 1 (G)	1797/98	Bonn 1924		HS VI	VI/6	
Op. 18	6 Quartette (F, G, D, c, A, B)	1798–1800	Wien 1801	Fürst Franz Joseph v. Lobkowitz; frühere Fassung v. Nr. 1: HS VI, NA	VI/37–42	VI/3	33, 34, 91, 97, 99
Op. 29	Quintett (C)	1801	Lpz. 1802	Graf Moritz v. Fries	V/34	VI/2	101
Hess 34	Übtr. der Kl.-Son. Op. 14 Nr. 1 f. StrQu. (F)	1801/02	Wien 1802	Baronin Josefine v. Braun	HS VI	VI/3	

Nr.	*Titel, Tonart*	*Kompositionszeit*	*Erstveröffentlichung*	*Widmung, Anmerkungen*	*GA*	*NA*	*Register*
Op. 59	3 Quartette (F, e, C) (»Rasumowsky-Quartette«)	1805/06	Wien 1808	Graf Andreas Kyrillowitsch v. Rasumowsky	VI/43–45	VI/4	43, 109, 113, 115, 129
Op. 74	Quartett (Es) (»Harfenquartett«)	1809	Lpz., London 1810	Fürst Franz Joseph v. Lobkowitz	VI/46	VI/4	53, 113, 114, 129
Op. 95	Quartett (f) (»Quartetto serioso«)	1810	Wien 1816	Nikolaus Zmeskall v. Domanovecz	VI/47	VI/4	55, 114, 127
Op. 104	Übtr. des Kl.-Trios Op. 1 Nr. 3 f. Str.-Quintett (c)	1817	Wien, London 1819	Übtr. v. Beethoven durchgesehen, doch größtenteils das Werk fremder Hand	V/36a	VI/2	70
Hess 40	Präludium (d) f. Quintett	1817?	SMZ 95 (1955)		HS VI	VI/2	
Op. 137	Fuge (D) f. Quintett	1817	Wien 1827		V/35	VI/2	
WoO 34	Duo (A) f. 2 V.	1822	T. v. Frimmel, *Ludwig van Beethoven*, Bln. 1901	Alexandre Boucher	HS VI		
Op. 127	Quartett (Es)	1823–1825	Mainz 1826	Fürst Nikolaus [Nikolaj Borissowitsch] Galitzin	VI/48		80, 117, 120, 127
Op. 132	Quartett (a)	1825	Paris, Bln. 1827	Fürst Nikolaus Galitzin	VI/51		80, 81, 119, *126*, 127
Op. 130	Quartett (B)	1825/26	Wien 1827	Fürst Nikolaus Galitzin; ursprüngl. Finale: Op. 133; neues Finale komp. 1826	VI/49		81, 85, 107, 117, 126, 128
Op. 133	Große Fuge (B) f. Quartett	1825/26	Wien 1827	Erzherzog Rudolph v. Österreich; war ursprüngl. Finale v. Op. 130	VI/53		86, 119, 122, 128
Op. 131	Quartett (cis)	1826	Mainz 1827	Baron Joseph v. Stutterheim	VI/50		81, 85, 105, 120, 129

Op. 135	Quartett (F)	1826	Bln., Paris 1827	Johann Wolfmayer	VI/52	85, 120, 122, 129, 130
Hess 41	Quintett (C) (Fragment)	1826	Wien 1838	nur in Übtr. f. Kl. (WoO 62) erh.	HS VIII	

KAMMERMUSIK FÜR BLÄSER UND FÜR BLÄSER MIT STREICHERN

WoO 26	Duo (Allegro con brio und Menuett, G) f. 2 Fl.	1792	In: A. W. Thayer, *Ludwig van Beethovens Leben*, 2. Aufl., hrsg. v. H. Deiters, Bd. 1, Bln. 1901	J. M. Degenhardt	HS VII	
Op. 103	Oktett (Es) f. je 2 Ob., Klar., Hr., Fg.	1792/93?	Wien 1830	vermutlich vor 1793 geschrieben und 1793 überarbeitet	VIII/59	92, 93
WoO 25	Rondino (Es) f. je 2 Ob., Klar., Hr., Fg.	1793	Wien 1830	zeitweilig als Finale f. Op. 103 vorgesehen	VIII/60	
Hess 19	Quintett (Es) f. Ob., 3 Hr., Fg. (unvollendet)	1793?	Mainz 1954	enth.: 1. Satz (Fragment), langsamer Satz, Menuett (Fragment); vermutlich vor 1793 begonnen und 1793 umgearbeitet	HS VII	
Op. 87	Trio (C) f. 2 Ob, Engl. Hr.	1795	Wien 1806		VIII/63	
WoO 28	Variationen (C) f. 2 Ob. u. Engl. Horn über »Là ci darem la mano« aus Mozarts *Don Giovanni*	1795?	Lpz. 1914		HS VII	
Op. 81b	Sextett (Es) f. 2 V., Va., Vc., 2 Hr.	1795?	Bonn 1810		V/33	

Nr.	*Titel, Tonart*	*Kompositionszeit*	*Erstveröffentlichung*	*Widmung, Anmerkungen*	*GA*	*NA*	*Register*
Op. 71	Sextett (Es) f. je 2 Klar., Hr., Fg.	1796	Lpz. 1810	1. u. 2. Satz vermutlich vor 1796 geschrieben	VIII/61		
WoO 29	Marsch (B) f. je 2 Klar., Hr., Fg.	1798	GA	Kl.-Fassung: *Schweizerische musikpädagogische Blätter* 20 (1931), desgl. HS VIII; s. auch unter »Verschiedenes«; Hess 107	XXV/292		
Op. 20	Septett (Es) f. V., Va., Vc., Kb., Klar., Hr., Fg.	1799/1800	Lpz. 1802	Kaiserin Maria Theresia	V/32		34, 35, 101
Op. 25	Serenade (D) f. Fl., V., Va.	1801	Wien 1802		VIII/62		
WoO 30	3 Equale (d, D, B) f. 4 Pos.	1812	GA	Transkription f. 4 Männerstimmen von I. v. Seyfried, bei Beethovens Begräbnis aufgef., veröff. Wien 1827	XXV/293		
WoO 17	11 (sog. »Mödlinger«) Tänze f. Bläser u. Streicher: s. unter »Tänze«						

KAMMERMUSIK MIT KLAVIER

WoO 36	3 Quartette (Es, D, C) f. Kl., V., Va., Vc.	1785	Wien 1828	Autogr.: »Klavizimbel« (statt Kl.)	X/75–77	IV/1	13
WoO 37	Trio (G) f. Kl., Fl., Fg.	1786	GA	Autogr.: »Cembalo« (statt Kl.)	XXV/294	IV/3	

WoO 38	Klaviertrio (Es)	1791?	Frankfurt am Main 1830	Kompositionszeit nach einem frühen Werkverzeichnis	XI/86	IV/3	92
Hess 48	Allegretto (Es), Klaviertrio	um 1790–1792	London 1955		HS IX	IV/3	
Hess 46	Violinsonate (A) (Fragment)	um 1790–1792	HS	Echtheit neuerdings zweifelsfrei	HS IX		
WoO 40	Variationen (F) f. Kl. u. V. über »Se vuol ballare« aus Mozarts *Le nozze di Figaro*	1792/93	Wien 1793	Eleonore v. Breuning	XII/103	V/2	26, 92
WoO 41	Rondo (G) f. Kl., V.	1793/94	Bonn 1808		XII/102	V/2	
Op. 1	3 Klaviertrios (Es, G, c)	1794/95	Wien 1795	Fürst Carl v. Lichnowsky; Nr. 1 möglicherweise vor 1794 komp.	XI/79–81		24, 70, 94, 95
WoO 43a	Sonatine (c) f. Kl., Mandoline	1796	GroveD 1 (s.v. »Mandoline«)	geschrieben vermutlich f. Comtesse Josephine de Clary	XXV/295		
WoO 43b	Adagio (Es) f. Kl., Mandoline	1796	GA	geschrieben vermutlich f. Comtesse Josephine de Clary; geringfügig abweichende Fassung: *Sudetendeutsches Musikarchiv*, Jg. 1940, H. 2	XXV/296; HS IX		
WoO 44a	Sonatine (C) f. Kl., Mandoline	1796	*Der Merker* 3 (1912)	geschrieben vermutlich f. Comtesse Josephine de Clary	HS IX		
WoO 44b	Andante u. Variationen (D) f. Kl., Mandoline	1796	*Sudetendeutsches Musikarchiv*, Jg. 1940, H. 1	geschrieben vermutlich f. Comtesse Josephine de Clary	HS IX		
WoO 42	6 deutsche Tänze f. Kl., V.: s. unter »Tänze«						

Nr.	*Titel, Tonart*	*Kompositionszeit*	*Erstveröffentlichung*	*Widmung, Anmerkungen*	*GA*	*NA*	*Register*
Op. 5	2 Sonaten (F, g) f. Kl., Vc.	1796	Wien 1797	König Friedrich Wilhelm II. v. Preußen	XIII/105/6	V/3	29, 30, 97
WoO 45	Variationen (G) f. Kl. u. Vc. über ein Thema aus Händels *Judas Makkabäus*	1796	Wien 1797	Fürstin Christine v. Lichnowsky	XIII/110	V/3	29
Op. 66	12 Variationen (F) f. Kl. u. Vc. über »Ein Mädchen oder Weibchen« aus Mozarts *Die Zauberflöte*	1796	Wien 1798		XIII/111	V/3	
Op. 16	Quintett (Es) f. Kl., Ob., Klar., Hr., Fg.	1796	Wien 1801	Fürst Joseph Johann zu Schwarzenberg	X/74	IV/1	91, 97
	Übtr. von Op. 16 f. Kl.-Quartett		Wien 1801 (m. Kl.- u. Bläserfassung)	Fürst Joseph Johann zu Schwarzenberg; Echtheit bestätigt in Wegeler/Ries 1838	X/78	IV/1	
Op. 11	Trio (B) f. Kl., Klar oder V., Vc.	1797	Wien 1798	Gräfin Maria Wilhelmine v. Thun	XI/89		
Op. 12	3 Sonaten (D, A, Es) f. Kl., V.	1797/98	Wien 1799	Antonio Salieri	XII/92–94	V/1	97
Op. 17	Sonate (F) f. Kl., Hr.	1800	Wien 1801	Baronin Josefine v. Braun	XIV/112		34
Op. 23	Sonate (a) f. Kl., V.	1800	Wien 1801	Graf Moritz v. Fries	XII/95	V/1	34
Op. 24	Sonate (F) (»Frühlingssonate«) f. Kl., V.	1800/01	Wien 1801	Graf Moritz v. Fries	XII/96	V/1	34
WoO 46	Variationen (Es) f. Kl. u. Vc. über »Bei Männern, welche Liebe fühlen« aus Mozarts *Die Zauberflöte*	1801	Wien 1802	Graf Johann Georg v. Browne	XIII/111a	V/3	

Op. 30	3 Sonaten (A, c, G) f. Kl., V.	1801/02	Wien 1803	Kaiser Alexander I. v. Rußland	XII/97–99	V/2	39, 96, *98*
Op. 44	14 Variationen (Es) über ein Originalthema f. Klaviertrio		Lpz. 1804	Entwürfe schon 1792, Ausführungszeit unbestimmt	XI/88	IV/3	
Op. 47	Sonate (A) (»Kreutzersonate«) f. Kl., V.	1802/03	Bonn, London 1805	geschrieben f. George P. Bridgetower, gewidmet Rodolphe Kreutzer; Finale ursprünglich f. Op. 30 Nr. 1 vorgesehen	XII/100	V/2	37, 97, 108
Op. 38	Trio (Es) f. Kl., Klar. oder V., Vc. (Übtr. des Septetts Op. 20: s. unter »Kammermusik für Bläser und für Bläser mit Streichern«)	1803?	Wien 1805	Professor Johann Adam Schmidt	XI/91	IV/3	
Op. 121a	10 Variationen (G) f. Klaviertrio über das Lied »Ich bin der Schneider Kakadu« aus Wenzel Müllers Singspiel *Die Schwestern von Prag*	1803?, Umarb. 1816	Wien, London 1824	vermutl. 1803 zum Verlag angeboten; erh. Autograph datiert von etwa 1816/17	XI/87	IV/3	76
Op. 41	Serenade (D) f. Kl., Fl. oder V. (Übtr. der Serenade Op. 25: s. unter »Kammermusik für Bläser und für Bläser mit Streichern«)	1803	Lpz. 1803	Übtr. von Beethoven gebilligt u. durchgesehen, doch größtenteils das Werk fremder Hand	HS IX		

Nr.	*Titel, Tonart*	*Kompositionszeit*	*Erstveröffentlichung*	*Widmung, Anmerkungen*	*GA*	*NA*	*Register*
Op. 42	Notturno (D) f. Kl., Va. (Übtr. der Serenade Op. 8: s. unter »Kammermusik für Streicher«)	1803	Lpz. 1804	Übtr. von Beethoven gebilligt u. durchgesehen, doch größtenteils das Werk fremder Hand	HS IX		
Op. 69	Sonate (A) f. Kl., Vc.	1807/08	Lpz. 1809	Baron Ignaz v. Gleichenstein	XIII/107	V/3	49
Op. 70	2 Klaviertrios (D, Es)	1808	Lpz. 1809	Gräfin Marie Erdödy	XI/82/83		49
Op. 97	Klaviertrio (B) (»Erzherzog-Trio«)	1810/11	Wien, London 1816	Erzherzog Rudolph v. Österreich	XI/84		55, 64, 114, 119
Op. 96	Sonate (G) f. Kl., V.	1812, vermutlich 1815 überarbeitet	Wien, London 1816	geschrieben f. Pierre Rode, gewidmet Erzherzog Rudolph v. Österreich	XII/101	V/2	57, 114, 117
WoO 39	Allegretto (B) f. Klaviertrio	1812	Frankfurt am Main 1830	Maximiliane Brentano	XI/85	IV/3	58
Op. 102	2 Sonaten (C, D) f. Kl., Vc.	1815	Bonn 1817	Gräfin Marie Erdödy	XIII/108/109	V/3	70, 117, 121, 122
Op. 105	6 variierte Themen f. Kl., Fl. oder V.	um 1818	London, Edinburgh, Wien 1819				137
Op. 107	10 variierte Themen f. Kl., Fl. oder V.	um 1818	London, Edinburgh 1819 (Nrn. 2, 6, 7); Bonn, Köln 1820 (vollst.)				137

KLAVIERSONATEN

WoO 47	3 Sonaten (Es, f, D) (»Kurfürstensonaten«)	1783?	Speyer 1783	Erzbischof Maximilian Friedrich, Kurfürst v. Köln	XVI/156–158		14

WoO 50	Zwei Sätze einer Sonatine (F)	vor 1793	München, Duisburg 1950	Franz Gerhard Wegeler; Facs. in: L. Schmidt, *Beethoven-Briefe*, Bln. 1909	HS IX		
Op. 2/1	Sonate Nr. 1 (f)	1793–1795	Wien 1796	Joseph Haydn; 2. Satz verwendet Material aus Kl.-Qu. WoO 36 Nr. 3	XVI/124	VII/2	28, 93, 94
Op. 2/2	Sonate Nr. 2 (A)	1794/95	Wien 1796	Joseph Haydn	XVI/125	VII/2	28, 30, 94
Op. 2/3	Sonate Nr. 3 (C)	1794/95	Wien 1796	Joseph Haydn; 1. Satz verwendet Material aus Kl.-Qu. WoO 36 Nr. 3	XVI/126	VII/2	28, 94
Op. 49/1	Sonate Nr. 19 (g)	1797?	Wien 1805		XVI/142	VII/3	
Op. 49/2	Sonate Nr. 20 (G)	1795/96	Wien 1805		XVI/143	VII/3	
Op. 7	Sonate Nr. 4 (Es)	1796/97	Wien 1797	Gräfin Barbara v. Keglevics	XVI/127	VII/2	30, 96
Op. 10/1	Sonate Nr. 5 (c)	1795–1797?	Wien 1798	Gräfin Anna Margarete v. Browne	XVI/128	VII/2	30, 96
Op. 10/2	Sonate Nr. 6 (F)	1796/97	Wien 1798	Gräfin Anna Margarete v. Browne	XVI/129	VII/2	30, 96
Op 10/3	Sonate Nr. 7 (D)	1797/98	Wien 1798	Gräfin Anna Margarete v. Browne	XVI/130	VII/2	30, 96, 97
WoO 51	Sonate (C) (Fragment)	vollendet 1797/98?	Frankfurt am Main 1830	Eleonore v. Breuning; Erstausg. vervollständigt v. Ferdinand Ries	XVI/159		
Op. 13	Sonate (»pathétique«) Nr. 8 (c)	1797/98?	Wien 1799	Fürst Carl v. Lichnowsky	XVI/131	VII/2	35, 96, 98, 100, 143
Op. 14/1	Sonate Nr. 9 (E)	1798	Wien 1799	Baronin Josefine v. Braun	XVI/132	VII/2	

Nr.	*Titel, Tonart*	*Kompositionszeit*	*Erstveröffentlichung*	*Widmung, Anmerkungen*	*GA*	*NA*	*Register*
Op. 14/2	Sonate Nr. 10 (G)	1799?	Wien 1799	Baronin Josefine v. Braun	XVI/133	VII/2	
Op. 22	Sonate Nr. 11 (B)	1800	Lpz. 1802	Graf Johann Georg v. Browne	XVI/134	VII/2	34, 35
Op. 26	Sonate Nr. 12 (As)	1800/01	Wien 1802	Fürst Carl v. Lichnowsky	XVI/135	VII/2	99
Op. 27/1	Sonate (»quasi una fantasia«) Nr. 13 (Es)	1800/01	Wien 1802	Fürstin Josephine v. Liechtenstein	XVI/136	VII/3	
Op. 27/2	Sonate (»quasi una fantasia«) Nr. 14 (cis) (»Mondscheinsonate«)	1801	Wien 1802	Gräfin Giulietta Guicciardi	XVI/137	VII/3	38, 100, 143
Op. 28	Sonate Nr. 15 (D) (»Pastorale«)	1801	Wien 1802	Joseph Edler v. Sonnenfels	XVI/138	VII/3	100
Op. 31/1	Sonate Nr. 16 (G)	1802	Zürich 1803		XVI/139	VII/3	40, 101, 108
Op. 31/2	Sonate Nr. 17 (d)	1802	Zürich 1803		XVI/140	VII/3	40, 96, 100, 101
Op. 31/3	Sonate Nr. 18 (Es)	1802	Zürich, London 1804		XVI/141	VII/3	99, 100, 110
Op. 53	Sonate Nr. 21 (C) (»Waldsteinsonate«)	1803/04	Wien 1805	Graf Ferdinand v. Waldstein	XVI/144	VII/3	43, 108
Op. 54	Sonate Nr. 22 (F)	1804	Wien 1806		XVI/145	VII/3	110
Op. 57	Sonate Nr. 23 (f) (»Appassionata«)	1804/05	Wien 1807	Graf Franz v. Brunsvik	XVI/146	VII/3	43, 48, 109, 115, 119, 143
Op. 78	Sonate Nr. 24 (Fis)	1809	Lpz., London 1810	Gräfin Therese v. Brunsvik	XVI/147		53, 113
Op. 79	Sonatine Nr. 25 (G)	1809	Lpz., London 1810		XVI/148		53

Op. 81a	Sonate Nr. 26 (Es) (»Lebewohl-Sonate« nach dem Titel des Erstdrucks »Lebewohl, Abwesenheit und Wiedersehn«)	1809/10	Lpz., London 1811	Erzherzog Rudolph v. Österreich; Parallelausg. des Erstdrucks m. französischem Titel »Les adieux, l'absence et le retour«	XVI/149		53, 113
Op. 90	Sonate Nr. 27 (e)	1814	Wien 1815	Graf Moritz v. Lichnowsky	XVI/150		63, 117, 121
Op. 101	Sonate Nr.28 (A)	1816	Wien 1817	Freiin Dorothea Ertmann	XVI/151		70, 117, 121, 122, 123
Op. 106	Sonate Nr. 29 (B) (»Große Sonate für das Hammerklavier«)	1817/18	Wien, London 1819	Erzherzog Rudolph v. Österreich	XVI/152		72, 90, 107, 119, 121, 122, 123, 126
Op. 109	Sonate Nr. 30 (E)	1820	Bln. 1821	Maximiliane Brentano	XVI/153		59, 74f., 119, 121, 122, 127
Op. 110	Sonate Nr. 31 (As)	1821/22	Paris, Bln., Wien 1822; London 1823		XVI/154		75, 120, 122, 123
Op. 111	Sonate Nr. 32 (c)	1821/22	Paris, Bln., Wien, London 1823	Erzherzog Rudolph v. Österreich; Londoner Ausg. Antonie Brentano gewidmet	XVI/155		75, 77, 96, 119, 120, 123, 130
			VARIATIONEN FÜR KLAVIER				
WoO 63	9 Variationen (c) über einen Marsch von Dressler	1782	Mannheim 1782/83	Gräfin Felice v. Wolf-Metternich	XVII/166	VII/5	13
WoO 65	24 Variationen (D) über die Ariette »Venni Amore« von Righini	1790/91	Mannheim 1791 (verschollen); Wien 1802	Gräfin Maria Anna Hortensia v. Hatzfeld	XVII/178	VII/5	16, 92, 118
WoO 66	13 Variationen (A) über die Ariette »Es war einmal ein alter Mann« aus Dittersdorfs *Das rote Käppchen*	1792	Bonn 1793		XVII/175	VII/5	92

Nr.	*Titel, Tonart*	*Kompositionszeit*	*Erstveröffentlichung*	*Widmung, Anmerkungen*	*GA*	*NA*	*Register*
WoO 64	6 leichte Variationen (F) f. Kl. oder Hf. über ein Schweizer Lied	vor 1793	Bonn um 1798		XVII/177	VII/5	
WoO 68	12 Variationen (C) über das Menuett »à la Viganò« aus Haibels *Le nozze disturbate*	1795	Wien 1796		XVII/169	VII/5	
WoO 69	9 Variationen (A) über die Arie »Quant' è più bello« aus Paisiellos *La molinara*	1795	Wien 1795	Fürst Carl v. Lichnowsky	XVII/167	VII/5	
WoO 70	6 Variationen (G) über das Duett »Nel cor più non mi sento« aus Paisiellos *La molinara*	1795	Wien 1796		XVII/168	VII/5	
WoO 72	8 (C) über die Romanze »Une fièvre brûlante« aus Grétrys *Richard Cœur de Lion*	1795?	Wien 1798		XVII/171	VII/5	
WoO 71	12 (A) über den russischen Tanz aus dem Ballett *Das Waldmädchen* von Wranitzky	1796/97	Wien 1797	Gräfin Anna Margarete v. Browne	XVII/170	VII/5	
WoO 73	10 (B) über das Duett »La stessa, la stessissima« aus Salieris *Falstaff*	1799	Wien 1799	Gräfin Barbara v. Keglevics	XVII/172	VII/5	
WoO 76	6 (F) über das Terzett »Tändeln und scherzen« aus Süßmayrs *Soliman II.*	1799	Wien 1799	Gräfin Anna Margarete v. Browne	XVII/174	VII/5	

WoO 75	7 (F) über das Quartett »Kind, willst du ruhig schlafen« aus Winters *Das unterbrochene Opferfest*	1799	Wien 1799		XVII/173	VII/5	
WoO 77	6 (G) über ein Originalthema	1800	Wien 1800		XVII/176	VII/5	94
Op. 34	6 (F) über ein Originalthema	1802	Lpz. 1803	Fürstin Barbara Odescalchi (geb. Gräfin v. Keglevics)	XVII/162	VII/5	100
Op. 35	15 (Es) über ein Originalthema und Fuge (»Eroica-Variationen«)	1802	Lpz. 1803	Graf Moritz v. Lichnowsky; das Thema verwendete Beethoven auch in Nr. 7 der *12* Contretänze f. Orch. WoO 14, im Finale der Ballettmusik *Die Geschöpfe des Prometheus* Op. 43 u. im Schlußsatz der *Eroica* Op. 55	XVII/163	VII/5	35, 100
WoO 78	7 (C) über »God Save the King«	1802/03	Wien 1804		XVII/179	VII/5	
WoO 79	5 (D) über »Rule Britannia«	1803	Wien 1804		XVII/180	VII/5	
WoO 80	32 (c) über ein Originalthema	1806	Wien 1807		XVII/181	VII/5	96, 119
Op. 76	6 (D) über ein Originalthema	1809	Lpz., London 1810	Franz Oliva; das Thema verwendete Beethoven auch f. den »Türkischen Marsch« der Musik zu *Die Ruinen von Athen* Op. 113	XVII/164	VII/5	
Op. 120	33 (C) über einen Walzer von Diabelli	1819, 1822/23	Wien 1823	Antonie Brentano	XVII/165	VII/5	59, 74, 75 f., 77, 119, 121, 123

KURZE KLAVIERSTÜCKE

Nr.	*Titel, Tonart*	*Kompositionszeit*	*Erstveröffentlichung*	*Widmung, Anmerkungen*	*GA*	*NA*	*Register*
WoO 48	Rondo (C)	1783	H. P. Bossler, *Blumenlese für Klavierliebhaber*, Speyer 1783		HS IX		
WoO 49	Rondo (A)	1783?	H. P. Bossler, *Neue Blumenlese für Klavierliebhaber*, Speyer 1784		XVIII/196		
Op. 39	2 Präludien durch alle Dur-Tonarten f. Kl. oder Org.	1789?	Lpz. 1803		XVII/184		
WoO 81	Allemande (A)	1793	GA		XXV/307		
Op. 129	Rondo a capriccio (G) (»Die Wut über den verlornen Groschen«)	1795	Wien 1828	Autogr. v. unbekannter Hand vervollständigt	XVIII/191		94f.
Hess 64	Fuge (C)	1795	MT 96 (1955)		HS IX		
WoO 52	Presto (c)	1795?	GA	ursprünglich wohl f. die Sonate Op. 10 Nr. 1 vorgesehen	XXV/297/1		
WoO 53	Allegretto (c)	1796/97	GA	ursprünglich wohl f. die Sonate Op 10 Nr. 1 vorgesehen	XXV/299		
Hess 69	Allegretto (c)	1796/97	HS	ursprünglich wohl f. die Sonate Op. 10 Nr. 1 vorgesehen	HS IX		
Op. 51/1	Rondo (C)	1796/97?	Wien 1797		XVIII/185		
Op. 51/2	Rondo (G)	1798?	Wien 1802	Gräfin Henriette v. Lichnowsky	XVIII/186		

Op. 33	7 Bagatellen (Es, C, F, A, C, D, As)	1801/02	Wien, London 1803		XVIII/183	39, 79
WoO 54	Bagatelle? (C) »Lustig-traurig«	1802?	GA		XXV/300	
WoO 57	Andante (F) (»Andante favori«)	1803	Wien 1805	ursprünglich langsamer Satz der Sonate Op. 53	XVIII/192	
WoO 56	Allegretto (C)	1803	GA		XXV/297/2	
WoO 55	Präludium (f)	vor 1805	Wien 1805		XVIII/195	
WoO 82	Menuett (Es)	vor 1805	Wien 1805		XVIII/193	
Op. 77	Fantasie (g / H)	1809	Lpz., London 1810	Graf Franz v. Brunsvik	XVIII/187	53, 95
WoO 59	Bagatelle »Für Elise«	1808, 1810	L. Nohl, *Neue Briefe Beethovens*, Stuttgart 1867	verschollenes Autogr. trug möglicherweise die Aufschrift »Für Therese« (d.i. Therese Malfatti)	XXV/298	
Op. 89	Polonaise (C)	1814	Wien 1815	Kaiserin Elisabeth Alexejewna v. Rußland	XVIII/188	64
WoO 60	Bagatelle (B)	1816	*Berliner allgemeine musikalische Zeitung* Jg. 1, Nr. 49 (8. Dez. 1824)	Marie Szymanowska?	XXV/301	
Hess 65	»Konzertfinale« (C)	1820/21	*Wiener Piano-Forte-Schule*, hrg. v. F. Starke, 3. Abtlg., Wien 1821	Übtr. der Coda zum Finale des Kl.-Konz. Op. 37	HS IX	
WoO 61	Allegretto (h)	1821	ed. T. Frimmel in Robitscheks *Deutsche Kunst- und Musikzeitung*, 15.März 1893	Ferdinand Firinger	HS IX	

Nr.	*Titel, Tonart*	*Kompositionszeit*	*Erstveröffentlichung*	*Widmung, Anmerkungen*	*GA*	*NA*	*Register*
Op. 119	11 Bagatellen (g, C, D, A, c, G, C, C, a, A, B)	ausgearb. 1820–1822	Nrn. 7–11: *Wiener Piano-Forte-Schule*, hrsg. v. F. Starke, 3. Abtlg., Wien 1821; vollzählig: London 1823	Nrn. 2. u. 4 1794/95 entworfen, Rest ebenfalls vor 1820 entworfen	XVIII/189		75, 79, 120
Op. 126	6 Bagatellen (G, g, Es, h, G, Es)	1824	Mainz 1825		XVIII/190		79
WoO 84	Walzer (Es)	1824	Wien 1824	Friedrich Demmer (Widmung des Verlegers)	XXV/303		
WoO 61a	Allegretto quasi andante (g)	1825	NZM 107 (1956)	Sarah Burney Payne	HS IX		
WoO 85	Walzer (D)	1825	Wien 1825	Herzogin Sophie v. Österreich (Widmung des Verlegers)	XXV/304		
WoO 86	Ecossaise (Es)	1825	Wien 1825	Herzogin Sophie v. Österreich (Widmung des Verlegers)	XXV/305		

KLAVIERSTÜCKE ZU VIER HÄNDEN

WoO 67	8 Variationen (C) über ein Thema des Grafen Waldstein	1792?	Bonn 1794		XV/122	VII/1	92
Op. 6	Sonate (D)	1796/97	Wien 1797		XV/120	VII/1	

WoO 74	6 Variationen (D) über Goethes Lied »Ich denke dein«	1799, 1803	Wien 1805	Gräfinnen Therese v. Brunswik u. Josephine Deym geb. Brunsvik; Nrn. 1, 2, 5, 6 geschrieben 1799, Nrn. 3, 4 1803; Themamelodie nicht diesselbe wie *Andenken* WoO 136 (»Ich denke dein« von Matthisson)	XV/123	VII/1	33
Op. 45	3 Märsche (C, Es, D)	1803?	Wien 1804	Fürstin Maria Esterházy	XV/121	VII/1	
Op. 134	Übtr. der *Großen Fuge* Op. 133 (s. unter »Kammermusik für Streicher«)	1826	Wien 1827	Erzherzog Rudolph v. Österreich	HS VIII	VII/1	

TÄNZE

(Originalbesetzung mitunter zweifelhaft, da die Fassungen f. Klavier- bzw. Streichtrio Transkriptionen sein können)

Nr.	*Titel, Originalbesetzung*	*Kompositionszeit*	*Erstveröffentlichung*	*Anmerkungen*	*GA*	*NA*	*Register*
WoO 7	12 Menuette f. Orch.	1795	f. Kl.: Wien 1795; Stb.: Wien 1798?; f. 2 V., B.: Wien 1802; Part.: GA	Ausg. der Stb. als Mss. gehandelt	II/16 (Orch.); HS VIII (Kl.)	II/3	
WoO 8	12 deutsche Tänze f. Orch.	1795	wie WoO 7	Ausg. der Stb. als Mss. gehandelt	II/7 (Orch.); HS VIII Kl.)	II/3	
WoO 9	6 Menuette f. 2 V., B.		Mainz 1933		HS VI	II/3	
WoO 10	6 Menuette	1795?	f. Kl.: Wien 1796		XVIII/194 (Kl.)		

Nr.	*Titel, Originalbesetzung*	*Kompositionszeit*	*Erstveröffentlichung*	*Anmerkungen*	*GA*	*NA*	*Register*
WoO 42	6 deutsche Tänze f. V., Kl.	1796	Wien 1814		XXV/308		
WoO 11	7 Ländler	1798?	f. Kl.: Wien 1799		XVIII/198		
WoO 13	12 deutsche Tänze f. Orch.		f. Kl.: Wien, Prag, Lpz. 1929	nur in Kl.-Fassung erh.; einige Tänze bereits vor 1800 entworfen	HS VIII (Kl.)		
WoO 14	12 Contretänze f. Orch.	ausgearb. 1802	f. Kl., f. 2 V., B. u. Stb.: sämtlich Wien 1802; Part.: GA	Nrn. 3, 4, 6 geschrieben 1795, Nrn. 2, 7, 9, 10 1801/02; Erstausg. f. Kl. enth. nur 6 Tänze	II/17a (Orch.); HS VIII (Kl., ohne Nrn. 3, 6, 11)	II/3	
WoO 15	6 Ländler f. 2 V., B.	1801/02	Stb. u. f. Kl.: Wien 1802; Part.: GA		XXV/291	II/3	
WoO 83	6 Ecossaisen f. Kl. (oder Orch.?)		f. Kl.: GA	möglicherweise eine Hälfte v. WoO 16: vgl. unter »Zweifelhaftes«	XXV/302 (Kl.)		
WoO 17	11 Tänze (»Mödlinger Tänze«) f. 2 Fl., 2 Klar., 2 Hr., Fg., 2 V., B.	1819	Lpz. 1907	Zuschreibung möglicherweise falsch	HS VII		

Nr.	*Titel, Gattung, Libretto*	*Kompositionszeit, Uraufführung*	*Erstveröffentlichung*	*Anmerkungen*	*GA*	*NA*	*Register*
WoO 91	2 Arien zu Umlaufs Singspiel *Die schöne Schusterin*: » O welch ein Leben!« (T.-Solo) u. »Soll ein Schuh nicht drücken« (Sopr.-Solo)	1795/96?	Part.: GA	Die T.-Arie ist eine Umgestaltung des *Maigesangs* Op. 54 Nr. 4 (vgl. unter »Lieder«)	XXV/270		
Hess 115	*Vestas Feuer* (Fragment), Oper, Libretto E. Schikaneder	1803	Part.: Wiesbaden 1953		HS XIII		41, 43
Op. 72	*Fidelio oder Die eheliche Liebe (Leonore)*, Oper, Libretto J. Sonnleithner nach *Léonore ou L'amour conjugal* v. J. N. Bouilly (zur *Leonore*-Ouv. I vgl. unter »Für volles Orchester«	1. Fassung (m. *Leonore*-Ouv. II) 1804/05; Wien, Theater an der Wien, 20. Nov. 1805 2. Fassung (m. *Leonore*-Ouv. III) 1805/06; ebd., 29. März 1806 endgültige Fassung (m. *Fidelio*-Ouv.) 1814; Wien, Kärntnerthor-Theater, 23. Mai 1814	Vok.-Part.: Lpz. 1905, Part.: HS Vok.-Part.: Lpz. 1810, Part.: HS Vok.-Part.: Wien 1814, Part.: Paris 1826 (frz.), Bonn 1847 (dt.)	Privatdruck Part.: Lpz. 1908–1910; vgl. auch Tabelle I 3 Nrn. in Separatdruck: Wien 1807	HS II u. XI bis XIII HS XI bis XIII XX/206		46f., 47, 102, 105, 111 110f. 62
WoO 94	»Germania«, Schlußgesang aus *Die gute Nachricht*, Singspiel v. G. F. Treitschke (Solo-B., Chor)	1814; Wien, Kärntnerthortheater, 11. April 1814	Vok.-Part.: Wien 1814, Part.: GA	*Die gute Nachricht* ist ein Pasticcio	XX/207d		

Nr.	*Titel, Gattung, Libretto*	*Kompositionszeit, Uraufführung*	*Erstveröffentlichung*	*Anmerkungen*	*GA*	*NA*	*Register*
WoO 97	«Es ist vollbracht«, Schlußgesang aus *Die Ehrenpforten*, Singspiel v. G. F. Treitschke (Solo-B., Chor, Orch.)	1815; ebd., 15. Juli 1815	Vok.-Part.: Wien 1815, Part.: GA	*Die Ehrenpforten* ist ein Pasticcio	XX/207c		

BÜHNENMUSIKEN

Nr.	*Titel, Text*	*Kompositionszeit, Erstaufführung*	*Erstveröffentlichung, Widmung, Anmerkungen*	*GA*	*NA*	*Register*
Op. 62	Ouvertüre zu *Coriolan* v. Collin: s. unter »Für volles Orchester«					
Op. 84	*Egmont* (Goethe): Ouv., 1) »Die Trommel gerühret« (Lied), 2/3) Zwischenakt I/II, 4) »Freudvoll und leidvoll« (Lied), 5/6) Zwischenakt III/IV, 7) Musik, Clärchens Tod bezeichnend, 8) Melodram, 9) Siegessymphonie	1809/10; 15. Juni 1819	Stb.: Lpz. 1810 (Ouv.), Lpz. 1812 (Rest); Vok.-Part.: Lpz. 1812 (ohne Ouv.); Part.: Lpz. 1831	II/12, III/27; HS V (Nr.4)		54, 113

Op. 113	*Die Ruinen von Athen* (A. v. Kotzebue): Ouv., 1) »Tochter des mächtigen Zeus« (Chor), 2) »Ohne Verschulden« (Duett), 3) »Du hast in deines Ärmels Falten« (Derwischchor), 4) Türkischer Marsch, 5) Zwischenmusik 6) »Schmückt die Altäre« (Marsch u. Chor), 7) »Mit reger Freude« (Rezitativ u. Arie), 8) »Heil unserm König, heil!« (Chor)	1811; 10. Febr. 1812	Nr. 4 f. Kl. zu 4 Händen: Wien 1822/23; Part.: Wien 1823 (nur Ouv.), Wien 1846 (vollst., »dem Könige Friedrich Wilhelm IV. von Preußen […] zugeeignet von den Verlegern«)	XX/207, III/28	55
Op. 117	*König Stephan* (A. v. Kotzebue): Ouv., 1) »Ruhend von seinen Taten« (Chor), 2) »Auf dunklem Irrweg« (Chor), 3) Siegesmarsch, 4) »Wo die Unschuld Blumen streute« (Chor), 5) Melodram, 6) »Eine neue strahlende Sonne« (Chor), 7) Melodram, 8) »Heil unserm Könige!« (geistlicher Marsch, Chor u. Melodram), 9) »Heil unsern Enkeln!« (Chor)	1811; 10. Febr. 1812	Ouv. u. Nr. 3 f. Kl. zu 4 Händen: Wien 1822/23; Part.: Wien 1826 (nur Ouv.), GA (vollst.); vgl. WoO 98	XX/207b, III/23	55
WoO 2a	Triumphmarsch (C) für *Tarpeja* (C. Kuffner)	1813; 26. März 1813	f. Kl.: Wien 1813; Stb.: Wien 1840; Part.: GA	II/14	
WoO 2b	Einleitung zum 2. Akt (für *Tarpeja*?) (C. Kuffner)	1813; 26. März 1813	Stb.: Mainz 1938; direkter Beweis f. den Zusammenhang m. *Tarpeja* nicht vorh.	HS IV	
WoO 96	*Leonore Prohaska* (F. Duncker): 1) »Wir bauen und sterben« (Chor), 2) »Es blüht eine Blume« (Romanze), 3) Melodram, 4) Trauermarsch	1815	Part.: GA; Nr. 4 ist eine v. Beethoven selbst vorgenommene Orch.-Bearb. des Trauermarschs aus der As-dur-Kl.-Sonate Op. 26, hier nach h-moll transponiert	XXV/272	

Nr.	*Titel, Text*	*Kompositionszeit, Erstaufführung*	*Erstveröffentlichung, Widmung, Anmerkungen*	*GA*	*NA*	*Register*
WoO 124	Ouvertüre (C) zu *Die Weihe des Hauses* (C.Meisl)	1822; Wien, Josephstädter Theater, 3. Okt. 1822	Part.: Mainz 1825; Fürst Nikolaus [Nikolaj Borissowitsch] Galitzin gewidmet	III/24		75, 77, 78, 81, 120
WoO 98	»Wo sich die Pulse« (Chor f. *Die Weihe des Hauses*)	wie WoO 124	Part.: GA; *Die Weihe des Hauses* ist eine Umarbeitung v. Kotzebues *Die Ruinen von Athen* unter Verwendung neuer bzw. abgeänderter Texte f. Op. 113 Nrn. 1 (veröff. in HS XIII), 6 (veröff. als Op. 114: Wien 1826), 7 u. 8.	XXV/266		75

BALLETTE

Nr.	*Titel, Choreograph*	*Kompositionszeit, Erstaufführung*	*Erstveröffentlichung, Widmung, Anmerkungen*	*GA*	*NA*	*Register*
WoO 1	Ritterballett (Graf Waldstein [unter Mitarb. v. Habich?]): 1) Marsch, 2) Deutsches Lied, 3) Jagdlied, 4) Liebeslied (»Romanze«), 5) Kriegslied, 6) Trinklied, 7) Deutscher Tanz, 8) Coda	1790/91; Bonn, 6. März 1791	f. Kl.: Lpz., Winterthur 1872; Part.: GA	XXV/286 HS VIII (Kl.)	II/2	16
Op. 43	*Die Geschöpfe des Prometheus* (S. Viganò): Ouv., Introduktion u. 16 Musiknrn.	1800/01; Wien, Burgtheater, 28. März 1801	f. Kl.: Wien 1801; Stb.: Lpz. 1804 (nur Ouv.); Part.: GA; Fürstin Maria Christine v. Lichnowsky gewidmet	II/11; HS VIII (Kl.)	II/2	34, 100, 101, 105

CHORWERKE MIT ORCHESTERBEGLEITUNG

Nr.	*Titel, Besetzung*	*Kompositionszeit*	*Erstveröffentlichung*	*Widmung, Anmerkungen*	*GA*	*NA*	*Register*
WoO 87	Kantate auf den Tod Kaiser Josephs II. (S. A. Averdonk) f. Solo-Sopr., -A., -T., -B., 4st. Chor, Orch.	1790	GA		XXV/264		16, 19
WoO 88	Kantate auf die Erhebung Leopolds II. zur Kaiserwürde	1790	GA		XXV/265		16, 19
Op. 85	Oratorium *Christus am Ölberge* (F. X. Huber) f. Solo-Sopr., -T., -B., 4st. Chor, Orch.	1803, übarb. 1803	Lpz. 1811		XIX/205		41, 102, 110
Op. 86	Messe (C) f. Solo-Sopr., -A., -T., -B., 4st. Chor	1807	Lpz. 1812	Fürst Ferdinand Kinsky	XIX/204		49, 50, 110
Op. 80	Fantasie (c) f. Kl., Chor, Orch.: s. unter »Für Orchester mit konzertierenden Instrumenten«						
WoO 95	Chor auf die verbündeten Fürsten »Ihr weisen Gründer glücklicher Staaten« (C. Bernard) f. 4st. Chor, Orch.	1814	GA	zur Verherrlichung des Wiener Kongresses	XXV/267		63, 90
Op. 136	Kantate *Der glorreiche Augenblick* (A. Weissenbach) f. 2 Solo-Sopr., -T., -B., 4st. Chor, Orch.	1814	Wien 1837	zur Verherrlichung des Wiener Kongresses; mit neuem Text v. F. Rochlitz unter dem Titel *Preis der Tonkunst*: Wien 1837	XXI/208		63, 90

Nr.	*Titel, Besetzung*	*Kompositionszeit*	*Erstveröffentlichung*	*Widmung, Anmerkungen*	*GA*	*NA*	*Register*
Op. 112	Kantaten? *Meeresstille* und *Glückliche Fahrt* (Goethe) f. 4st. Chor, Orch.	1814/15	Wien 1822	Johann Wolfgang v. Goethe	XXI/209		
Op. 123	Messe (D) (»Missa solemnis«) f. Solo-Sopr., -A., -T., -B., 4st. Chor, Orch., Org.	1819–1823	Mainz 1827	Erzherzog Rudolph v. Österreich; urspr. f. die Feier der Erhebung Rudolphs zum Erzbischof v. Olmütz (9. März 1820) bestimmt	XXI/203		74, 123 f., 130, 135
–	*Opferlied* (»Die Flamme lodert«, F. Matthisson) f. Solo-Sopr., -A., -T., 4st. Chor, 2 Klar., Hr., Va., Vc.	1822	GA		XXV/268		
Op. 121b	*Opferlied*, 2. Fassung, f. Solo-Sopr., 4st. Chor, Orch.	1823/24	Mainz 1825	Fassung m. Kl.-Begl.: HS V; vgl. auch unter »Lieder« WoO 126	XXII/212		79
Op. 122	*Bundeslied* (»In allen guten Stunden«, Goethe) f. Solo-Sopr., -A., 3st. Chor, je 2 Klar., Hr., Fg.	1323/24	Mainz 1825	Fassung m. Kl.-Begl.: HS V	XXII/213		

ANDERE CHORWERKE

Nr.	*Titel, Besetzung*	*Kompositionszeit*	*Erstveröffentlichung, Widmung, Anmerkungen*	*GA*	*NA*	*Register*
WoO 102	*Abschiedsgesang* (»Die Stunde schlägt«, J. v. Seyfried) f. 2 Solo-T., -B.	1814	GA; Leopold Weiß; Auftrag v. Mathias Tuscher	XXV/273		

WoO 103	Kantate (»Cantata campestre«) »Un lieto brindisi« (Clemente Bondi) f. Solo-Sopr., 2 -T., -B., Kl.	1814	*Jb. der literarischen Vereinigung Winterthur* Jg. 1945; Giovanni Malfatti (Auftrag v. Andreas Bertolini?)	HS V	
WoO 104	*Gesang der Mönche* (»Rasch tritt der Tod den Menschen an«) aus *Wilhelm Tell* (Schiller) f. 2 Solo-T., -B.	1817	NZM 6 (1839); für das Stammbuch v. Franz Sales Kandler u. *in memoriam* Wenzel Krumpholz	XXIII/255	
WoO 105	*Hochzeitslied* (»Auf, Freunde, singt dem Gott der Ehen!«, A. J. v. Stein), 2 Fassungen:1. (C-dur) f. Solo-T., 1st. MCh., Kl.2. (A-dur) f. männl. Solost., 4st. Chor, Kl.	18191819?	Jb. *Der Bär* Jg. 1927; Anna Giannatasio del Rio	HS V	
WoO 106	Geburtstagskantate für Fürst Lobkowitz (»Lobkowitz-Kantate«: »Es lebe unser theurer Fürst«, Text v. Carl Peters)	1823	*Neue Briefe Beethovens*, hrsg. v. L. Nohl, Stuttgart 1867	XXV/274	

FÜR SOLOSTIMMEN MIT ORCHESTER

WoO 89	*Prüfung des Küssens* (»Meine weise Mutter spricht«, Textdichter unbekannt), Baß-Arie	um 1790–1792	GA	XXV/269/1	92f.
WoO 90	»Mit Mädeln sich vertragen« aus *Claudine von Villa Bella* (Goethe), Baß-Arie	um 1790–1792	GA	XXV/269/	93
WoO 92	»Primo amore«, Szene und Arie f. Sopr.	um 1790–1792	GA	XXV/271	*17*, 93
WoO 91	2 Arien zu *Die schöne Schusterin*: s. unter »Opern und Singspiele«				

Nr.	Titel, Besetzung	Kompositionszeit	Erstveröffentlichung, Widmung, Anmerkungen	GA	NA	Register
Op. 65	»Ah perfido!«, Szene u. Arie, Rezitativ f. Sopr. aus *Achille in Sciro* (Metastasio)	1795/96	Stb., Vok.-Part.: Lpz. 1805; Part.: GA; Comtesse Josephine de Clary (Widmung auf Autograph, im Erstdruck nicht angezeigt)	XXII/210		50, 97
WoO 92a	»No, non turbati«, Szene u. Arie f. Sopr. aus *La tempesta* (Metastasio)	1801/02	Wiesbaden 1949	HS II		
WoO 93	»Ne' giorni tuoi felici«, Duett f. Sopr. u. T. aus *Olimpiade* (Metastasio)	1802/03	Lpz. 1939	HS II, XIV		23
Op. 116	»Tremate, empi, tremate« (Bettoni), Terzett f. Sopr., T., B.	1801/02, 1814	Stb., Vok.-Part.: Wien 1826; Part.: GA	XXII/211		23
Op. 118	*Elegischer Gesang* (»Sanft wie du lebtest«, Textdichter unbekannt) f. Sopr., A., T., B., StrQu. oder Kl.	1814	Wien 1826 (mit Kl.-Begl., separate Stimmen f. StrQu.); Johann Freiherrn v. Pasqualati, anläßl. des Todestags seiner Gattin	XXII/214		

LIEDER

Nr.	Titel, Textdichter	Liedanfang	Kompositionszeit	Erstveröffentlichung, Widmung, Anmerkungen	GA	NA	Register
WoO 107	*Schilderung eines Mädchens*	Schildern, willst du Freund, soll ich dir Elisen?	1783?	H. P. Bossler, *Blumenlese für Klavierliebhaber*, Speyer 1783	XXIII/228	XII/1	

WoO 108	*An einen Säugling* (J. v. Döhring?)	Noch weißt du nicht wes Kind du bist	1784	H. P. Bossler, *Neue Blumenlese für Klavierliebhaber*, Speyer 1784	XXIII/229	XII/1
WoO 113	*Klage* (Hölty)	Dein Silber schien durch Eichengrün	1790?	GA	XXV/283	XII/1
WoO 109	*Trinklied*	Erhebt das Glas	1790?	GA	XXV/282	XII/1
WoO 111	*Punschlied* m. 1st. Chor	Wer nicht, wenn warm von Hand zu Hand	um 1790–1792	L. Schiedermair, *Der junge Beethoven*, Lpz. 1925	HS V	XII/1
Hess 151	*Traute Henriette*		um 1790–1792	Österreichische Musikzeitschrift 4 (1949)	HS V	
WoO 112	*An Laura* (F. Matthisson)	Freud' umblühe dich auf allen Wegen	1792?	G. Kinsky, *Musikhistorisches Museum von Wilhelm Heyer in Cöln. Katalog*, Köln 1914; Kl.-Übtr. (Bagatelle Op. 119 Nr. 12): Wien 1826?	HS V	XII/1
WoO 114	*Selbstgespräch* (J. W. L. Gleim)	Ich, der mit flatterndem Sinn	1792?	GA	XXV/275	XII/1
WoO 115	*An Minna*	Nur bei dir, an deinem Herzen	1792?	GA	XXV/280	
WoO 110	*Elegie auf den Tod eines Pudels*	Stirb immerhin, es welken ja so viele der Freuden	vor 1793?	GA?; möglicherweise bereits vor 1830 veröff.	XXV/284	XII/1
WoO 116	*Que le temps me dure* (J.-J. Rousseau)					
Hess 129	1. Fassung		1793	Mk 1 (1901/02)	HS V	
Hess 130	2. Fassung		1793	ZfM 102 (1935)	HS V	
WoO 117	*Der freie Mann* (J. G. Pfeffel) m. 1st. Chor	Wer ist ein freier Mann?	1792, übarb. 1794	Bonn 1308	XXIII/232; HS V	XII/1

Nr.	*Titel, Textdichter*	*Liedanfang*	*Kompositionszeit*	*Erstveröffentlichung, Widmung, Anmerkungen*	*GA*	*NA*	*Register*
WoO 119	*O care selve* (Metastasio) m. 1st. Chor		1794	GA	XXV/279	XII/1	
WoO 126	*Opferlied* (F. Matthisson)	Die Flamme lodert	1794, übarb. 1801/02	Bonn 1808; vgl. unter »Chorwerke mit Orchesterbegleitung«	XXIII/233; HS V	XII/1	
WoO 118	Zwei Lieder (G. A. Bürger): 1) *Seufzer eines Ungeliebten*, 2) *Gegenliebe*	1) Hast du nicht Liebe zugemessen, 2) Wüßt ich, daß du mich lieb	1794/95	Wien 1837	XXIII/253	XII/1	
Op. 46	*Adelaide* (F. Matthisson)	Einsam wandelt dein Freund im Frühlingsgarten	1794/95	Wien 1797; Friedrich v. Matthisson	XXIII/216	XII/1	30, 37
WoO 123	*Zärtliche Liebe* (K. F. Herrosee)	Ich liebe dich	1795?	Wien 1803	XXIII/249	XII/1	
WoO 124	*La partenza* (Metastasio)	Ecco quel fiero istante!	1795/96?	Wien 1803	XXIII/251	XII/1	
WoO 121	Abschiedsgesang an Wiens Bürger (Friedelberg)	Keine Klage soll erschallen	1796	Wien 1796; Obristwachtmeister v. Kövesdy	XXIII/230	XII/1	
WoO 122	*Kriegslied der Österreicher* (Friedelberg) m. 1st. Chor	Ein großes deutsches Volk sind wir	1797	Wien 1797	XXIII/231	XII/1	
WoO 127	*Neue Liebe, neues Leben* (Goethe)	Herz, mein Herz, was soll das geben?	1798/99	Bonn 1808; ders. Text auch als Op. 75 Nr. 2 vertont	HS V	XII/1	
WoO 125	*La tiranna* (Textdichter unbekannt, übs. v. W. Wennington)	Ah, grief to think	1798/99	London 1799; Mrs. Tschoffen gewidmet (v. Übs.)	HS V	XII/1	32
WoO 128	*Plaisir d'aimer*		1798/99	Mk 1 (1901/02)	HS V	XII/1	

WoO 74	*Ich denke dein*: s. unter »Klavierstücke zu vier Händen«						
WoO 120	*Man strebt die Flamme zu verhehlen*		um 1800/02	GA; Autograph: »pour Madame weissenthurn«	XXV/278	XII/1	
Op. 48	6 Lieder (C. F. Gellert)		vor März 1802	Wien 1803; Graf Johann Georg v. Browne; Nr. 3 1798 entworfen	XXIII/217; HS V (Nr. 6)	XII/1	38
	1) *Bitten*	Gott, deine Güte reicht so weit					
	2) *Die Liebe des Nächsten*	So jemand spricht: ich liebe Gott					
	3) *Vom Tode*	Meine Lebenszeit verstreicht					
	4) *Die Ehre Gottes aus der Natur*	Die Himmel rühmen					
	5) *Gottes Macht und Vorsehung*	Gott ist mein Lied					
	6) *Bußlied*	An dir allein, an dir hab' ich gesündigt					
WoO 129	*Der Wachtelschlag* (S. F. Sauter)	Ach, mir schallt's dorten	1803	Wien 1804	XXIII/234	XII/1	142
Op. 88	*Das Glück der Freundschaft*	Der lebt ein Leben wonniglich	1803	Wien 1803	XIII/222	XII/1	
Op. 52	8 Lieder			Wien 1805	XXIII/218; HS V (Nr. 2)	XII/1	91
	1) *Urians Reise um die Welt* (M. Claudius) m. 1st. Chor	Wenn jemand eine Reise tut	vor 1793				
	2) *Feuerfarb* (S. Mereau)	Ich weiß eine Farbe	1792, übarb. 1793/94				
	3) *Das Liedchen von der Ruhe* (H. W. F. Ueltzen)	Im Arm der Liebe	1793				
	4) *Maigesang* (Goethe)	Wie herrlich leuchtet mir die Natur	vor 1796?				
	5) *Mollys Abschied* (Bürger)	Lebe wohl, du Mann der Lust und Schmerzen	vor 1793				

Nr.	*Titel, Textdichter*	*Liedanfang*	*Kompositionszeit*	*Erstveröffentlichung, Widmung, Anmerkungen*	*GA*	*NA*	*Register*
	6) *Die Liebe* (G. E. Lessing)	Ohne Liebe lebe, wer da kann	um 1790–92?	Das Thema auch in Op. 91 Nr. 2 verwendet (vgl. unter »Opern und Singspiele«)			
	7) *Marmotte* (Goethe)	Ich komme schon durch manche Land					
	8) *Das Blümchen Wunderhold* (Bürger)	Es blüht ein Blümchen irgendwo					
Op. 32	*An die Hoffnung* (C. A. Tiedge)	Die du so gern in heilgen Nächten feierst	1805	Wien 1805; vgl. Op. 94	XXIII/215	XII/1	
WoO 132	*Als die Geliebte sich trennen wollte* (auch *Empfindungen bei Lydiens Untreue*) (Hoffmann?, aus dem Frz. frei übs. v. S. v. Breuning)	Der Hoffnung letzter Schimmer	1806	AMZ 12 (1809/10)	XXIII/235	XII/1	
WoO 133	*In questa tomba oscura* (G. Carpani)	–	1807	Wien 1808 (Sammelwerk, vom Verleger im ganzen dem Fürsten Lobkowitz gewidmet)	XXIII/252	XII/1	
WoO 134	*Sehnsucht* (Goethe), 4 Vertonungen	Nur wer die Sehnsucht kennt	1807/08	Wien 1810; Erstdruck v. Nr. 1 in *Prometheus* 3 (1808)	XXIII/250	XII/1	
WoO 136	*Andenken* (Matthisson)	Ich denke dein	1809	Lpz., London 1810	XXIII/248	XII/1	
WoO 137	*Lied aus der Ferne* (C. L. Reißig)	Als mir noch die Thräne	1809	Lpz., London 1810; Text ursprünglich der Komp. WoO 138 unterlegt, veröff. in HS V	XXIII/237	XII/1	
WoO 138	*Der Jüngling in der Fremde* (Reißig)	Der Frühling entblühet	1809	Wien 1810; Erzherzog Rudolph v. Österreich gewidmet (v. Reißig); Komp. ursprünglich zum Text v. WoO 137, veröff. in HS V	XXIII/237	XII/1	

WoO 139	*Der Liebende* (Reißig)	Welch ein wunderbares Leben	1809	Wien, London 1810, Erzherzog Rudolph v. Österreich gewidmet (v. Reißig)	XXIII/238	XII/1	
Op. 75	6 Gesänge			Lpz., London 1810; Fürstin Caroline Kinsky	XXIII/219	XII/1	142
	1) *Mignon* (Goethe)	Kennst du das Land	1809				
	2) *Neue Lieb, neues Leben* (Goethe)	Herz, mein Herz, was soll das geben?	1809	Text zuvor in WoO 127 vertont			
	3) *Flohlied* aus Goethes *Faust* m. 1st Chor	Es war einmal ein König	1809	entworfen um 1792			
	4) *Gretels Warnung* (G. A. v. Halem)	Mit Liebesglück und Spiel und Sang					
	5) *An den fernen Geliebten* (Reißig)	Einst wohnten süße Ruh	1809				
	6) *Der Zufriedene* (Reißig)	Zwar schuf das Glück hienieden	1809				
Op. 82	4 Arietten und 1 Duett f. Sopr. u. T.		1809?	Lpz., London 1811; möglicherweise um 1801 geschrieben	XXIII/220; HS V (Nr. 1)	XII/1	
	1) *Hoffnung*	Dimmi ben mio					
	2) *Liebesklage* (Metastasio)	T'intendo, si, mio cor					
	3) *L'amante impatiente* (Metastasio), Arietta buffa	Che fa il mio bene?					
	4) *L'amante impatiente* (Metastasio) Arietta assai seriosa	Che fa il mio bene?					
	5) *Lebensgenuß* (Metastasio), Duett	Odi l'aura che dolce sospira					
Op. 83	3 Gesänge (Goethe)		1810	Lpz. 1811; Fürstin Caroline Kinsky	XXIII/221; HS V (Nr. 1)	XII/1	54
	1) *Wonne der Wehmut*	Trocknet nicht					
	2) *Sehnsucht*	WasziehtmirdasHerzso?					
	3) *Mit einem gemalten Band*	Kleine Blumen, kleine Blätter					

Nr.	*Titel, Textdichter*	*Liedanfang*	*Kompositionszeit*	*Erstveröffentlichung, Widmung, Anmerkungen*	*GA*	*NA*	*Register*
WoO 140	*An die Geliebte* (J. L. Stoll), 2 Fassungen	O daß ich dir vom stillen Auge	1811; 1814?	1. Fassung (m. Kl.- oder Git.-Begl.): Augsburg, nach 1825; 2. Fassung: *Friedensblätter*, 12. Juli 1814	XXIII/243a, 243	XII/1	
WoO 141	*Der Gesang der Nachtigall* (J. G. Herder)	Höre, die Nachtigall singt	1813	GA	XXV/277	XII/1	
WoO 142	*Der Bardengeist* (F. R. Hermann)	Dort auf dem hohen Felsen sang	1813	*Musenalmanach für das Jahr 1814*, hrsg. v. J. Erichson, Wien 1813/14	XXIII/241	XII/1	
WoO 143	*Des Kriegers Abschied* (Reißig)	Ich zieh' ins Feld	1814	Wien 1815; Caroline v. Bernrath gewidmet (v. Reißig)	XXIII/240	XII/1	
WoO 144	*Merkenstein* (J. B. Rupprecht)	Merkenstein! Wo ich wandle, denk ich dein	1814	*Selam. Ein Almanach für Freunde des Mannigfaltigen auf das Schaltjahr 1816*, Wien 1815/16; s. auch Op. 100	XXV/276	XII/1	
Op. 100	*Merkenstein* (J. B. Rupprecht), Duett	Merkenstein! Wo ich wandle, denk ich dein	1814/15	Wien 1816; Graf Joseph Carl v. Dietrichstein; s. auch WoO 144	XXIII/226	XII/1	
Op. 94	*An die Hoffnung* (C. A. Tiedge)	Ob ein Gott sei	1815?	Wien 1816; Fürstin Caroline Kinsky; entworfen 1813	XXIII/223	XII/1	
WoO 135	*Die laute Klage* (Herder)	Turteltaube, du klagtest so laut	um 1815?	Wien 1837	XXIII/254	XII/1	
WoO 145	*Das Geheimnis* (I. v. Wessenberg)	Wo blüht das Blümchen	1815	*Wiener Zeitschrift für Kunst, Literatur, Theater und Mode* 1 (1816)	XXIII/245	XII/1	
WoO 146	*Sehnsucht* (Reißig)	Die stille Nacht umdunkelt	1815/16	Wien 1816	XXIII/239	XII/1	

Op. 98	Liederkreis *An die ferne Geliebte* (A. Jeitteles)	1) Auf dem Hügel sitz' ich, spähend 2) Wo die Berge so blau 3) Leichte Segler in den Höhen 4) Diese Wolken in den Höhen 5) Es kehret der Maien 6) Nimm sie hin denn, diese Lieder	1815/16	Wien 1816; Fürst Franz Joseph v. Lobkowitz	XXIII/224	XII/1	70, 117, 121, 142
Op. 99	*Der Mann von Wort* (F. A. Kleinschmid)	Du sagtest, Freund, an diesen Ort	1816	Wien 1816	XXII/225	XII/1	
WoO 147	*Ruf vom Berge* (G. F. Treitschke)	Wenn ich ein Vöglein wär'	1816	*Gedichte von Friedrich Treitschke*, Wien 1817	XXIII/242	XII/1	117
WoO 148	*So oder so* (C. Lappe)	Nord oder Süd!	1817	*Wiener Zeitschrift für Kunst [...]* 2 (1817)	XXIII/244	XII/1	
WoO 149	*Resignation* (P. v. Haugwitz)	Lisch aus, lisch aus, mein Licht!	1817	*Wiener Zeitschrift für Kunst [...]* 3 (1818); ursprünglich entworfen f. 4st. Chor 1816	XXIII/246	XII/1	
WoO 130	*Gedenke mein*	--	1804/05?, übarb. 1819/20	Wien 1844	XXV/281	XII/1	
WoO 150	*Abendlied unterm gestirnten Himmel* (H. Goeble)	Wenn die Sonne nieder sinket	1820	*Wiener Zeitschrift für Kunst [...]* 5 (1820); Anton Braunhofer	XXIII/247	XII/1	
Op. 128	*Der Kuß* (C. F. Weiße)	Ich war bei Chloën ganz allein	1822?	Mainz 1825; entworfen 1798	XXIII/227	XII/1	120
WoO 151	*Der edle Mensch sei hülfreich und gut* (Goethe)		1823	G. Lange, *Musikgeschichtliches*, Berlin 1900; Facs.: *Allgemeine Wiener Musik-Zeitung*, 23. Nov. 1843; Stammbuchkomp. f. Baronin Cäcilie v. Eskeles	HS V		

Nr.	*Anfang, Stimmenzahl, Adressat oder Anlaß*	*Kompositionszeit*	*Erstveröffentlichung, Anmerkungen*	*GA*	*NA*	*Register*
WoO 159	Im Arm der Liebe, 3st., kp. Stud. f. Albrechtsberger	1795	I. v. Seyfried, *Ludwig van Beethovens Studien im Generalbaß*, Wien 1832	XXIII/256/1		
WoO 160 Nr. 1	O care selve (?), 3st., kp. Stud. f. Albrechtsberger	1795?	wie WoO 159	HS V		
WoO 160 Nr. 2	Kanon, 4st., kp. Stud. f. Albrechtsberger	1795?	wie WoO 159	HS V		
--	Kanon, 3st.	1796/97	*Ludwig van Beethoven. Autograph Micellany from circa 1786* to 1799, hrsg. v. J. Kerman, London 1970	--		
Hess 276	Herr Graf, ich komme zu fragen, 3st.	1797?	HS; Entwurf auch m. anderem Text	HS V		
WoO 100	Schuppanzigh ist ein Lump, T., 2 B., 4st. Chor (nicht kanonartig), f. Ignaz Schuppanzigh	1801	GroveD, s. v. »Schuppanzigh, Ignaz«	HS V		
WoO 101	Graf, Graf, Graf, 3st. (nicht kanonartig), f. Nikolaus Zmeskall v. Domanovecz	1802	A. W. Thayer, *Chronologisches Verzeichnis der Werke Ludwig van Beethovens*, Berlin 1865	HS V		
Hess 274	Kanon, 2st.	1803	N. Fishman, *Kniga eskizov Beethoven za 1802–1803 gody*, Moskau 1962	HS IX		
Hess 229	Languisco e moro, 2st.	1803	wie Hess 274; auch als Lied f. 1 Singst. m. Kl.-Begl. entworfen	HS XIV		
Hess 275	Kanon, 2st.	1803	HS	HS IX		
WoO 162	Ta ta ta … lieber Mälzel, 4st.		s. unter »Zweifelhaftes«			
WoO 163	Kurz ist der Schmerz, 3st. f. Johann Friedrich Naue	1813	NZM 11 (1841), Erg.-Bd.	XXIII/256/3a		

WoO 164	Freundschaft ist die Quelle, 3st.	1814	GA	XXV/285/2
WoO 165	Glück zum neuen Jahr, 4 st., f. für Johann Freiherrn v. Pasqualati	1815	Wien 1816	XXIII/256/16
WoO 166	Kurz ist der Schmerz, 3st., f. Louis Spohr	1815	GA; Facs.: L. Spohr, *Selbstbiographie*, Kassel, Göttingen 1860	XXIII/256/3b
WoO 168 Nr. 1	Lerne schweigen, 3st.? Rätselkanon f. Charles Neate	1815/16	*Wiener allgemeine musikalische Zeitung* 1 (1816)	XXIII/256/5
WoO 168 Nr. 2	Rede, rede, 3st., f. Charles Neate	1815/16	GA	XXIII/256/4
WoO 169	Ich küsse Sie, 2st.? Rätselkanon f. Anna Milder-Hauptmann	1816	*Die Jahreszeiten* Jg.12. H.3 (13. Jan. 1853)	HS V
WoO 170	Ars longa, vita brevis, 2st., f. Johann Nepomuk Hummel	1816	L. Nohl, *Neue Briefe Beethovens*, Stuttgart 1867	HS V
WoO 171	Glück fehl' dir vor allem, 4st., f. Anna Giannatosio del Rio	1817	T. v. Frimmel, *Neue Beethoveniana*, Wien 1888	HS V
WoO 173	Hol' euch der Teufel!, 2st.? Rätselkanon f. Sigmund Anton Steiner	1819	A. W. Thayer, *Chronologisches Verzeichnis der Werke Ludwig van Beethovens*, Berlin 1865	HS V
WoO 174	Glaube und hoffe, 4st. (nicht kanonartig), f. Maurice Schlesinger	1819	L. Nohl, *Briefe Beethovens*, Stuttgart 1865; Facs.: A. B. Marx, *Ludwig van Beethoven. Leben und Schaffen* Bd. 2, Bl. 1859, ²1863	HS V
WoO 176	Glück zum neuen Jahr!, 3st., f. Gräfin Marie Erdödy	1819	GA	XXIII/256/6
WoO 179	Alles Gute! alles Schöne, 4st., f. Erzherzog Rudolph v. Österreich	1819	Nohl, *Briefe*, 1865; einschl. nicht kanonartiger Introduktion »Seiner kaiserlichen Hoheit«	XXIII/256/7
Hess 300	Liebe mich, werter Weißenbach, ?st., f. Aloys Weißenbach	1819/20	*Drei Skizzenbücher zur Missa Solemnis*, hrsg. v. J. Schmidt-Görg, Bd. 1, Bonn 1952	--

Nr.	*Anfang, Stimmenzahl, Adressat oder Anlaß*	*Kompositionszeit*	*Erstveröffentlichung, Anmerkungen*	*GA*	*NA*	*Register*
WoO 175	Sankt Petrus war ein Fels; Bernardus war ein Sankt, 4st.? Rätselkanons f. Carl Peters bzw. Carl Bernard	1819/20	Thayer, *Chronolog. Verz.*, 1865; 2. Kanon basiert in rhythmischer Vergrößerung auf der Melodie des 1.	HS V		
WoO 180	Hoffmann, sei ja kein Hofmann, 2st.	1820	*Caecilia* 1 (1825), Nr. 7	XXIII/256/8		
WoO 181 Nr. 1	Gedenket heute an Baden, 4st.	1820?	GA	XXV/285/4		
WoO 181 Nr. 2	Gehabt euch wohl, 4st.	1820?	Fs. Arnold Schering, Berlin 1937	HS V		
WoO 181 Nr. 3	Tugend ist kein leerer Name, 3st	1820?	wie WoO 181 Nr.2	HS V		
WoO 182	O Tobias!, 3st., f. Tobias Haslinger	1821	AMZ, N. F. 1 (1863)	XXIII/256/9		
WoO 183	Bester Herr Graf, Sie sind ein Schaf!, 4st., f. Graf Moritz Lichnowsky	1823	Mf 7 (1954); Facs.: *Musikalisch-kritisches Repertorium* Bd. 1, Lpz. 1844; fehlerhaft ed. in: A. W. Thayer, *Ludwig van Beethovens Leben* Bd. 4, hrsg. v. H. Riemann, Lpz. 1907	HS V		
WoO 184	Falstafferel, lass' dich sehen!, 5st., f. Ignaz Schuppanzigh	1823	Mk 2 (1902/03)	HS V		
WoO 185	Edel sei der Mensch, 6st., f. Louis Schlösser	1823	*Wiener Zeitschrift für Kunst […]* 8 (1823) (in E-dur; Beethoven schrieb auch eine Fassung in Es-dur); Entwurf eines 3st. Kanons in Es-dur auf den Text »Edel hülfreich sei der Mensch« 1822	XXIII/256/10		
Hess 263	Te solo adoro, 2st., f. Carlos Evasio Soliva?	1824?	HS; ähnlich (Vorstufe zu?) WoO 186	HS V		
Hess 264	Te solo adoro, 2st., f. Carlos Evasio Soliva?	1824?	HS; ähnlich (Vorstufe zu?) WoO 186	HS V		
WoO 186	Te solo adoro, 2st., f. Carlos Evasio Soliva	1824	GA	XXV/285/1		

WoO 187	Schwenke dich ohne Schwänke!, 4st., f. Carl Schwencke	1824	*Caecilia* 1 (1825)	XXIII/256/11
WoO 188	Gott ist eine feste Burg, 2st.? Rätselkanon f. Oberst v. Düsterlohe	1825	F. Prelinger, *Beethovens sämtliche Briefe* Bd. 4, Wien 1909; Facs.: Katalog der 36. Autographenversteigerung v. Leo Liepmannssohns Antiquariat, Bln. 1906	HS V
WoO 203	Das Schöne zu dem Guten, 4st. Rätselkanon f. Ludwig Rellstab	1825	L. Rellstab, *Garten und Wald*, Lpz. 1854, Bd. 4; WoO 202 ist eine 2taktige nicht kanonartige Stammbuchkomp. auf denselben Text (1822)	HS V
WoO 189	Doktor, sperrt das Tor dem Tod, 4st., f. Anton Braunhofer	1825	Nohl, *Briefe*, 1865	HS V
WoO 190	Ich war hier, Doktor, 2st.? Rätselkanon f. Anton Braunhofer	1825	HS?; Facs.: Katalog [Nr. 21] der Autographenversteigerung v. 29./30. April 1912 v. M. Breslauer in Bln.	HS V
WoO 35	Kanon, 2st. (f. 2 V.?), f. Otto de Boer	1825	Nohl, *Neue Briefe*, 1867	HS VI
WoO 191	Kühl, nicht lau, 3st., f. Friedrich Kuhlau	1825	I. v. Seyfried, *Ludwig van Beethovens Studien im Generalbaß*, Wien 1832	XXIII/256/12
WoO 192	Ars longa, vita brevis, 4st.? Rätselkanon f. Sir George Smart	1825	Thayer, *Chronolog. Verz.*, 1865	HS V
WoO 194	Si non per portas, per muros, 2st.? Rätselkanon f. Maurice Schlesinger	1825	A. B. Marx, *Ludwig van Beethoven. Leben und Schaffen* Bd. 2, Bln. 1859, [2]1863	XXIII/256/17
WoO 204	Holz, Holz geigt die Quartette so, 1st., f. Carl Holz	1825	A. W. Thayer, *Ludwig van Beethovens Leben* Bd. 5, hrsg. v. H. Riemann, Lpz. 1908	--

Nr.	*Anfang, Stimmenzahl, Adressat oder Anlaß*	*Kompositionszeit*	*Erstveröffentlichung, Anmerkungen*	*GA*	*NA*	*Register*
WoO 195	Freu' dich des Lebens, 2st., f. Theodor Molt	1825	GA	XXV/285/5		
Hess 277	Esel aller Esel, 2 Kanonst., 1 ostinate St.	1826	HS	HS V		
WoO 196	Es muß sein, 4st., f. den Hofkriegsagenten Dembscher	1826	wie WoO 204; Facs: *Zeitschrift für Deutschlands Musikvereine und Dilettanten* 3 (1844)	HS V		130
--	Bester Magistrat, 3st	1826	unveröff., Quelle: Skizzenbuch »Autograph 24«, Berlin, Staatsbibliothek Preußischer Kulturbesitz	--		
WoO 197	Das ist das Werk, 5st., f. Carl Holz	1826	Zürich 1949	HS V		
WoO 198	Wir irren allesamt, 2st.? Rätselkanon f. Carl Holz	1826	Nohl, *Briefe*, 1865	HS V		
WoO 161	Ewig dein, 3st.	--	AMZ, N. F. 1 (1863); geschrieben um 1810?	XXIII/256/14		
WoO 167	Brauchle, Linke, 4st.?, f. Johann Xaver Brauchle? u. Joseph Linke?	--	Thayer, *Chronolog. Verz.*, 1865; geschrieben um 1815?	HS V		
WoO 172	Ich bitt' dich, schreib' mir die Es-Scala auf, 3st., f. Vincenz Hauschka	--	GA; geschrieben um 1818?	XXIII/256/15		
WoO 177	Bester Magistrat, Ihr friert, 2- oder 4st. Chor?, B.-St.	--	D. MacArdle, L. Misch, *New Beethoven Letters*, Norman, Oklahoma 1957; Facs.: Titeltafel des Versteigerungskatalogs 132 von K. E. Henrici, Bln. 1928; geschrieben um 1815?	HS V		

WoO 178	Signor Abate, 3st., f. den Abbé Maximilian Stadler	--	GA	XXIII/25613		
WoO 193	Ars longa, vita brevis, 5st.? Rätselkanon	--	Faks.: Versteigerungskatalog 120 von K. E. Henrici, Bln. 1927	HS V		

VERSCHIEDENES

Nr.	*Werk*	*Kompositionszeit*	*Erstveröffentlichung, Widmung, Anmerkungen*	*GA*	*NA*	*Register*
WoO 33 Nr. 1	Adagio (F) f. Flötenuhr	um 1799?	Mk 1 (1901/02)	HS VII		
WoO 33 Nr. 2	Scherzo (G) f. Flötenuhr	1799/1800	G. Becking, *Studien zu Beethovens Personalstil. Das Scherzothema*, Lpz. 1921	HS VII		
WoO 33 Nr. 3	Allegro (G) f. Flötenuhr	um 1799?	*Ricordiana* 3 (1957)	HS VII		
WoO 33 Nr. 4	Allegro (C) f. Flötenuhr?	1794?	Mainz 1940	HS VII		
WoO 33 Nr. 5	Menuett (C) f. Flötenuhr	1794?	Mainz 1940	HS VII		
Hess 107	Grenadiermarsch (F) f. Flötenuhr	um 1798?	*Beethoven-Almanach der deutschen Musikbücherei auf das Jahr 1927*, Regensburg 1927; Fürst Joseph Johann zu Schwarzenberg; bestehend aus Marsch von Haydn, Überleitungsteil von Beethoven und Transkription von WoO 29 (s. unter »Kammermusik für Bläser und für Bläser mit Streichern«)	HS VII		

Nr.	*Werk*	*Kompositionszeit*	*Erstveröffentlichung, Widmung, Anmerkungen*	*GA*	*NA*	*Register*
WoO 58	Kadenzen zum 1. Satz und Finale von Mozarts Kl.-Konz. (d) KV 466	1809?	1. Satz: *Wiener Zeitschrift für Kunst […]*, 23. Jan. 1836; Finale: GA	IX/70a/11, 12	VII/7	
--	Kp. Übungen f. Haydn u. Albrechtsberger (vgl. Hess 19–31, 233–246)	1792–1795	G. Nottebohm, *Beethovens Studien*, Lpz., Winterthur 1873 (auszugsweise Transkription)	HS VI, XIV		
--	Deklamationsübungen in Italienisch f. Salieri (vgl. WoO 99; Hess 208–232)	um 1801/02	Nottebohm 1873 (Ausw.); HS I (vollst.); WoO 92a u. WoO 93 waren möglicherweise der krönende Abschluß dieser Studien (vgl. unter »Für Solostimmen mit Orchester«	HS I		
--	Diverse Tänze u. Fingerübungen, zwischen Entwürfen zu größeren Werken aufgezeichnet, aber vermutlich nicht zur Veröff. bestimmt (einschl. WoO 81?; Hess 58–61, 67/68, 70–74, 312– 334)	meistenteils 1790–1798	auszugsweise transkribiert in den Schriften Nottebohms (s. Literaturverz.); viele veröff. in: Kerman (Hrsg.) 1970	(HS IX)		
--	Diverse mus. Grüße in Briefen, Stammbüchern usw.: s. WoO 205; Hess 278–295; s. auch unter »Kanons und musikalische Scherze«					
WoO 200	Liedthema »O Hoffnung« (als Aufgabe, Thema f. Kl.-Var.) f. Erzherzog Rudolph v. Österreich	1818	Wien 1819 (Rudolphs Var.)			

Nr.	
WoO 27	3 Duos (C, F, B) f. Klar., Fg. (Paris, um 1810–1815); Zuschreibung wahrscheinlich falsch; GA VIII/64
--	Flötensonate (B), um 1790–1792? (Lpz. 1906), aufgeführt als Anhang 4 in: G. Kinsky, H. Halm, *Das Werk Beethovens*, München, Duisburg 1955; hs. Ex. in Beethovens Nachlaß, Zuschreibung jedoch ungesichert; HS IX
WoO 12	12 Menuette f. Orch., 1799 (f. Kl.: Paris 1903; Part.: Paris 1906); wahrscheinlich von Beethovens Bruder Carl; HS IV
WoO 16	12 Ecossaisen f. Orch., angekündigt Wien 1807; keine Hs. erh.; diese Ecossaisen sowie 12 Walzer sind Bearbeitungen v. Sätzen aus Beethovenschen Werken v. fremder Hand
WoO 17	11 (sog. »Mödlinger«) Tänze f. 2 Fl., 2 Klar., 2 Hr., Fg., 2 V., B.: s. unter »Tänze«
WoO 162	»Ta ta ta ... lieber Mälzel«, 4st. Kanon, Scherzkomp. auf Johann Nepomuk Mälzel, 1812 (*Musikalisch-kritisches Repertorium aller neuen Erscheinungen im Gebiete der Tonkunst*, hrsg. v. H. Hirschbach, Bd. 1, Lpz.1844); GA XXIII/256/2; Fälschung v. Schindler? (vgl. Howell 1979)

BEARBEITUNGEN VON VOLKSLIEDERN

Soweit nicht anders vermerkt, mit Triobegleitung (Klavier, Violine, Violoncello)

Wohl Ende 1809 oder Anfang 1810 begann Beethoven im Auftrag des schottischen Verlegers George Thomson Volkslieder zu bearbeiten. Mit Unterbrechungen machte er damit bis mindestens 1816 weiter. Es war seine Idee, auch Lieder nichtbritischer Herkunft in das Vorhaben einzubeziehen, von denen freilich Thomson den größten Teil nie veröffentlichte. Die nachfolgende Liste nennt die Lieder in der Zusammenstellung, wie sie in GA XXIV und zahlreichen späteren Ausgaben erscheinen.

Nr.	
WoO 152	25 irische Lieder (London, Edinburgh 1814); GA XXIV/261 1 The Return to Ulster 2 Sweet power of song (Duett 3 Once more I hail thee 4 The morning air plays on my face 5 The Massacre of Glencoe 6 What shall I do to shew how much I love her? (Duett) 7 His boat comes on the sunny tide

Nr.

8 Come draw we round a cheerful ring
9 The Soldier's Dream
10 The Deserter
11 Thou emblem of faith
12 English Bulls
13 Musing on the roaring ocean
14 Dermot and Shelah
15 Let brain-spinning swains
16 Hide not thy anguish
17 In vain to this desert (Duett)
18 They bid me slight my Dermot dear (Duett)
19 Wife, Children and Friends (Duett)
20 Farewell bliss and farewell Nancy (Duett)
21 Morning a cruel turmoiler is
22 From Garyone, my happy home
23 A wand'ring gypsy, Sirs, am I
24 The Traugh Welcome
25 Oh harp of Erin

WoO 153 — 20 irische Lieder (London, Edinburg 1814 [Nrn. 1–4], 1816 [Nrn. 5–10]); GA XXIV/262
1 When eve's last rays (Duett)
2 No riches from his scanty store
3 The British Light Dragoons
4 Since graybeards inform us
5 I dream'd I lay where flow'rs were springing (Duett)
6 Sad and luckless was the reason
7 O soothe me, my lyre
8 Norah of Balamagairy (m. Chor)
9 The kiss, dear maid, thy lip has left
10 Oh! thou hapless soldier (Duett)
11 When far from the home
12 I'll praise the Saints
13 'Tis sunshine at last
14 Paddy O'Rafferty
15 'Tis but in vain
16 O might I but my Patrick love
17 Come, Darby dear
18 No more, my Mary
19 July, lovely, matchless creature
20 Thy ship must sail

WoO 154 — 12 irische Lieder (London, Edinburgh 1816 [ohne Nrn. 2 u. 7]); GA XXIV/258
1 The Elfin Fairies
2 Oh harp of Erin
3 The Farewell Song
4 The pulse of an Irishman
5 Oh! woe, my dear Dermot
6 Put round the bright wine
7 From Garyone, my happy home
8 Save me from the grave and wise (m. Chor)
9 Oh! would I were but that sweet linnet (Duett)
10 The hero may perish (Duett)
11 The Soldier in a Foreign Land (Duett)
12 He promised me at parting

WoO 155 — 26 walisische Lieder (London, Edinburgh 1817); GA XXIV/263
1 Sion, the son of Evan (Duett)
2 The Monks of Bangor's March (Duett)
3 The Cottage Maid

4 Love without Hope
5 A golden robe my love shall wear
6 The Fair Maids of Mona
7 Oh let the night my blushes hide
8 Farewell, thou noisy town
9 To the Aeolian Harp
10 Ned Pugh's Farewell
11 Merch Megan
12 Waken lords and ladies gay
13 Helpless Woman
14 The Dream (Duett)
15 When mortals all to rest retire
16 The Damsels of Cardigan
17 The Dairy House
18 Sweet Richard
19 The Vale of Clwyd
20 To the Blackbird
21 Cupid's Kindness
22 Constancy (Duett)
23 The Old Strain
24 Three Hundred Pounds
25 The Parting Kiss
26 Good Night

Op. 108 — 25 schottische Lieder (London, Edinburgh 1818; Bln. 1822); GA XXIV/257 (s. S. 60)
1 Music, Love, and Wine (m. Chor)
2 Sunset
3 Oh! sweet were the hours
4 The Maid of Isla
5 The sweetest lad was Jamie
6 Dim, dim is my eye
7 Bonnie laddie, highland laddie
8 The lovely lass of Inverness
9 Behold my love how green the groves (Duett)
10 Sympathy
11 Oh! thou art the lad
12 Oh, had my fate
13 Come fill, fill, my good fellow (m. Chor)
14 O, how can I be blithe
15 O cruel was my father
16 Could this ill world
17 O Mary, at thy window be
18 Enchantress, farewell
19 O swiftly glides the bonny boat (m. Chor)
20 Faithfu' Johnie
21 Jeanie's Distress
22 The Highland Watch (m. Chor)
23 The Shepherd's Song
24 Again, my lyre
25 Sally in Our Alley

WoO 156 — 12 schottische Lieder (London, Edinburgh 1822 [Nr. 1], 1824/25 [Nrn. 2–4, 8, 9, 12], 1839 [Nrn. 5, 6], 1841 [Nrn. 7, 10, 11]); GA XXIV/260
1 The Banner of Buccleuch (Terzett)
2 Duncan Gray (Terzett)
3 Up quit thy bower (Terzett)
4 Ye shepherds of this pleasant vale (Terzett)
5 Cease your funning
6 Highland Harry
7 Polly Stewart
8 Womankind (Terzett)
9 Lochnager (Terzett)

Nr.	
	10 Glencoe (Terzett) 11 Auld lang syne (Terzett m. Chor) 12 The Quaker's Wife (Terzett)
WoO 157	12 Lieder verschiedener Völker (London, Edinburgh 1816 [Nrn. 2, 6, 8, 11], 1822 [Nr. 3], 1824/25 [Nr. 5], 1839 [Nr. 1]); GA XXIV/259 1 God Save the King (englisch, m. Chor) 2 The Soldier (irisch) 3 O Charlie is my darling (schottisch, Terzett) 4 O sanctissima (sizilianisch, Terzett) 5 The Miller of the Dee (englisch, Terzett) 6 A health to the brave (irisch, Duett) 7 Since all thy vows, false maid (irisch, Trio) 8 By the side of the Shannon (irisch) 9 Highlander's Lament (schottisch, m. Chor) 10 Sir Johnie Cope (schottisch?) 11 The Wandering Minstrel (irisch, m. Chor) 12 La gondoletta (venezianisch)
WoO 158a	23 Lieder verschiedener Völker: Mk 2 (1902/03) [Nr. 19]; J. Schmidt-Görg, *Unbekannte Manuskripte zu Beethovens weltlicher und geistlicher Gesangsmusik*, Bonn 1928 [Nr. 17]; vollst. Lpz. 1943; HS XIV 1 Ridder Stig tjener i Congens Gaard (dänisch) 2 Horch auf, mein Liebchen (deutsch) 3 Wegen meiner bleib d'Fräula (deutsch) 4 Wann i in der Früh aufsteh (tirolerisch) 5 I bin a Tyroler Bua (tirolerisch) 6 A Madel, ja a Madel (tirolerisch) 7 Wer solche Buema afipackt (tirolerisch) 8 Ih mag di net (tirolerisch) 9 Oj upiem sie w karczmie (polnisch) 10 Posza baba po popió (polnisch) 11 Yo no quiero embarcarme (portugiesisch?) 12 Seus lindos olhos (portugiesisch, Duett) 13 Im Walde sind viele Mücklein geboren (russisch) 14 Ach Bächlein, Bächlein, kühle Wasser (russisch) 15 Unsere Mädchen gingen in den Wald (russisch) 16 Schöne Minka, ich muß scheiden (ukrainisch: »Air cosaque«) 17 Lilla Carl, sov sött i frid (schwedisch) 18 An ä Bergli bin i gesässe (schweizerisch?) 19 Una paloma blanca (spanisch: »Bolero a solo«) 20 Como la mariposa (spanisch: »Bolero a due« [Duett]) 21 La tiranna se embarca (spanisch) 22 Édes kinos emlékezet (ungarisch) 23 Da brava, Catina (venezianisch)
WoO 158b	7 Lieder aus Großbritannien (Texte meistenteils von W. Hess ermittelt); HS XIV 1 Adieu my lov'd harp (irisch) 2 Unbekannter Text (irisch, Quartett) 3 Oh was not I a weary wight (schottisch) 4 Red gleams the sun (schottisch) 5 Erin! oh, Erin! (irisch oder schottisch) 6 O Mary ye's be clad in silk (schottisch) 7 Lament for Owen Roe O'Neill (irisch, Text unvollst.)

WoO 158c	6 Lieder verschiedener Völker (Texte meistenteils von W. Hess ermittelt); HS XIV 1 When my hero in court appears (aus der *Bettleroper*) 2 Non, non, Collette n'est point trompeuse (aus *Le devin du village*) 3 Mark yonder pomp (schottisch) 4 Bonnie wee thing (schottisch, Terzett) 5 From thee, Eliza, I must go (schottisch, Terzett) 7 Text nicht ermittelt	Hess 168 Hess 133 Hess 134	Air français (Text nicht ermittelt); HS XIV 2 österreichische Volkslieder m. Kl.-Begl.: *Niederrheinische Musikzeitung* 13 (1865) Das liebe Kätzchen Der Kabe auf dem Berge

BIBLIOGRAPHIE

Werkverzeichnisse, Bibliographien, bibliographische Abhandlungen

Thematisches Verzeichniss der im Druck erschienenen Werke von Ludwig van Beethoven, Leipzig 1851

A. W. Thayer: *Chronologisches Verzeichniss der Werke Ludwig van Beethovens*, Berlin 1865

G. Nottebohm: *Thematisches Verzeichniss der im Druck erschienenen Werke Ludwig van Beethovens*, Leipzig 1868

E. Kastner: *Bibliotheca Beethoveniana*, Leipzig 1913, 2. erw. Aufl. 1925 von T. von Frimmel

›Beethoven-Bibliographie‹, *NBJb*, I–X (1924–42), Nachdruck München 1980; *BeJb* 1953-

T. von Frimmel: *Beethoven-Handbuch*, Leipzig 1926, Nachdruck 1968

W. Haas: *Systematische Ordnung Beethovenscher Melodien*, Bonn und Leipzig, 1932

D. W. MacArdle: ›A Check-list of Beethoven's Chamber Music‹, *ML*, XXCII (1946), 44, 83, 156, 251 [enthält wichtige Literaturhinweise]

A. Bruers: *Beethoven: catalogo storico-critico di tutte le opere*, Rom 4/1950

P. Hirsch und C.B. Oldman: ›Contemporary English Editions of Beethoven‹, *MR*, XIV (1953), 1–35

G. Kinsky und H. Halm: *Das Werk Beethovens: thematisch-bibliographisches Verzeichnis seiner sämtlichen vollendeten Kompositionen*, München und Duisburg 1955 [das thematische und bibliographische Standard-Verzeichnis zu Beethovens Werken]

P. Nettl: *Beethoven Encyclopedia*, New York 1956, 2. Aufl. 1967 als *Beethoven Handbook*

W. Hess: *Verzeichnis der nicht in der Gesamtausgabe veröffentlichten Werke Ludwig van Beethovens*, Wiesbaden 1957

A. Tyson: *The Authentic English Editions of Beethoven*, London 1963

H. Schmidt: ›Verzeichnis der Skizzen Beethovens‹, *BeJb* 1965–68, 7–128

G. Biamonti: *Catalogo cronologico e tematico delle opere di Beethoven, comprese quelle inedite e gli abbozzi non utilizzati*, Turin 1968

D. W. MacArdle: *Beethoven Abstracts*, Detroit 1973 [Zeitschriftenaufsätze]

K. Dorfmüller (Hrsg.): *Beiträge zur Beethoven-Bibliographie: Studien und Materialien zum Werkverzeichnis von Kinsky-Halm*, München 1978 [enthält Zusätze zu Kinsky und Halm]

K. Schürmann (Hrsg.): *Ludwig van Beethoven: alle vertonten und musikalisch bearbeiteten Texte*, Münster 1980

K. F. Stock, M. Stock und R. Heilinger: *Beethoven-Bibliographien*, Graz 1986

Aufsatzsammlungen und ähnliche Publikationen

G. Nottebohm: *Beethoveniana*, Leipzig und Winterthur 1872, 2/1925, Nachdruck 1970)

G. Nottebohm: *Zweite Beethoveniana*, hrsg. von E. Mandyczewski, Leipzig 1887, 2/1925, Nachdruck 1970

T. von Frimmel: *Neue Beethoveniana*, Wien 1888

E. Mandyczewski: *Namen- und Sachregister zu Nottebohms Beethoveniana und Zweite Beethoveniana*, Leipzig 1888, Nachdruck 1970

T. von Frimmel: *Beethoven-Studien*, München und Leipzig 1905–06

Beethoven-Jahrbuch, hrsg. von T. von Frimmel, I–II (1908–09)

Beethoven-Forschung, hrsg. von T. Frimmel, I–III (1911–25)

(1911–25)

A. Sandberger: *Ausgewählte Aufsätze zur Musikgeschichte*, II: *Forschungen, Studien und Kritiken zu Beethoven und zur Beethovenliteratur*, München 1924, Nach druck 1970

Neues Beethoven-Jahrbuch, hrsg. von A. Sandberger, I–X (1924–42) *(NBJb)*, Nachdruck München 1980

G. Bosse (Hrsg.): *Beethoven-Almanach der Deutschen Musikbücherei auf das Jahr* 1927, Regensburg 1927

D. F. Tovey: *Essays in Musical Analysis*, London 1935–44

A. Schmitz (Hrsg.): *Beethoven und die Gegenwart: ... Ludwig Schiedermair zum* 60. Geburtstag, Berlin 1937

L. Misch: *Beethoven-Studien*, Berlin 1950

Beethoven-Jahrbuch, hrsg. von J. Schmidt-Görg u.a. (1953-) *(BeJb)*

Festschrift Joseph Schmidt-Görg zum 60. Geburtstag, Bonn 1957

Colloquium amicorum: Joseph Schmidt-Görg zum 70. Geburtstag, Bonn 1967

L. Misch: *Neue Beethoven-Studien und andere Themen*, München und Duisburg 1967

J. Schmidt-Görg und H. Schmidt: *Ludwig van Beethoven*, Hamburg 1969

H. C. R. Landon: *Essays on the Viennese Classical Style*, New York 1970

E. Schenk (Hrsg.): *Beethoven-Studien: Festgabe der Österreichischen Akademie der Wissenschaften*, Wien 1970

H. Sittner (Hrsg.): *Beethoven Almanach* 1970, Wien 1970

C. Dahlhaus et al. (Hrsg.): *Bericht über den Internationalen musikwissenschaftlichen Kongress Bonn 1970*, Kassel 1971

D. Arnold und N. Fortune (Hrsg.): *The Beethoven Companion*, London 1971

P. H. Lang (Hrsg.): *The Creative World of Beethoven*, New York 1971

E. Schenk (Hrsg.): *Beethoven Symposion*, Wien 1971

T. Scherman und L. Biancolli (Hrsg.): *The Beethoven Companion*, New York 1972

W. Hess: *Beethoven Studien*, München 1973

A. Tyson (Hrsg.): *Beethoven Studies*, I, New York 1973 und London 1974; II, London 1977; III, Cambridge 1982

H. Goldschmidt: *Beethoven-Studien*, Leipzig 1974-

H. Goldschmidt, K-H. Köhler und K. Niemann (Hrsg.): *Bericht über den Internationalen Beethoven-Kongreß 20. bis 23. März 1977 in Berlin*, Leipzig 1978

Beethoven, Dokumentation und Aufführungspraxis: Wien 1977, hrsg. von R. Klein, Kassel 1978

F. Döhl (Hrsg.): *Beethoven 77*, Zürich 1979

H. Goldschmidt (Hrsg.): *Zu Beethoven: Aufsätze und Annotationen*, Berlin 1979; II, 1984; III, 1988
H. K. Metzger und R. Riehn (Hrsg.): *Beethoven: Das Problem der Interpretation., Musikkonzepte Bd.8*, München 1979
C. Wolff (Hrsg.): *The String Quartets of Haydn, Mozart and Beethoven: Studies of the Autograph Manuscripts*: Isham Memorial Library 1979
Beethoven, Performers and Critics: Detroit 1977, hrsg. von R. Winter und B. Carr, Detroit 1980
S. Kross (Hrsg.): *Beethoven. Mensch seiner Zeit*, Bonn 1980
M. Staehlin (Hrsg.): *Divertimento für Hermann J. Abs. Beethoven-Studien dargebracht zu seinem 80. Geburtstag vom Verein Beethoven-Haus und vom Beethoven-Archiv Bonn*, Bonn 1980
L. Finscher (Hrsg.): *Ludwig van Beethoven*, Darmstadt 1983
L. Lockwood und P. Benjamin (Hrsg.): *Beethoven Essays: Studies in Honor of Elliot Forbes*, Cambridge 1984
F. Lippmann (Hrsg.): *Referate der italienisch-deutschen Colloquien Joseph Haydn und Ludwig van Beethoven* (*Analecta Musicologica*, XXII (1984)), Laaber 1984
Beethoven-Newsletter, hrsg. von W. Meredith (1986-)
S. Brandenburg und H. Loos (Hrsg.): *Beiträge zu Beethovens Kammermusik: Symposion Bonn 1984*, München 1987
K. H. Metzger und R. Riehn (Hrsg.): *Beethoven: Analecta Varia, Musikkonzepte Bd.56*, München 1987
M. Solomon: *Beethoven Essays*, Cambridge 1988
H. Lühning (Hrsg.): *Beethoven. Zwischen Revolution und Restauration*, Bonn 1989
B. Cooper (Hrsg.): *The Beethoven Compendium: A Guide to Beethoven's Life and Music*, London 1991
W. Kinderman (Hrsg.): *Beethoven's Compositional Process*, University of Nebraska 1991

Briefe, Konversationshefte und andere Dokumente

L. Nohl: *Briefe Beethovens*, Stuttgart 1865
L. von Köchel (Hrsg.): *Drei und achtzig neu aufgefundene Original-Briefe Ludwig van Beethovens an den Erzherzog Rudolph*, Wien 1865
L. Nohl: *Neue Briefe Beethovens*, Stuttgart 1867
ders.: *Ludwig van Beethovens Brevier*, Leipzig 1870, 2/1901
ders.: *Die Beethoven-Feier und die Kunst der Gegenwart*, Wien 1871 (Transkription von Beethovens Tagebüchern, 52ff.)
F. Kerst: *Beethoven im eigenen Wort*, Berlin und Leipzig 1904, 2/1905
A. C. Kalischer (Hrsg.): *Beethovens sämtliche Briefe*, Berlin 1906–08, 2. überarbeitete Aufl. 1909–11 von T. von Frimmel
F. Prellinger, (Hrsg.): *Ludwig van Beethoven: sämtliche Briefe und Aufzeichnungen*, Wien 1907–11
L. Schmidt Hrsg.): *Beethoven-Briefe an Nicolaus Simrock, F.G. Wegeler, Eleonore v. Breuning, und Ferd. Ries*, Berlin 1909
E. Kastner (Hrsg.): *Ludwig van Beethoven sämtliche Briefe*, Leipzig 1910, 2. überarbeitete und erw. Aufl. 1923 [Deutsche Standard-Ausgabe von Beethovens Briefen]

A. Leitzmann (Hrsg.): *Ludwig van Beethoven: Berichte der Zeitgenossen, Briefe und persönliche Aufzeichnungen*, Leipzig 2/1921 (Transkription von Beethovens Tagebüchern, II, 241ff.)

M. Unger: *Ludwig van Beethoven und seine Verleger S.A. Steiner und Tobias Haslinger in Wien, Ad. Mart. Schlesinger in Berlin*, Berlin und Wien 1921, Nachdruck Berlin 1981

W. Nohl: *Ludwig van Beethovens Konversationshefte*, I/1, München 1924 (enthält 8 Konversationsbücher von 1819–20)

W. Hitzig: ›Die Briefe Gottfried Härtels an Beethoven‹, *ZMw*, IX (1927), 321

O. G. Sonneck: *Beethoven Letters in America*, New York 1927

E. H. Müller: ›Beethoven und Simrock‹, *Simrock-Jahrbuch*, II (1929), 10–62

G. Schünemann: *Ludwig van Beethovens Konversationshefte*, I–III, Berlin 1941–43

J. G. Prod'homme: *Les cahiers de conversation* 1819–1927, Paris 1946

M. Hamburger (Hrsg.): *Beethoven: Letters, Journals and Conversations*, London 1951

E. Anderson: ›The Text of Beethoven's Letters‹, *ML*, XXXIV (1953), 192

D. Weise: Entwurf einer Denkschrift an das Appelationsgericht, Bonn 1953

ders: ›Ungedruckte oder nur teilweise veröffentlichte Briefe Beethovens aus der Sammlung H.C. Bodmer – Zürich‹, *BeJb* 1953–54, 9–62

S. Ley: *Beethoven: sein Leben in Selbstzeugnissen, Briefen und Berichten*, Wien 1954, 2/1970

H. M. von Asow (Hrsg.): *Ludwig van Beethoven: Heiligenstädter Testament*, Wien 1957

D. W. MacArdle und L. Misch: *New Beethoven Letters*, Norman, Oklahoma 1957

J. Schmidt-Görg: *13 unbekannte Briefe an Josephine Gräfin Deym*, Bonn 1957 [enthält Faksimiles von Briefen]

E. Anderson (Hrsg. und Übers.): *The Letters of Beethoven*, London 1961

D. W. MacArdle: *An Index to Beethoven's Conversations Books*, Detroit 1962

L. Magnani: *I quaderni di conversazione di Beethoven*, Milano 1962

D. Busch-Weise: ›Beethovens Jugendtagebuch‹ *Studien zur Musikwissenschaft*, XXV (1962), 68 [Tagebuch 1792–94]

K.-H. Köhler, G. Herre und D. Beck (Hrsg.): *Ludwig van Beethovens Konversationshefte*, Leipzig 1968-

W. Reich (Hrsg.): Ludwig van Beethoven: *Seine Persönlichkeit im eigenen Wort.* Zürich 1963 [mehrere Nachauflagen]

M. Braubach: *Die Stammbücher Beethovens und der Babette Koch*, Bonn 1970

C. Flamm: ›Ein Verlegerbriefwechsel zur Beethovenzeit‹; in: E. Schenk (Hrsg.): *Beethoven-Studien: Festgabe der Österreichischen Akademie der Wissenschaften*, Wien 1970

K.-H. Köhler und G. Herre (Hrsg.): *Ludwig van Beethoven: neun ausgewählte Briefe an Anton Schindler*, Leipzig 1971 (Faksimiles und Transkription)

J. Schmidt-Görg (Hrsg.): *Des Bonner Bäckermeisters Gottfried Fischer Aufzeichnungen über Beethovens Jugend*, Bonn und München 1971

H. Goldschmidt: ›Beethoven in neuen Brunsvik-Briefen‹, *BeJb* 1977, 97–146

A. Tyson: ›Prolegomena to a Future Edition of Beethoven's Letters‹; in: ders. (Hrsg.): *Beethoven Studies*, II, London 1977, 1–32

C. Brenneis: ›Das Fischhof-Manuskript: Zur Frühgeschichte der Beethoven-Biographik‹; in: H. Goldschmidt (Hrsg.): *Zu Beethoven*, Berlin 1979, 90–116

M. Solomon: ›Beethoven's Tagebuch of 1812–1818‹; in: A. Tyson (Hrsg.): *Beethoven Studies*, III, Cambridge 1982, 193–285

H.-W. Küthen: ›*Quarendo invenietis.* Die Exegese eines Beethoven-Briefes an Haslinger vom 5.September 1823‹; in: M. Bente (Hrsg.): *Musik. Edition. Interpretation. Gedenkschrift Günter Henle*, München 1980, 282–313

M. Mulder: ›An Unpublished Letter Treating the Piano Sonata Op. 109 by Ludwig van Beethoven‹, *In Theory Only*, V/4 (1981), 17–20

E. Paolone: ›L'originale autografo della lettera de 16 aprile 1819 di L. van Beethoven inviata a F. Ries, con le indicazione metronomiche della »Hammerklavier-Sonate« op. 106‹, *Nuova rivista musicale italiana*, XV (1981), 181–96

M. Staehlin (Hrsg.): *Beethovens Brief an den Freiherrn von Schaden von 1787*, Bonn 1982

M. Schuler: ›Unveröffentlichte Briefe von Ludwig van Beethoven und Georg Friedrich Treitschke. Zur dritten Fassung des *Fidelio*‹, *Mf*, XXXV (1982), 53–62

A. Würz und R. Schimkat: *Ludwig van Beethoven in Briefen und Lebensdokumenten*, Stuttgart 1982

E. Bartlitz: ›Ein aufgefundener Beethoven Brief‹; in: H. Goldtschmidt (Hrsg.): *Zu Beethoven II*, Berlin 1984, 10–13

H. C. R. London: ›Two new Beethoven Letters‹; in: R. Elvers (Hrsg.): *Festschrift Albi Rosenthal*, Tutzing 1984, 217–20

W. Osthoff: ›Ein unbekannter Beethoven Brief in Venedig‹; in: H. Leuchtmann und R. Münster (Hrsg.): *Festschrift Kurt Dorfmüller*, Tutzing 1984, 245–56

Beethoven-Haus Bonn (Hrsg): *Ludwig van Beethoven: Der Briefwechsel mit dem Verlag Schott*, München 1985

Beethoven-Haus Bonn (Hrsg.): *Beethovens Kammermusik: Dokumente und Bilder aus dem Besitz des Beethoven-Hauses Bonn*, Bonn 1985

A. Pausch (Hrsg.): *Steuererklärung aus dem Jahr 1818: eigenhändige Fassung des Komponisten mit dem Text des kaiserlichen Steuerpatents von 1806*, Köln 1985

W. Meredith: ›Robert Birchal and Ludwig van Beethoven: Beethoven's Letter of October 1, 1816 reappears‹, *Beethoven-Newsletter*, I (1986), 4–6

Beethoven-Haus Bonn (Hrsg): *Ludwig van Beethoven. Der Brief an die unsterbliche Geliebte*, Bonn 1986

M. Solomon: *Beethovens Tagebuch* (Faksimile, Transkription und Kommentar), Bonn und Mainz 1990

Biographische Abhandlungen

Allgemeines

J. A. Schlosser: *Ludwig van Beethoven*, Prag 1828

F. G. Wegeler und F. Ries: *Biographische Notizen über Ludwig van Beethoven*, Koblenz 1838, ergänzt Bonn 1845, Nachdruck beider Bände 1972, 2. überarbeitete Aufl. 1906 von A. C. Kalischer

A. Schindler: *Biographie von Ludwig van Beethoven*, Münster 1840, 2. erw. Aufl. 1845, 3. überarbeitete Aufl. 1860, Nachdruck Leipzig 1988

L. Nohl: *Beethovens Leben*, Wien 1864 (Bd. 1), 2. erg. Aufl. Leipzig 1867–77

A. W. Thayer: *Ludwig van Beethovens Leben*, 3 Bände, Berlin 1866–1879

T. von Frimmel: *Ludwig van Beethoven*, Berlin 1901, 6/1922
R. Rolland: *La vie de Beethoven*, Paris 1907; deutsch als: Ludwig van Beethoven [mehrere spätere Aufl.]
F. Kerst (Hrsg.): *Die Erinnerungen an Beethoven*, Stuttgart 1913, 2/1925
E. Ludwig: Beethoven: *Life of a Conqueror*, New York 1943
W. Hess: *Beethoven*, Zürich 1956, 2. erw. Aufl. 1976
G. Marek: *Beethoven: Biography of a Genius*, New York 1969
R.M. James: *Beethoven*, Horsham 1982

Bildersammlungen, illustrierte Biographien

T. von Frimmel: *Beethoven Studien*, I: *Beethovens äußere Erscheinung*, München 1905
ders.: *Beethoven im zeitgenössischen Bildnis*, Wien 1923
S. Ley: *Beethovens Leben in authentischen Bildern und Texten*, Berlin 1925, 2. erw. Aufl. 1970
E. Valentin: *Beethoven. Eine Bildbiographie*, München 1955
R. Bory: *Ludwig van Beethoven: his life and his work in Pictures*, Zürich und New York 1960
J. Schmidt-Görg und H. Schmidt (Hrsg.): *Ludwig van Beethoven*, Bonn 1969
H. C. R. Landon (Hrsg.): *Beethoven: a Documentary Study*, London und New York 1970
E. Badura-Skoda: ›Der Bildhauer Anton Dietrich. Ein Beitrag zur Ikonographie Beethovens und Schuberts‹; in: M. Bente (Hrsg.): *Musik. Edition. Interpretation. Gedenkschrift Günter Henle*, München 1984, 30–52
N. von Holst: ›Ein unbekanntes Beethoven-Portrait in den USA, *Österreichische Musikzeitschrift*, XXXIX (1984), 94–95
S. Huchet: ›Beethoven et l'iconographie francaise‹, *Revue internationale de musique francaise*, VIII (1987), 51–70

Charakter und Persönlichkeit

A. de Hevesey: *Beethoven: vie intime*, Paris 1926
G. Adler: *Beethovens Charakter*, Regensburg 1927
E. Newmann: *The Unconscious Beethoven*, London 1927, 2. überarb. Aufl. 1969
M. Solomon: ›Beethoven's Birth Year‹, *MQ*, LVI (1970), 702
ders.: ›Beethoven: the Nobility Pretense‹, *MQ*, LXI (1975), 272
ders.: ›The Dreams of Beethoven‹, *American Imago*, XXXII (1975), 113–144
ders.: ›Beethoven and his Nephew: a Reappraisal‹; in A. Tyson (Hrsg.): *Beethoven Studies* II, London 1977, 138

Erziehung

I. von Seyfried (Hrsg.): *Ludwig van Beethovens Studien im Generalbaß, Contrapunkt und in der Compositionslehre*, Wien 1832, 2/1853, Nachdruck 1970
G. Nottebohm: ›Generalbaß und Compositionslehre betreffende Handschriften Beethovens‹, *Beethoveniana*, Leipzig und Winterthur 1872, 2/1925, R/1970, 154–203

ders.: Beethovens Studien, Leipzig und Winterthur 1873, Nachdruck 1970 [endgültige Widerlegung von Seyfried 1832]
A. Orel (Hrsg.): *Ein Wiener Beethovenbuch*, Wien 1921
G. Schünemann: ›Beethovens Studien zur Instrumentation‹, *NBJb*, VIII (1938), 146
A. Mann: ›Beethoven's Contrapunctal Studies with Haydn‹, *MQ*, LVI (1970), 711
R. Kramer: ›Beethoven and Carl Heinrich Graun‹; in: A. Tyson (Hrsg.): *Beethoven Studies*, I, New York 1973, 18
ders.: ›Notes to Beethoven's Education‹, *JAMS*, XXVIII (1975), 72–101

Beethoven und seine Zeitgenossen

G. von Breuning: *Aus dem Schwarzspanierhause: Erinnerungen an L. van Beethoven aus meiner Jugendzeit*, Leipzig und Wien 1874, 2. überarbeitete Aufl. 1907 von A. C. Kalischer, Neudruck Hildesheim 1970
L. Nohl: *Eine stille Liebe zu Beethoven*, Leipzig 1875, 2/1901 [Tagebücher von Fanny Giannatasio del Rio]
A. C. Kalischer: *Beethoven und seine Zeitgenossen*, Berlin 1908–10
O. G. Sonneck (Hrsg.): *Beethoven: Impressions of Contemporaries*, New York 1926, Nachdruck 1967
S. Ley: *Beethoven als Freund der Familie Wegeler-von Breuning*, Bonn 1927 [enthält Auszüge von F.G. Wegeler und F. Ries: *Biographische Notizen über Ludwig van Beethoven*, und G. Bruening: *Aus dem Schwarzspanierhause*]
J. Heer: *Der Graf von Waldstein und sein Verhältnis zu Beethoven*, Leipzig 1933
D. W. MacArdle: ›Beethoven and George Thompson‹, *ML*, XXXVII (1956), 27
ders.: ›Beethoven and the Bach Family‹, *ML*, XXXIX (1958), 353
ders.: ›Beethoven and the Czernys‹, *The Monthly Musical Record*, LXXXVIII (1958), 124
ders.: ›Beethoven and Grillparzer‹, *ML*, XL (1959), 44
ders,: ›Beethoven and Haydn‹, *The Monthly Musical Record*, LXXXIX (1959), 203
ders.: ›Beethoven and the Archduke Rudolph‹, *BeJb* 1959–60, 36
ders.: ›Anton Felix Schindler, Friend of Beethoven‹, *MR*, XXIV (1960), 50
ders.: ›Beethoven and Ferdinand Ries‹, *ML*, XLVI (1965), 23
ders.: ›Beethoven and Schuppanzigh‹, *MR*, XXVI (1965), 3
ders.: ›Beethoven and Karl Holz‹, *Mf*, XX (1967), 19
M. Solomon: ›Beethoven and Bonaparte‹, *MR*, XXIX (1968), 96
F. W: Sternfeld: ›Goethe and Beethoven‹; in: C.Dahlhaus et al. (Hrsg.): *Bericht über den Internationalen Musikwissenschaftlichen Kongreß Bonn 1970*, Kassel 1971, 587–90
M. Solomon: ›Antonie Brentano and Beethoven‹, *ML*, LVIII (1977)
ders.: ›Schubert and Beethoven‹, *19th Century Music*, III (1979–80), 114
ders.: ›Beethoven and Schiller‹; in *Beethoven, Performers, and Critics*, hrsg. von R. Winter und B. Carr, Detroit 1980, 162–75 (revidierte Version in: M. Solomon: *Beethoven Essays*, Cambridge 1988; deutsche Fassung in: *BMw*, XXIII (1981), 91–103)
O. Biba: ›Beethovens Schüler Erzherzog Rudolph‹, *Musikblätter der Wiener Philharmoniker*, XXXV (1981), 209–24

W. H. Oppersdorff: ›Beethoven und der Graf von Oppersdorff: Zur Vierten und Fünften Symphonie‹, *Schlesien, Kunst, Wissenschaft, Volkskunde*, II (1981), 65–76

M. D. Williams: ›Rodolphe Kreutzer vs. Beethoven and Berlioz‹; in: T. Noblitt (Hrsg.): *Music East and West: Essays in Honor of Walter Kaufmann*, New York 1981, 273–82

E. Badura-Skoda: ›Reminiszenzen an Beethoven, Schubert und einige Maler der Wiener Biedermeierzeit. Aus den Gedenkblättern von Franz Stohl‹; in: M. Angerer et al. (Hrsg.): *Festschrift Othmar Wesseley zum 60. Geburtstag*, Tutzing 1982, 53–65

D. E. Monson: ›The Classic-Romantic Dichotomy, Franz Grillparzer and Beethoven‹, *International Review of the Aesthetics and Sociology of Music*, XIII (1982), 161–75

M. Staehlin: *Hans Georg Nägeli und Ludwig van Beethoven. Der Zürcher Musiker, Musikverleger und Musikschriftsteller in seinen Beziehungen zu dem großen Komponisten*, Zürich 1982

A. Tyson: ›Ferdinand Ries (1784–1838): the History of his Contribution to Beethoven Biography‹, *19th Century Music*, VII (1984), 209–21

J. Webster: ›The Falling-Out between Haydn and Beethoven: the Evidence of the Sources‹, in: L. Lockwood und P. Benjamin (Hrsg.): *Beethoven Essays: Studies in Honor of Elliot Forbes*, Cambridge 1984, 3–45

S. Kagan: *Archduke Rudolph, Beethoven's Patron, Pupil and Friend: His Life and Music*, Stuyvesant 1988

V. O. Beahrs: ›Beethoven, Bonaparte and the Republican Ideal – Exploring Alternative Perspectives‹, *Beethoven-Newsletter*, IV (1989), 25, 34–40

Rezeption

H. K. Breidenstein: *Die Inauguration des Beethoven-Monuments zu Bonn*, Bonn 1845, Nachdruck 1983

A. Schmitz: *Das romantische Beethoven-Bild*, Berlin und Bonn 1927, Nachdruck Darmstadt 1978

H. H. Eggebrecht: *Zur Geschichte der Beethoven-Rezeption*, Mainz 1972

W. S. Newman: ›Liszt's Interpreting of Beethoven's Piano-Sonatas‹, *MQ*, LVIII (1972), 185–209

K. Kropfinger: *Wagner und Beethoven*, Regensburg 1975

O. E. Albrecht: ›America's early Acquaintance with Beethoven‹; in: M. Bente (Hrsg.): *Musik. Edition. Interpretation. Gedenkschrift Günter Henle*, München 1980, 13–22

M. Carner: ›A Beethoven Movement and its Successors‹; in: ders.: *Major and Minor*, London 1980

C. Dahlhaus: ›Beethoven-Mythos und Wirkungsgeschichte‹; in: ders. (Hrsg.): *Neues Handbuch der Musikwissenschaft Bd.6*, Wiesbaden/Laaber 1980, 62–67

J. Wolff: ›Sozialgeschichtliche Probleme der Beethoven-Rezeption‹; in: H. Kühn und P. Nitsche (Hrsg.): *Bericht über den Internationalen Musikwissenschaftlichen Kongress Berlin* 1974, Kassel 1980

I. Barbag-Drexler: ›Chopin a Beethoven‹; in: J. Krassowski (Hrsg.): *Muzyka fortepianowa*, IV, Danzig 1981, 72–95

C. Dahlhaus: ›E. T. A. Hoffmanns Beethoven-Kritik und die Ästhetik des Erhabenen‹, *AMw*, XXXVIII (1981), 79–92

V. Kalisch: ›Zu Mahlers Instrumentationsretuschen in den Sinfonien Beethovens‹, *Revue Musicale Suisse*, CXXI (1981), 17–22

M. A. Radice: ›Bartok's Parodies of Beethoven: The Relationship between Opp. 131, 132 and 133 and Bartok's Sixth String Quartet and Third Piano Concerto‹, *MR*, XLII (1981), 252–60

N. Temperley: ›Schubert and Beethoven's Eight-six Chord‹, *19th Century Music*, V (1981), 142–54

D. Dietrich: ›Friedrich Silchers Bearbeitungen Beethovenscher Sinfonien und Sonatensätze im Lichte der frühen Beethoven-Rezeption‹, *Jahrbuch des Staatlichen Instituts für Musikforschung* 1981–82, 93–120

B. Göpfert und J. Schlichte: ›Johann August Strindberg: Ein Beispiel literarischer Musikrezeption um 1900‹, *Jahrbuch des Staatlichen Instituts für Musikforschung* 1981–82, 121–38 [zu Beethovens op. 31/2]

G. Pestelli: *Beethoven a Torino e in Piemonte nell'ottocento*, Turin 1982

W. Klüppelholz und H.J. Busch (Hrsg.): *Musik gedeutet und gewertet. Dokumente zur Rezeptionsgeschichte*, Kassel/München 1983 [darin zu Beethovens Sinfonie Nr.3: 52–87]

W. S. Newman: ›The Beethoven Mystique in Romantic Art, Literature and Music‹, *MQ*, LXIX (1983), 354–87

M. Staehlin: ›Zum Verhältnis von Mozart- und Beethoven Bild im 19. Jahrhundert‹, *Mozart-Jahrbuch* 1980–83, 17–22

C. Floros: ›Brahms – Der zweite Beethoven?‹; in: C. Floros, H-J. Marx und P. Petersen (Hrsg.): *Brahms und seine Zeit* (Hamburger Jahrbuch für Musikwissenschaft 7), Laaber 1984, 235–58

M. Fuchs: *»So pocht das Schicksal an die Pforte«: Untersuchungen und Vorschläge zur Rezeption sinfonischer Musik des 19. Jahrhunderts*, München/Salzburg 1984

B. Sponheuer: ›Beethoven vs Rossini: Anmerkungen zu einer ästhetischen Kontroverse des 19. Jahrhunderts‹; in: C-H. Mahling und S. Wiesmann (Hrsg.): *Bericht über den Internationalen Musikwissenschaftlichen Kongreß Bayreuth 1981*, Kassel 1984, 398–403

K. M. Craig: ›The Beethoven Symphonies in London: Initial Decades‹, *College Music Symposium*, XXV (1985), 73–91

R. Hayes: ›Onslow and Beethoven's Late Quartets‹, *Journal of Musicology Research*, V (1985), 273–96

E. Hilmar: ›Mahlers Beethoven-Interpretationen‹; in: R. Stephan (Hrsg.): *Mahler-Interpretationen*, Mainz 1985, 29–44

R. Angermüller: ›Zu den Kirchenmusik-Produktionen der K.K.Hofkapelle in Wien 1820–1896: Mozart – Beethoven, *Kirchenmusikalisches Jahrbuch*, LXIX (1986), 23–71

W. E. Grim: ›»An End without any Return«: Thomas Mann's Descpription of Beethoven's Opus 111‹, *St. Andrews Review*, XXX (1986), 125–34

W. Jank: ›Beethoven als Symbol: Wiener Arbeiter-Musikbewegung und »musikalisches Erbe«‹; in: H-W. Heister, H. Lück (Hrsg.): *Musik, Deutung, Bedeutung: Festschrift für Harry Goldschmidt zum 75. Geburtstag*, Dortmund 1986, 36–49

H. Loos (Hrsg.): *Beethoven und die Nachwelt. Materialien zur Wirkungsgeschichte Beethovens*, Bonn 1986

M. Porot und J. Miermont: *Beethoven et les malentendus*, Rueil-Malmaison 1986

P. Schleuning: ›»Ein einziger Liebesschrei« – »an die ferne Geliebte«: Der erste Satz von Schumanns Klavierfantasie op.17‹; in: H-W. Heister, H. Lück (Hrsg.): *Musik, Deutung, Bedeutung: Festschtrift für Harry Goldschmidt zum 75. Geburtstag*, Dortmund 1986, 80–85

W. M. Senner: ›The Reception of Beethoven's Musical Compositions by His Contemporaries‹, *Beethoven-Newsletter*, I (1986), 7–9

A. S. Sokolov: ›Bethovenskaja tradicija v kvatetnom tvorcestve Sostokovica [Die Beethoven-Tradition in den Quartetten Schostakowitschs]‹, in: K.W. Niemöller, V. Zackerackij (Hrsg.): *Bericht über das Internationale Dimitri-Schostakowitsch-Symposion Köln 1985*, Regensburg 1986, 305–326

C. Suttoni: ›Young Liszt, Beethoven and Madame Montgolfier‹; in: J. Ujfalussy (Hrsg.): *Internationales Ferenc Liszt Symposium*, Budapest 1986, 21–34

R. Wallace: *Beethoven's Critics: Aesthetic Dilemmas and Resolutions during the Composers Lifetime*, Cambridge 1986

A. Comini: *The Changing Image of Beethoven: a Study in Mythmaking*, New York 1987

U. Jung-Kaiser: ›Moritz von Schwinds Gemälde »Eine Symphonie«. Neuartige Aspekte zur Beethovenrezeption, insbesondere der Chorfantasie op.80‹, *Zeitschrift für Musikpädagogik*, XII (1987), 33–38

H. Kinzler: ›Eine Beethoven-Metamorphose Chopins: Ein Beispiel unbewußter musikalischer Informationsverarbeitung‹; in: W. Konold (Hrsg.): *Deutsch-Polnische Musikbeziehungen (Musik ohne Grenzen* 2), München 1987, 30–53

B. A. Kraus: ›La pénétration de l'œuvre de Beethoven en France à travers les annonces de la presse musicale‹, *Revue internationale de musique francaise*, VIII (1987), 33–50

S. Kunze: ›Beethovens Spätwerk und seine Aufnahme bei den Zeitgenossen‹; in: S. Brandenburg und H. Loos (Hrsg.): *Beiträge zu Beethovens Kammermusik*, München 1987, 59–78

S. Kunze (Hrsg.): *Ludwig van Beethoven. Die Werke im Spiegel seiner Zeit. Gesammelte Konzertberichte und Rezensionen bis* 1830, Laaber 1987

D. Pistone: ›Beethoven et Paris. Repères historiques et évocations contemporaines‹, *Revue internationale de musique francaise*, VIII (1987), 7–32

S. Brandenburg (Hrsg.): *Beethoven und Böhmen. Beiträge zu Biographie und Wirkungsgeschichte Beethovens*, Bonn 1988

M. Brzoska: ›Das »Anscheinende« der »Willkür«. E.T.A. Hoffmanns Es-dur Symphonie und seine Beethoven-Deutung‹, *Musiktheorie*, III (1988), 141–155

F. Schären (Hrsg.): *Beethoven im Werk von Thomas Mann*, Bern 1988

J. B. Jones: ›Beethoven and Schumann: Some Literary and Musical Allusions‹, *MR*, XLVIII/IL (1988/89), 114–25

S. Burnham: ›Criticism, Faith and the *Idee*: A.B. Marx's Early Reception of Beethoven‹, *19th Century Music*, XIII (1990), 183–92

M. S. Morrow: ›Of Unity and Passion: The Aesthetics of Concert Criticism in Early Nineteenth-Century Vienna‹, *19th Century Music*, XIII (1990), 193–206

Elisabeth Eleonore Bauer: *Wie Beethoven auf den Sockel kam*, Stuttgart 1992

Die ›unsterbliche Geliebte‹

M. Tenger: *Beethovens unsterbliche Geliebte nach persönlichen Erinnerungen*, Bonn 1890

La Mara (Pseud. von M. Lipsius): *Beethovens unsterbliche Geliebte*, Leipzig 1909

W. A. Thomas-San-Galli: *Die unsterbliche Geliebte Beethovens, Amalie Sebald*, Halle 1909

M. Unger: *Auf den Spuren von Beethovens unsterblicher Geliebten*, Langensalza 1911

La Mara (Pseud. von M. Lipsius): *Beethoven und die Brunsviks*, Leipzig 1920

O. G. Sonneck: *The Riddle of the Immortal Beloved*, New York 1927

S. Kaznelson: *Beethovens ferne und unsterbliche Geliebte*, Zürich 1954

M. Solomon: ›New Light on Beethoven's Letter to an Unknown Woman‹, *MQ*, LVIII (1972), 572 [identifiziert als die betreffende Person: Antonie Brentano]

G. Brosche-Graeser: *Beethovens unsterbliche Geliebte: Legende, Vermutung, Tatsachen*, Wien 1974

H. Goldtschmidt: *Beethoven-Studien*, II: *Um die unsterbliche Geliebte: eine Bestandsaufnahme*, Leipzig 1977

M. Solomon: ›Antonie Brentano and Beethoven‹, *ML*, LVIII (1977), 153

H. Goldschmidt: *Um die unsterbliche Geliebte. Ein Beethovenbuch*, München 1980

R. Klein und H. Schmidt: ›Neue Hypothesen um Beethovens »unsterbliche Geliebte« ‹, *Österreichische Musikzeitschrift*, XXXV (1980), 28–34

M.-E. Tellenbach: *Beethoven und seine ›unsterbliche Geliebte‹ Josephine Brunswick*, Zürich 1983

V. Beahrs: ›The Immortal Beloved revisted‹, *Beethoven-Newsletter*, I (1986), 17, 22–24

M. Solomon: ›Recherche de Josephine Deym‹, *Beethoven-Newsletter*, II (1987), 21–26

V. Oakley Beahrs: ›The Immortal Beloved Riddle Reconsidered‹, *MT*, CXXIX (1988), 64–70

M.-E. Tellenbach: ›Beethoven e Josephine, contessa Brunswick: 1799—1821‹, *nuova rivista musicale italiana.* XXV (1991), 355–374

Abhandlungen zu anderen Themen

W. Schweisheimer: *Beethovens Leiden: ihr Einfluß auf sein Leben und Schaffen*, Leipzig 1922

J. M. Levien: *Beethoven and the Royal Philharmonic Society*, London 1927

W. Nohl: Beethoven: *Geschichten und Anekdoten*, Berlin 1927

R. Van Aerde: *Les ancetres flamands de Beethoven*, Malines 1927

E. Closson: *L'élément flamand dans Beethoven*, Brüssel 1928, 2/1946

M. Sorsby: ›Beethoven's Deafness‹, *Journal of Laryngology and Otology*, XLV (1930), 529–44

J. Boyer: *Le ›romantisme‹ de Beethoven*, Paris 1939

D. W. MacArdle: ›The Family van Beethoven‹, *MQ*, XXXV (1949), 528 [enthält wichtige Literaturhinweise]

B. Bartels: *Beethoven and Bonn*, Dinkelsbühl 1954

E. und R. Sterba: *Beethoven an his Nephew*, New York 1954

W. Forster: *Beethovens Krankheiten und ihre Beurteilung*, Wiesbaden 1955

S. Ley: *Aus Beethovens Erdentagen*, Siegburg 1957

D. W. MacArdle: ›Beethoven and the Philharmonic Society of London‹, *MR*, XXI (1960), 1

D. W. MacArdle: ›Beethoven and Handel‹, *ML*, XLI (1960), 33–37

L. G. Bachmann: *Beethoven contra Beethoven: Geschichte eines berühmten Rechtsfalles*, München 1963

S. J. London: ›Beethoven, Case Report of a Titan's Last Crisis‹, *Archives of Internal Medicine*, CXIII (1964), 442–48

J. Schmidt-Görg: *Beethoven: die Geschichte seiner Familie*, München 1964 [Standard-Genealogie]

A. Tyson: ›Beethoven's Heroic Phase‹, *MT*, CX (1969), 139

R. Klein: *Beethovenstätten in Österreich*, Wien 1970

E. Larkin: ›Beethoven's Medical History‹, ergänzendes Kapitel zu M. Cooper: *Beethoven: The Last Decade*, London 1970, 439

K. Smolle: *Wohnstätten Ludwig van Beethovens von 1792 bis zu seinem Tod*, München und Duisburg 1970

P. J. Willetts: *Beethoven and England: An Account of Sources in the British Museum*, London 1970

F. Knight: *Beethoven and the Age of Revolution*, London 1973

P. Stadlen: ›Schindler's Forgeries‹, *MT*, CXVIII (1977), 549

ders.: ›Zu Schindlers Fälschungen in Beethovens Konversationensheften‹, *Österreichische Musikzeitschrift*, XXXII (1977), 246–252

ders.: ›Schindler and the Conversation Books‹, *Soundings*, VII (1978), 2–18

ders.: ›Schindler und die Konversationshefte‹, *Österreichische Musikzeitschrift*, XXXIV (1979), 2–18

H. Goldschmidt: ›Aspekte gegenwärtiger Beethoven-Forschung. Biographie‹, in: ders. (Hrsg.): *Zu Beethoven*, Berlin 1979, 167—243

A. Bush: ›The Greatness of Beethoven‹; in: ders: *In my eight Decade, and other Essays*, London 1980, 49–61

G. Knepler: ›Neue Beethoven-Forschungen‹, *BMw*, XXII (1980), 145–49

M. Staehlin: ›Aus der Welt der frühen Beethoven-»Forschung«. Aloys Fuchs in Briefen an Anton Schindler‹; in: M. Bente (Hrsg.): *Musik. Edition. Interpretation. Gedenkschrift Günter Henle*, München 1980, 427–46

Beethoven-Gedenkstätte in Florisdorf, 1210 Wien, Jeneweingasse 17, Festschrift anläßlich des zehnjährigen Bestandes des Vereins der Freunde der Beethoven-Gedenkstätte in Florisdorf, Wien 1981

M. Staehlin: ›Die Beethoven Materialien im Nachlass von Ludwig Nohl‹, *BeJb* 1978/81, 201–19

J. Crabbe: *Beethoven's Empire of the Mind*, Newsbury 1982

A. M. Hanson: ›Incomes and Outgoings in the Vienna of Beethoven and Schubert‹, *ML*, LXIV (1983), 173–82

M. Solomon: ›Beethoven's Magazin der Kunst‹, *19th Century Music*, VIII (1984), 199–208

O. Biba: ›Neue Beethoveniana in den Sammlungen der Gesellschaft der Musikfreunde in Wien, *Österreichische Musikzeitschrift*, XLI (1986), 635–39

T. Volek und J. Macek: ›Beethoven's Rehearsals at the Lobkowitz's‹, *MT*, CXXVII (1986), 75–80

D. Pistone (Hrsg.): *Revue internationale de musique franciase* 22 (Febr. 1987): ›Beethoven à Paris‹, Paris 1987

F. Slezak: *Beethovens Wiener Originalverleger* (Forschungen und Beiträge zur Wiener Stadtgeschichte 17), Wien 1987

Abhandlungen zu Leben und Werk

W. von Lenz: *Beethoven: eine Kunst-Studie*, Kassel und Hamburg 1855–60, 2. überarbeitete Aufl. 1908 von A.C. Kalischer, Nachdruck: New York 1980
A. B. Marx: *Ludwig van Beethoven: Leben und Schaffen*, Berlin 1859, 6/1911
W. J. von Wasielewski: *Ludwig van Beethoven*, Berlin 1888, 2/1895
G. Grove: ›Beethoven, Ludwig van‹, *Grove* 1; Abdruck in *Beethoven-Schubert-Mendelsohn*, London 1951
P. Bekker: *Beethoven*, Berlin und Leipzig 1911, zahlreiche weitere Aufl.
V. d'Indy: *Beethoven: biographie critique*, Paris 1911, 2/1927
W. A. Thomas-San-Galli: *Ludwig van Beethoven*, München 1913, 8/1920
J. G. Prod'homme: *La jeunesse de Beethoven*, Paris 1920, 3/1937
L. Schiedermair: *Der junge Beethoven*, Leipzig 1925, 3/1951
H. Grace: *Ludwig van Beethoven*, London 1927
A. Schmitz: *Beethoven*, Bonn 1927
R. Rolland: *Les grandes époques créatrices*, Paris 1928–1957
R. H. Schauffler: *Beethoven: the Man who Freed Music*, London und New York 1929
F. Howes: *Beethoven*, London 1933
E. Bücken: *Ludwig van Beethoven*, Potsdam 1934
M. Scott: *Beethoven*, London 1934, 2. überarbeitete Aufl. 1947 von J.A. Westrup
W. Riezler: *Beethoven*, Berlin und Zürich 1936, 9/1966
A. E. F. Dickinson: *Beethoven*, London 1941
J. N. Burk: *The Life and Works of Beethoven*, New York 1943
J. Schmidt-Görg: ›Beethoven, Ludwig van‹, *MGG*
J. und B. Massin: *Ludwig van Beethoven*, Paris 1967; deutsch als *Beethoven*, München 1970
J. und B. Massin: *Recherche de Beethoven*, Paris 1970
M. Cooper: *Beethoven: the Last Decade*, 1817–1827, London 1970, revidierte Neuaulage, Oxford 1985
M. Solomon: *Beethoven*, New York 1977, deutsch: München 1979
D. Rexroth: *Beethoven. Monographie*, München/Mainz 1982
G. C. Ballola: *Beethoven: La vita e la musica*, Mailand 1985
D. Matthews: *Beethoven*, London 1985
M. Salomon: ›Ludwig van Beethoven‹, in: H. Goldschmidt, G. Knepler und K. Niemann (Hrsg.): *Komponisten, auf Leben und Werk befragt*, Leipzig 1985, 222–39
C. Dahlhaus: *Ludwig van Beethoven und seine Zeit*, Laaber 1987
C. Canisius: *Beethoven. »Sehnsucht und Unruhe in der Musik«*, München/Mainz 1992

Abhandlungen zu den Werken

allgemeine und historische Beurteilungen

W. von Lenz: *Beethoven et ses trois styles*, St. Petersburg 1852–53, 2/1909
A. Oulibicheff: *Beethoven, ses critiques et ses glossateurs*, Leipzig und Paris 1857
H. Berlioz: *A travers chants*, Paris 1862; deutsch als: *A Travers Chants, Musikalische Studien*, Leipzig 1864, sowie als *Musikalische Streifzüge* (Band 6 der *Literarischen Werke*), Leipzig 1912
R. Wagner: *Beethoven*, Leipzig 1870, zahlreiche weitere Aufl.
D. G. Mason: *Beethoven and his Forerunners*, New York 1904, 2/1930
F. Volbach: *Beethoven*, München 1905
E. Walker: *Beethoven*, London 1905, 3/1920
G. Becking: *Studien zu Beethovens Personalstil: das Scherzothema*, Leipzig 1921
H. Mersmann: *Beethoven: die Synthese der Stile*, Berlin 1922
A. Schmitz: *Beethovens ›zwei Prinzipe‹*, Berlin und Bonn 1923
F. Cassirer: *Beethoven und die Gestalt: ein Kommentar*, Stuttgart 1925
A. Halm: *Beethoven*, Berlin 1926, Nachdruck 1971
K. Kobald: *Beethoven: seine Beziehungen zu Wiens Kunst und Kultur*, Wien 1926, zahlreiche weitere Aufl.
J. W. N. Sullivan: *Beethoven: his Spiritual Developement*, London 1927, 2/1936
D. F. Tovey: ›Some Aspects of Beethovens Art-forms‹, *ML*, VIII (1927), 131, Reprint in: *Essays and Lectures on Music*, London 1949
W. J. Turner: *Beethoven: the Search for Reality*, London 1927, 2/1933
A. Schering: *Beethoven in neuer Deutung*, Leipzig 1934
R. Kolisch: ›Tempo and Character in Beethoven's Music‹, *MQ*, XXIX (1943), 169–87, 291–312
D. F. Tovey: *Beethoven*, London 1944
K. von Fischer: *Die Beziehung von Form und Motiv in Beethovens Instrumentalwerken*, Strasburg und Zürich 1948, 2. erw. Aufl. 1972
A. E. F. Dickinson: ›Beethoven's Early Fugal Style‹, *MT*, XCVI (1955), 76–79
L. Ronga: *Bach, Mozart, Beethoven: tre problemi critici*, Venedig 1956
L. Misch: *Die Faktoren der Einheit in der Mehrsätzigkeit der Werke Beethovens*, München und Duisburg 1958
C. Rosen: *The Classical Style*, New York 1971; deutsch als: *Der klassische Stil*, München 1983
M. Solomon: ›The Creative Periods of Beethoven‹, *MR*, XXXIV (1973), 30
H. Goldschmidt: *Beethoven: Werkeinführungen*, Leipzig 1975
M. Kopfermann: *Beiträge zur Musikalischen Analyse der späten Werke Ludwig van Beethovens*, München 1975
H. Goldschmidt: ›Beethoven in der Analyse‹, *BMw*, XIX/1 (1977)
N. J. Schneider: ›Mediantische Harmonik bei Ludwig van Beethoven‹, *AMw*, XXXV (1978), 210–30
W. Drabkin: ›Beethoven's Sketches and the Thematic Process‹, *PRMA*, CV (1978–9), 25–36
C. Dahlhaus: ›Beethovens Spätstil‹; in: ders. (Hrsg.): *Neues Handbuch der Musikwissenschaft, Bd.* 6, Wiesbaden/Laaber 1980, 67–72
C. Rosen: *Sonata Forms*, New York 1980, revidierte Neuauflage 1988

W. Hess: *Beethoven. Studien zu seinem Werk*, Wintherthur 1981

B. Shamgar: ›On Locating the Retransition in Classic Sonata Form‹, *MR*, XLII (1981), 130–43

W. Steinbeck: › »Ein wahres Spiel mit musikalischen Formen« Zum Scherzo Ludwig van Beethovens‹, *AMw*, XXXVIII (1981), 194–226

G. Boringhieri: ›Beethoven autore di Scherzi‹, *Nuova rivista musicale italiana*, XVI (1982), 541–60

P. Cahn: ›Aspekte der Schlußgestaltung in Beethovens Instrumentalwerken‹, *AMw*, XXXIX (1982), 19–31

D. B. Grenne: *Temporal Process in Beethoven's Music*, New York 1982

D. Johnson: ›1794–1795: Decisive Years in Beethovens's Early Development‹; in: A. Tyson (Hrsg.): *Beethoven Studies*, III, Cambridge 1982, 1

J. Kerman: ›Notes on Beethoven's Codas‹; in: A. Tyson (Hrsg.): *Beethoven Studies*, III, Cambridge 1982, 141–159

C. von Blumröder: ›Vom Wandel musikalischer Aktualität. Anmerkungen zum Spätstil Beethovens‹, *AMw*, XL (1983), 24–37

W. Mellers: *Beethoven and the Voice of God*, London 1983

W. Schenkman: ›Rhythmic Motifs as Key to Beethoven's Characteristic Phrase Structure‹, *MR*, XLIV (1983), 186–93

U. Jung: ›Metasprachliche Dimensionen bei Beethoven: Fragen an sein Spätwerk‹; in H-C. Mahling und S. Wiesmann (Hrsg.): *Bericht über den Internationalen Musikwissenschaftlichen Kongreß Bayreuth 1981*, Kassel 1984, 383–390

R.H. Rowen: ›Beethoven's Parody of Nature‹; in: E. Strainchamps, M.R. Maniates und C. Hatch (Hrsg.): *Music and Civilization: Essays in Honor of Paul Henry Lang*, New York/London 1984, 44—55

J. Jiránek: ›Beethovens revolutionäre Ästhetik‹; in: J. Mainka und P. Wicke (Hrsg.): *Wegzeichen: Studien zur Musikwissenschaft*, Berlin 1985, 34–61

S. Schmalzriedt: ›Charakter und Drama: Zur historischen Analyse von Haydenschen und Beethovenschen Sonatensätzen‹, *AMw*, XLII (1985), 37–66

J. Viret: › »Sepultus est, et resurrexit«: Sur la signification du troisième style beethovénien‹, *Revue Musicale de Suisse Romande*, XXXVIII (1985), 62–76

C. Dahlhaus: ›Entwicklung und Abstraktion‹, *AMw*, XLIII (1986), 91—108

W. Mededith: ›Beethoven's Creativity: his Work Habits‹, *Beethoven-Newsletter*, I (1986), 37–44

I. Pfingsten: ›Ökonomie der musikalischen Mittel in der formalen Gestaltung bei Mozart und Beethoven, aufgezeigt an dreiteiligen Liedstrukturen in Kaviersonaten‹, *Musiktheorie*, I (1986), 217–37

M. E. Broyles: *Beethoven: The Emergence and Evolution of Beethoven's Heroic Style*, New York 1987

F. Klausmeier: ›Beethovens neuer Stil musikalisch interpretiert‹, *Musica*, XLI (1987), 231–40

R. Kramer: ›Gradus ad Parnassum: Beethoven, Schubert, and the Romance of Counterpoint‹, *19th Century Music*, XI (1987), 107–120

W. Osthoff: ›Das »Sprechende« in Beethovens Instrumentalmusik‹; in: S. Brandenburg und H. Loos (Hrsg.): *Beiträge zu Beethovens Kammermusik*, München 1987, 11–40

W. Seidel: ›Die ältere Zyklustheorie, überdacht im Hinblick auf Beethovens Werk; in: S. Brandenburg und H. Loos (Hrsg.): *Beiträge zu Beethovens Kammermusik*, München 1987, 273–82

E. Enns: *Beethoven als Bearbeiter eigener Werke*, Taunusstein 1988
B. Cooper: *Beethoven and the Creative Process*, Oxford 1990
E. R. Sisman: Tradition and Transformation in the Alternating Variations of Haydn and Beethoven‹, *Acta musicologica*, LXII (1990), 152–82
C. Dahlhaus, A. Riethmüller und A.L. Ringer (Hrsg.): *Beethoven. Interpretationen seiner Werke*, Laaber 1992 [?]

Orchesterwerke

G. Grove: *Beethoven's Nine Symphonies*, London 1884, 2. erw. Aufl. als *Beethoven and his Nine Symphonies*, 3/1898, Nachdruck 1962
J.-G. Prod'homme: *Les symphonies de Beethoven*, Paris 1906, 5/1949
F. Weingartner: *Ratschläge für Aufführungen der Symphonien Beethovens*, Leipzig 1906, 2. überarb. Aufl. 1916
H. Schenker: *Beethovens Neunte Sinfonie*, Wien und Leipzig, 1912, Nachdruck 1969
ders.: *Beethovens Fünfte Sinfonie*, Wien 1925, Nachdruck 1969
J. Braunstein: *Beethovens Leonore-Ouvertüren*, Leipzig 1927
K. Nef: *Die neun Sinfonien Beethovens*, Leipzig 1928, Nachdruck 1970 und 1983
D. F. Tovey: *Beethoven's Ninth Symphony*, London 1928
A. Halm: ›Über den Wert musikalischer Analysen‹, I: Der Fremdkörper im ersten Satz der Eroica', *Die Musik*, XXI/2 (1929), 48
H. Schenker: ›Beethovens Dritte Sinfonie, in ihrem wahren Inhalt zum erstenmal dargestellt‹, *Das Meisterwerk in der Musik*, III, München 1930, Nachdruck 1974, 29–101
R. Vaughan Williams: *Some Thoughts on Beethoven's Choral Symphony, with other Musical Subjects*, London 1953
H. C. R. London: ›The *Jena* Symphony‹, *MR*, XVIII (1957), 109–13
P. Badura-Skoda: ›Eine wichtige Quelle zu Beethovens 4. Klavierkonzert‹, *Österreichische Musikzeitschrift*, XIII (1958), 418–26
A. L. Ringer: ›Clementi and the *Eroica*‹, *MQ*, XLVII (1961), 454–68
W. Osthoff: *Ludwig van Beethoven: Klavierkonzert Nr.* 3, *C-moll op. 37*, München 1965
C. Westphal: *Vom Einfall zur Symphonie: Einblick in Beethovens Schaffensweise*, Berlin 1965 [zur 2. Symphonie]
A. Tyson: ›Textual Problems of Beethoven's Violin Concerto‹, *MQ*, LIII (1967), 482
F. E. Kirby: ›Beethoven's Pastoral Symphony as a Sinfonia caracteristica‹, *MQ*, LVI (1970), 605
L. Lockwood: ›Beethoven's Unfinished Piano Concerto of 1815: Sources and Problems‹, *MQ*, LVI (1970), 624
R. Simpson: *Beethoven Symphonies*, London 1970, Neuauflage 1986
E. Forbes, (Hrsg.): *L. van Beethoven: Symphony no. 5 in C minor. An Authorative Score, the Sketches, Historical Background, Views and Comments*, New York 1971 (Nortons kritische Partiturausgabe)
S. A. Kojima: ›Die Solovioline-Fassungen und -Varianten von Beethovens Violinkonzert op.61 – ihre Entstehung und Bedeutung‹ *BeJb* 1971–72, 97–145

F. d'Amico: *Sulle sinfonie di Beethoven*, Rom 1973

P. Gossett: ›Beethoven's Sixth Symphony: Sketches for the First Movement‹, *JAMS*, XXVII (1974), 248–84

T. Antonicek: ›Humanitätssymbolik im Eroica-Finale‹; in: T. Antonicek, R. Flotzinger und O. Wessely (Hrsg.): *De ratione in musica: Festschrift Erich Schenk*, Kasssel 1975, 144–155

A. Tyson: ›The Problem of Beethoven's »First« Leonore Overture‹, *JAMS*, XXVIII (1975), 292–334

R. Kramer: ›An Unfinished Concertante of 1802‹; in: A. Tyson (Hrsg.): *Beethoven Studies* 2, London 1977, 33–65

A. Tyson: ›Yet Another »Leonore« Overture?‹, *ML*, LVIII (1977), 192

B. Churgin: ›A New Edition of Beethoven's Fourth Symphony: Editorial Report‹, *Israel Studies in Musicology*, I (1978), 11–53

A. Fecker: *Die Entstehung von Beethovens Musik zu Goethes Trauerspiel Egmont. Eine Abhandlung über die Skizzen*, Hamburg 1978

C. Floros: *Beethovens Eroica und Prometheus-Musik*, Wilhelmshaven 1978

P. Gülke: *Zur Neuausgabe der Sinfonie Nr. 5 von Ludwig van Beethoven: Werk und Edition*, Leipzig 1978

L. Pike: *Beethoven, Sibelius and the »Profound Logic«: Studies in Symphonic Analysis*, London 1978

C. Dahlhaus: *Ludwig van Beethoven: IV. Symphonie B-dur, op. 60*, München 1979

W. Konold: *Ludwig van Beethoven: 5. Sinfonie c-moll, op.* 67. Partitur, Werkeinführung und Analyse, Mainz 1979

S. Levarie: ›Once More: the Slow Introduction to Beethoven's First Symphony‹, *MR*, XL (1979), 168–75

D. Rexroth: *Ludwig van Beethoven: Sinfonie Nr.* 9, op. 121. Partitur, Werkeinführung und Analyse, Mainz 1979

W. Seidel: *Ludwig van Beethoven: I. Symphonie, op.* 21, München 1979

L. Treitler: ›History, Criticism, and Beethoven's Ninth Symphony‹, *19th Century Music*, III (1979–80), 193–210

W. Gerstenberg: ›Das Allegretto in Beethovens VII. Symphonie‹; in: D. Altenburg (Hrsg.): *Ars musica, musica scientia. Festschrift Heinrich Hüschen*, Köln 1980. 171–74

T. Göllner: ›Beethovens Ouvertüre‹ *Die Weihe des Hauses* und Händels Trauermarsch aus *Saul*, in: D. Altenburg (Hrsg.): *Ars musica, musica scientia. Festschrift Heinrich Hüschen*, Köln 1980, 181–89

A. Fecker: ›Beethovens *Egmont*-Musik‹. Entstehungsgeschichte anhand der Skizzen; in: H. Kühn und P. Nitsche (Hrsg.): *Bericht über den Internationalen Musikwissenschaftlichen Kongress Berlin* 1974, Kassel 1980, 355–58

C. Hill: *Early Versions of Beethoven's Second Symphony, Musicology*, VI (1980), 90–110

J. Lochhead: ›Musical Reference: a Source of Meaning in the First Movement of the »Eroica«‹, *Theory and Pratice*, V (1980), 32–39

H. Unverricht: *Ludwig van Beethoven: 6. Sinfonie, op. 68, »Pastorale«. Partitur, Werkeinführung und Analyse*, Mainz 1980

E. Voss: ›Zur Frage der Wiederholung von Scherzo und Trio in Beethovens fünfter Symphonie‹, *Mf*, XXXIII (1980), 195–99

M. Wendt: ›Die Zeit der großen äußeren Erfolge: Die Auseinandersetzung um Beethovens Opus 91, *Wellingtons Sieg oder die Schlacht bei Vittoria*‹; in: S. Kross (Hrsg.): *Beethoven. Mensch seiner Zeit*, Bonn 1980, 73–96

R. Winter: ›The Sketches of the »Ode to Joy«‹; in: *Beethoven, Performers, and Critics*, hrsg. von R. Winter und B. Carr, Detroit 1980, 176–214

R. Bockholdt: *Ludwig van Beethoven: VI. Symphonie F-dur, op. 68 »Pasorale«*, München 1981

R. Bockholdt: ›Proportion und Metamorphose des Tempos im ersten Satz von Beethovens Vierter Symphonie‹; in: *Musica optimum Dei donum: Festschrift zum 25-jährigen Bestehen der capella antiqua München*, München 1981, 193–205

L. Hailparn: ›Exploring Cadenzas to Beethoven's Piano Concertos‹, *College Music Symposium*, XXI (1981), 48–59

A. Hopkins: *The Nine Symphonies of Beethoven*, Seattle und London 1981

L. Lockwood: ›Beethoven's Earliest Sketches for the Eroica Symphony‹, *MQ*, LXVII (1981), 457–78

M. Broyles: ›Beethoven, Symphony No. 8‹, *19th Century Music*, VI (1982), 39–46

D. Eiseman: ›A Structural Model for the »Eroica«-Finale?‹, *College Music Symposium*, XXII (1982), 132–47

P. Fortassier: ›Sur le premier thème de la VIIIe symphonie de Beethoven‹; in: J. Gribenski und J-M. Nectoux (Hrsg.): *Les fantaisies du voyageur. XXXIII variations Schaeffner*, Paris 1982, 91–100

L. Lockwood: ›Eroica Perspectives: Strategy and Design in the First Movement‹; in: A. Tyson (Hrsg.): *Beethoven Studies*, III, Cambridge 1982, 85–105

L. Treitler: ›»To Worship that Celetkial Sound«: Motives for Analysis‹, *Journal of Musicology*, I (1982), 153–70

B. V. Rivera: ›Rhythmic Organisation in Beethoven's Seventh Symphony: A Study of Cancelled Measures in the Autograph‹, *19th Century Music*, VI (1982–83), 241–51

R. Forster: ›Zur Klavierfassung des Violinkonzerts op. 61 von Ludwig van Beethoven‹, *Mf*, XXXVI (1983), 1–15

O. H. Jander: ›Romantic Form and Content in the Slow Movement of Beethoven's Violin Concerto‹, *MQ*, LXIX (1983), 159–79

I. Markevitch: *Die Sinfonien von Ludwig van Beethoven*, Leipzig 1983

E. Oster: ›The Dramatic Character of the *Egmont* Overture‹; in: D. Beach (Hrsg.): *Aspects of Schenkerian Theory*, New Haven 1983, 209–22

S. Brandenburg: ›Die Skizzen zur Neunten Symphonie‹; in: H. Goldschmidt (Hrsg.): *Zu Beethoven II*, Berlin 1984, 88–129

C. Hatch: ›Internal and External References in Beethoven's Fourth Symphony‹, *College Music Symposium*, XXIV (1984), 107–17

S. Kleindienst: ›»Cantabile« im sinfonischen Werk Beethovens‹, *Musicologica Austriaca*, IV (1984), 85–95

S. A. Kojima: ›Die Uraufführung der Neunten Symphonie Beethovens: Einige neue Tatsachen‹; in: C-H. Mahling und S. Wiesmann (Hrsg.): *Bericht über den Internationalen Musikwissenschaftlichen Kongreß Bayreuth* 1981, Kassel 1984, 390–98

S. Brandenburg: ›Die Stichvorlage zur Erstausgabe von Beethovens Pastoralsymphonie op. 68, eine neuaufgefundene Primärquelle‹; in: E. Herttrich und H. Schneider (Hrsg.): *Festschrift Rudolf Elvers zum 60. Geburtstag*, Tutzing 1985, 49–61

E. T. Cone: ›Beethoven's Orpheus – or Jander's?‹, *19th Century Music*, VIII (1985), 283–86

P. Friedheim: ›On the Structural Integrety of Beethoven's Ninth Symphony‹, *MR*, XLXI (1985), 93–117

O. Jander: ›Beethoven's »Orpheus in Hades«: The Andante con moto of the Fourth Piano Concerto‹, *19th Century Music*, VIII (1985), 195–212

S. Levarie: ›A pitch cell in Beethoven's seventh symphony‹, in: A.W. Atlas (Hrsg.): *Essays in honor of Barry S. Brook*, New York 1985, 181–93

C. F. Lorenz: ›Beethovens Skizzen zur Pastorale‹, *Mf*, XXXVIII (1985), 1–31

C. V. Palisca: ›French Revolutionary models for Beethoven's Eroica Funeral March‹; in: A.D. Shapiro und P. Benjamin (Hrsg.): *Music and Context: Essays for John M. Ward*, Cambridge 1985, 198–209

M. C. Tusa: ›Die authentischen Quellen der »Eroica« ‹, *AMw*, XLII (1985), 121–50

P. Benary: ›Die Anfänge dreier Klavierkonzerte: Zur Individualisierung von Form und Gattung‹, *Musica*, XL (1986), 22–26

E. Cavett-Dunsby: ›Schenker's Analysis of the Eroica Finale‹, *Theory and Practice*, XI (1986), 43–51

H. Danuser: ›Das *imprévu* in der Symphonik: Aspekte einer musikalischen Formkategorie in der Zeit von Carl Philipp Emanuel Bach bis Hector Berlioz‹, *Musiktheorie*, I (1986), 61–81

R. Fiske: *Beethoven concertos and ouvertures*, London 1986

A. Kaiser: ›Aus dem Sinngehalt der Dichtung: Die Bühnenmusiken von Beethoven und Mendelssohn-Bartholdy‹, *Musik und Gesellschaft*, XXXVI (1986), 64–68

A. Klimowitsky: ›Eine unbekannte Skizze zur IX. Sinfonie von Beethoven‹, *BMw*, XXVIII (1986), 139–42

W. Konold: *Ludwig van Beethoven: Violinkonzert D-dur, op. 61, Werkmonographie mit Partitur*, Mainz 1986

M. Solomon: ›Beethoven's Ninth Symphony: A Search for Order‹, *19th Century Music*, X (1986), 3–23

A. L. Suder: *Ludwig van Beethoven: 1.Sinfonie C-dur, op. 21. Partitur, Werkeinführung und Analyse*, Mainz 1986

L. M. Suter: ›Réflexions autour de la mesure initiale de la première symphonie de Beethoven‹, *Revue musicale de Suisse romande*, XXXIX (1986), 189–98

B. Cooper: ›Newly Identified Sketches for Beethoven's Tenth Symphony‹, *ML*, LXVIII (1987), 315–32

A. Gerstmeier: ›Der Schlußsatz aus Beethovens zweiter Sinfonie: Ein Beitrag zum Formverständnis der Wiener klassischen Musik‹; in: R. Bockholdt (Hrsg.): *Über das Klassische*, Frankfurt/M 1987, 288–98

P. Schleuning: ›Beethoven in alter Deutung: Der »neue Weg« mit der »Sinfonia eroica«‹, *AMw*, XLIV (1987), 165–94

B. Cooper: ›The First Movement of Beethoven's Tenth Symphony: A Realisation‹, *Beethoven Newsletter*, III (1988), 25–31

N. Cook: ›Beethoven's Unfinished Piano Concerto: a Case of Doubble Vision?‹, *JAMS*, XLII (1989), 338–74

M. Geck und P. Schleuning: ›*Geschrieben auf Bonaparte*‹: *Beethovens ›Eroica‹ – Revolution, Reaktion, Rezeption*, Reinbek bei Hamburg 1989

L. Plantinga: ›When did Beethoven Compose his Third Piano Concerto?‹, *The Journal of Musicology*, VII (1989), 275–307

H. Schneider, *Ludwig van Beethoven: 8. Sinfonie F-dur, op.93*, Mainz 1989

T. Röder: ›Beethovens Sieg über die Schlachtmusik. Opus 91 und die Tradition

der Battaglia‹; in: H. Lühning (Hrsg.): *Beethoven. Zwischen Revolution und Restauration*, Bonn 1989, 229—258
H.-W. Küthen: ›»Wellingstons Sieg oder die Schlacht bei Vittoria«. Beethoven und das Epochenproblem Napoleon‹, in: H. Lühning (Hrsg.): *Beethoven. Zwischen Revolution und Restauration*, Bonn 1989, 259—273
M. Walz: ›Kontrastierende Werkpaare in Beethovens Symphonien‹, *AMw*, XLVI (1989), 271–93
S. Kross (Hrsg.): *Probleme der symphonischen Tradition im 19. Jahrhundert*, Tutzing 1990
U. Jung-Kaiser: ›Ein Bänkelsang als Vorlage? Zum ideellen Programm der »Fünften« von Ludwig van Beethoven‹, *Musica*, XLV (1991), 4–10
N. Marston: ›Beethoven's »Anti-Organicism«? The Origins of the Slow Movement of the Ninth Symphony‹; in: *Studies in the History of Music* 3: The Compositional Process, New York 1991
P. Schleuning: ›Das Uraufführungsdatum von Beethovens »Sinfonia eroica«‹, *Mf*, XLIV (1991), 356–59

Kammermusik

T. Helm: *Beethovens Streichquartette: Versuch einer technischen Analyse*, Leipzig 1885, 3/1921
H. J. Wedig: *Beethovens Streichquartett op. 18, 1 und seine erste Fassung*, Bonn 1922
J. de Marliave: *Les quatuors de Beethoven*, Paris 1925
M. Herwegh: *Technique et interprétation sous forme d'essai d'analyse psychologique expérimentale appliquée aux sonates pour piano et violon de Beethoven*, Paris 1926
C. Engel: ›Beethoven's Opus 3 – an »envoi de Vienne«?‹, *MQ*, XIII (1927), 261
W. Engelsmann: *Beethovens Kompositionspläne, dargestellt in den Sonaten für Klavier und Violine*, Augsburg 1931
D. G. Mason: *The Quartets of Beethoven*, New York 1947
C. B. Oldman: ›Beethoven's »Variations on National Themes«‹: their Composition and First Publication‹, *MR*, XII (1951), 45
D. Cooke: ›The Unity of Beethoven's Late Quartets‹, *MR*, XXIV (1963), 30
W. Kirkendale: ›The »Great Fugue« Op. 133: Beethoven's »Art of Fugue«‹, *Acta musicologica*, XXXV (1963), 14
I. Mahaim: *Beethoven: naissance des derniers quatuors*, Paris 1964
O. Jonas: ›Bemerkungen zu Beethovens op. 96‹, *Acta musicologica*, XXXVII (1965), 87–89
P. Radcliffe: *Beethoven's String Quartets*, London 1965, Nachdruck 1978
W. Kirkendale: *Fuge und Fugato in der Kammermusik des Rokoko und der Klassik*, Tutzing 1966
J. Kerman: *The Beethoven Quartets*, New York 1967
H. Truscott: *Beethoven's Late String Quartets*, London 1968
E. Krefft: *Die späten Quartette Beethovens*, Bonn 1969
D. Johnson ›Beethoven's Sketches for the Scherzo of the Quartet Op. 18, No. 6‹, *JAMS*, XXIII (1970), 385
L. Lockwood: ›The Autograph of the First Movement of Beethoven's Sonata for Violoncello and Pianoforte, Opus 69‹, *Music Forum*, II (1970), 1–109
R. Stephan; ›Zu Beethovens letzten Quartetten‹, *Mf*, XXIII (1970), 245

A. Tyson: ›Stages in the Composition of Beethoven's Piano Trio Op. 70 No. 1‹ *PRMA*, XCVIII (1970–71), 1

N. Fortune: ›The Chamber Music with Piano‹; in: D. Arnold und N. Fortune (Hrsg.): *The Beethoven-Companion*, London 1971, 197–240

M. R. Obelkevich: ›The Growth of a Musical Idea – Beethoven's Op. 96‹, *Current Musicology;* XI (1971), 91–114

R. Simpson: ›The Chamber Music for Strings‹; in: D. Arnold und N. Fortune (Hrsg.): *The Beethoven Companion*, London 1971, 241–78

J. D. Kramer: ›Multiple and Non-linear Time in Beethoven's Opus 135‹, *Perspectives of New Music*, XI/2 (1973), 122; siehe auch J. Lochhead: ›The temporal in Beethoven's Opus 135‹, *In Theory Only*, LIV (Jan. 1979), 3

M. Mila: ›Lettura della »Grande fuga op. 133‹, *Scritti in onore di Luigi Ronga*, Mailand und Neapel 1973, 345

W. J. Mitchell: ›Beethoven's La Malinconia from the String Quartet, Opus 18, No. 6: Technique and Structure‹, *Music Forum*, III (1973), 269

A. Tyson: ›The Authors of the Op. 104 String Quintet‹; in: ders. (Hrsg.): *Beethoven Studies I*, New York 1973, 158–73

R. Kramer: *The Sketches for Beethoven's Violin Sonatas, Op.* 30, Ph.D. diss., Princeton 1974

K. von Fischer: › »Der schwer gefaßte Entschluß«. Eine Interpretationsstudie zu Beethovens Streichquartett op. 135‹, *BMw*, XVIII (1976), 117–121

G. Boringhieri; ›Le due sonate di Beethoven, Op. 102, n. 1 e 2, per pianoforte e violoncello‹, *Nuova rivista musicale italiana*, XI (1977), 537

S. Brandenburg: ›Bemerkungen zu Beethovens op 96‹, *BeJb* 1977, 11

ders.: ›The First Version of Beethoven's G major String Quartet Op. 18 No. 2‹, *ML*, LVIII (1977), 127

R. Winter: ›Plans for the Structure of the String Quartet in C sharp minor‹; in: A. Tyson (Hrsg.): *Beethoven Studies*, II, London 1977, 166

C. Dahlhaus: › »Von zwei Kulturen der Musik«. Die Schlußfuge aus Beethovens Cellosonate opus 102,2‹, *Mf*, XXXI (1978), 397–405

F. Eibner: ›Einige Kriterien für die Apperzeption und Interpretation von Beethovens Werk‹; in: *Beethoven-Kolloquium* 1977, hrsg. von R. Klein, Kassel 1978 [enthält eine Analyse von Op. 24]

L. Lockwood: ›Beethoven's Early Works for Violoncello and Contemporary Violoncello Technique‹; in: *Beethoven-Kolloquium 1977*, hrsg. von R. Klein, Kassel 1978, 174–82

G. Boringhieri: ›Nota su uno scherzo di Beethoven (dalla Sonata op. 69 per pianoforte e violoncello)‹, *Nuova rivista musicale italiana*, XIV (1980), 369–77

S. Brandenburg: ›The Autograph of Beethoven's String Quartet in A minor, Opus 132‹; in: *The Quartets of Haydn, Mozart, and Beethoven*, hrsg. von C. Wolff, Cambridge 1980, 278

ders.: ›Zur Textgeschichte von Beethoven's Violinsonate Op. 47‹; in: M. Bente (Hrsg.): *Musik. Edition. Interpretation. Gedenkschrift Günter Henle*, München 1980, 111–124

A. Forchert: ›Zur Satztechnik von Beethovens Streichquartetten‹; in: D. Altenburg (Hrsg.): *Ars musica, musica scientia. Festschrift Heinrich Hüschen*, Köln 1980, 151–58

A. L. Glauert: ›The Double Perspective in Beethoven's Opus 131‹, 19th Century Music, IV (1980), 113–20

R. S. Hatten: ›An Approach to Ambiguity in the Opening of Beethoven's Quartet, op. 59 no. 3.I‹, *Indiana Theory Review*, III (1980), 28–35

W. Kirkendale: ›Gregorianischer Stil in Beethovens Streichquartett op. 132‹; in: H. Kühn und P. Nitsche (Hrsg.): *Bericht über den Internationalen Musikwissenschaftlichen Kongress Berlin 1974*, Kassel 1980, 373–76

R. Kramer: ›»Das Organische der Fuge«: On the Autograph of Beethoven's String Quartet in F major, opus 59, No. 1‹; in: *The Quartets of Haydn, Mozart, and Beethoven*, hrsg. von C. Wolff, Cambridge, 1980, 223–65

F. Krummacher: ›Synthesis des Disperaten. Zu Beethovens späten Quartetten und ihrer frühen Rezeption‹, *AMw*, XXXVII (1980), 99–134

E. F. Livingstone: ›Die Coda in Beethovens Streichquartett f-moll op. 95‹; in: H. Kühn und P. Nitsche (Hrsg.): *Bericht über den Internationalen Musikwissenschaftlichen Kongress Berlin 1974*, Kassel 1980, 358–69

W. S. Newman: ›The Opening Trill in Beethoven's Sonata for Piano and Violin Opus 96‹; in: M. Bente (Hrsg.): *Musik. Edition. Interpretation. Gedenkschrift Günter Henle*, München 1980, 384–93

L. Ratner: ›Texture, a Rhetorical Element in Beethoven's Quartets‹, *Israel Studies in Musicology*, II (1980), 51–62

M. Staehlin: ›Another Approach to the Last String Quartet Oeuvre: the Unfinished String Quartet of 1826/27‹; in: *The Quartets of Haydn, Mozart, and Beethoven*, hrsg. von C. Wolff, Cambridge, 1980, 302

J. Webster: ›Traditional Elements in Beethoven's Middle-Period String Quartets‹; in: *Beethoven, Performers, and Critics*, hrsg. von R. Winter and B. Carr, Detroit 1980, 94–133

A. Glauert: ›The Double Perspective in Beethoven's Opus 131‹, *19th Century Music*, IV (1980–81), 113

S. Brandenburg: ›Die Quellen zur Entstehungsgeschichte von Beethovens Streichquartett Es-dur Op.127‹, *BeJb* 1978–81, 221–76

T. Gajdamovic: *Violoncel'nye sonaty Bethovena*, Moskau 1981

H. C. R. London: ›A New Authentic Manuscript Source for Beethoven's Wind-band Sextetto, Op. 71‹; in: T. Noblitt (Hrsg.): *Music East and West: Essays in Honor of Walter Kaufmann*, Pendragon 1981, 261–71

E. Platen: ›Eine Frühfassung zum 1.Satz des Streichquartetts op. 131 von Beethoven‹, *BeJb* 1978/81, 277–304

M. Rostal: *Ludwig van Beethoven. Die Sonaten für Klavier and Violine. Gedanken zu ihrer Interpretation*, München und Zürich 1981

M. Schwager: ›Beethoven and the First Layer of Manuscript Grasnick 11‹, *Studies in Music*, X (1981), 107–20 [Über op. 1 Nr.3]

R. Winter: *Compositional Origins of Beethoven's Opus* 131, Ann Arbor 1981

S. Brandenburg: ›The Historical Background to the »Heiliger Dankgesang« in Beethoven's A-minor Quartet, op. 132‹; in: A. Tyson (Hrsg.): *Beethoven Studies*, III, Cambridge 1982, 161–91

L. K. Bumpass: *Beethoven's Last Quartet. I: Background and the Autograph Materials, II: Transcriptions*, Urbana 1982

R. Kramer: ›Ambiguities in La Malinconia: What the Sketches Say‹; in: A. Tyson (Hrsg.): *Beethoven Studies*, III, Cambridge 1982, 29

J. M. Levy: *Beethoven's Compositional Choices: The Two Versions of Opus* 18, No.1, First Movement, Philadelphia 1982

A. Tyson: ›The »Razumovsky« Quartets: Some Aspects of the Sources‹; in: A. Tyson (Hrsg.): *Beethoven Studies*, III, Cambridge 1982, 107–40

E. W. Velte: ›Lineatur- und Klangorganisation in Beethovens spätem Streichquartett. Aufgezeigt am Beispiel des 1. Satzes des Streichquartetts op. 132 in a-moll‹; in: R. Görner (Hrsg.): *Festschrift für Albert Palm*, Wiesbaden 1982, 235–49

D. Brodbeck und J. Platoff: ›Dissociation and Integration: the First Movement of Beethoven's Opus 130‹, *19th Century Music*, VII (1983), 149–62

L. Hübsch: *Ludwig van Beethoven: Die Rasumowsky-Quartette op. 59. Nr.1 F-dur, Nr.2 e-moll, Nr.3 C-dur*, München 1983

D. Eiseman: ›Half-Notes Demystified in the First Movement of Beethoven's Quartet, Op.59, No.1‹, *College Music Symposium*, XXIV (1984), 21–27

C. Hatch: ›Thematic Interdependence in Two Finales by Beethoven‹, *MR*, XLX (1984), 194–207 [über op.23 und op.29]

R. Kluge: ›»Der schwer gefasste Entschluß«: Über eine Verbindung biogener, logogener und musikogener Elemente in Beethovens op. 135‹, *BMw*, XXVI (1984), *225*–36

C. Reynolds: ›Ends and Means in the Second Finale to Beethoven's Op.30, No. 1‹; in: L. Lockwood und P. Benjamin (Hrsg.): *Beethoven Essays: Studies in Honor of Elliot Forbes*, Cambridge 1984, 127–45

W. Drabkin: ›Beethoven and the Open String‹, *Music Analysis*, IV (1985), 15–28

D. Headlam: ›A Rhythmic Study of the Exposition in the Second Movement of Beethoven's Quartet Op. 59, No.1‹, *Music Theory Spectrum*, VII (1985), 114–38

J. Kerman: › *Tändelnde lazzi*: on Beethoven's Trio in D-major, Opus 70, No.1‹; in: M.H. Brown und R.J. Wiley (Hrsg.): *Slavonic and Western music: Essays for Gerald Abraham*, Oxford 1985, 109–122

E. F. Hiebert: ›Beethoven's Fingerings in the Piano Trio in B-flat Major‹, WoO 39, *Early Keyboard Journal*, IV (1985–86), 5–27

C. Cacioppo: ›Color and Dissonance in Late Beethoven: The Quartet Op. 135‹, *Journal of Musicological Research*, VI (1986), 207–48

M. Gutiérrez-Denhoff: ›»... aus verschiedenem Diesem und Jenem«: Zur Verlagsgeschichte des cis-moll Quartetts von Ludwig van Beethoven‹; in: M. Gutiérrez-Dennhoff (Hrsg.): *Festschrift Emil Platen*, Bonn 1986, 122–33

L. Lockwood: ›Beethoven's Early Works for Violoncello and Pianoforte: Innovation in Context‹, *Beethoven-Newsletter*, I (1986), 17–21

W. Kinderman: ›Tonality and Form in the Variation Movements of Beethoven's Late Quartets‹; in: S. Brandenburg und H. Loos (Hrsg.): *Beiträge zu Beethovens Kammermusik*, Bonn 1987, 135–51

L. Lockwood: ›Beethoven and the Problem of the Middle-Period Chamber Music‹; in: S. Brandenburg und H. Loos (Hrsg.): *Beiträge zu Beethovens Kammermusik*, Bonn 1987, 254–72

J. Lonchampt: *Les quatuors de Beethoven: Guide d'audition*, Paris 1987

O. Jander: ›The *Kreutzer*-Sonata as Dialogue‹, *Early Music*, XVI (1988), 34–49

C. Reynolds: ›The Representional Impulse in Late Beethoven II: String Quartet in F-major Op.135‹, *Acta musicologica*, LX (1988), 180–94

N. Marston: ›Analysing Variations: The Final Movement of Beethoven's String Quartet, Op. 74‹, *Music Analysis*, VIII (1989), 303–24

R. Wallace: ›Background and Expression in the First Movement of Beethoven's Op. 132‹, *The Journal of Musicology*, VII (1989), 3–20

A. Riethmüller: ›Im Bann der Urfassung. Am Beispiel von Beethovens Streichquartett B-dur op.130‹, *Mf*, XLIII (1990), 201–11

U. Siegele: *Beethoven: Formale Strategien der späten Quartette* (*Musikkonzepte Bd.* 67/68, hrsg. von H-K. Metzger und R. Riehn), München 1990

Klaviermusik

A.B. Marx: *Anleitung zum Vortrag Beethovenscher Klavierwerke*, Berlin 1863, 2/1875

C. Reinecke: *Die Beethovenschen Clavier-Sonaten*, Leipzig 1895

W. Nagel: *Beethoven und seine Klaviersonaten*, Langensalza 1903–05, 2/1923–24

H. Schenker: *Die letzten Sonaten von Beethoven: kritische Ausgabe mit Einführung und Erläuterung*, Wien 1913, 2. überarb. und reduzierte Aufl. 1971–72 von O. Jonas [Siehe auch die Besprechung von W. Drabkin, *Perspectives of New Music*, XII (1973–74), 319]

H. Riemann: *L. van Beethovens sämtliche Klavier-Solosonaten*, Berlin 1918–19, 4/1920

D. F. Tovey: *A Companion to Beethoven's Pianoforte Sonatas*, London 1931

J. G. Prod'homme: *Les sonates pour piano de Beethoven (*1782–1823), Paris 1937, 2/1950

E. Blom: *Beethoven's Pianoforte Sonatas Discussed*, London 1938, Nachdruck 1968

E. Hertzmann: ›The Newly Discovered Autograph of Beethoven's Rondo a capriccio Op. 129‹, *MQ*, XXXII (1946), 171

E. Fischer: *Ludwig van Beethovens Klaviersonaten*, Wiesbaden 1956, 2/1966

R. Rosenberg: *Die Klaviersonaten Ludwig van Beethovens*, Olten 1957

J. V. Cockshoot: *The Fugue in Beethoven's Piano Music*, London 1959

A. Forte: *The Compositional Matrix*, Baldwin, New York 1961 [über Opus 109]

C. Czerny: *Über den richtigen Vortrag der sämtlichen Beethoven'schen Klavierwerke*, hrsg. von E. Badura-Skoda, Wien 1963, 2/1982 [enthält Original Auszüge der Zusätze zu Czerny's *Vollständig theoretisch-practischen Pianoforte-Schule, op.* 500]

R. Réti: *Thematic Patterns in the Sonatas of Beethoven*, London 1965

D. Matthews: *Beethoven's Piano Sonatas*, London 1967

P. Badura-Skoda und J. Demus: *Die Klaviersonaten von Ludwig van Beethoven*, Wiesbaden 1970

M. E. Broyles: ›Beethoven's Sonata Op.14 No. 1 – Originally for Strings?‹, *JAMS*, XXIII (1970), 405–19

W. Drabkin: ›Some Relationships between the Autographs of Beethoven's Sonata in C minor, Opus 111‹, *Current Musicology*, XIII (1972), 38–47

H. Federhofer: ›Zur Analyse des zweiten Satzes von L. van Beethovens Klaviersonate op. 10, Nr. 3‹; in: *Festschrift Jens Peter Larsen*, Kopenhagen 1972, 339—350

J. Uhde: *Beethovens Klaviermusik*, Stuttgart 1968–74, Neuauflage 1980

A. Leicher-Olbrich: *Untersuchungen zu Originalausgaben Beethovenscher Klavierwerke*, Wiesbaden 1976

W. S. Newmann: ›The Performance of Beethoven's Trills‹, *BeJb* 1973–77, 347–76, auch veröffentlicht in *JAMS*, XXIX (1976), 439 [siehe auch die Erwiderungen von R. Winter und W.S. Newmann in *MQ*, LXIII (1977), 483; LXIV (1978), 98; LXV (1979), 111]

E. Cone: ›Beethoven's Experiments in Composition: the Late Bagatelles‹; in: A. Tyson (Hrsg.): *Beethoven Studies*, II, London, 1977, 84

H. Danuser: ›Zum Problem musikalischer Ambiguität‹, *Zeitschrift für Musiktheorie*, VIII (1977), 22–28 [über op.90]

C. Timbrell: ›Notes on the Sources of Beethoven's Opus 111‹, *ML*, LVIII (1977) 204

R. Kramer: ›On the Dating of Two Aspects in Beethoven's Notation for Piano‹; in: *Beethoven-Kolloquium 1977*, hrsg. von R. Klein, Kassel 1978, 160

W. Drabkin: ›Beethoven's Sketches and the Thematic Process‹, *PRMA*, CV (1978–79), 25 [über Opus 111]

M. Staehlin: ›»Beethovens« Ecossaisen WoO 16 wiedergefunden‹, *BeJb* 1978/81, 313—18

J. Kaiser: *Beethovens 32 Klaviersonaten und ihre Interpreten*, Frankfurt/Main 1979

C. London und A. Weinmann: ›Beethovens Sonate op. 111: Eigenhändiges Korrekturexemplar der Wiener Ausgabe von Cappi & Diabelli. Eine neu aufgefundene Quelle‹ *Fontes Artis Musicae*, XXVI (1979) 281–94

P. Badura-Skoda: ›Noch einmal zu der Frage Ais oder A in der Hammerklavier-Sonate opus 106 von Beethoven‹, in: M. Bente (Hrsg.): *Musik. Edition. Interpretation. Gedenkschrift Günter Henle*, München 1980, 53–81

C. Dahlhaus: ›Cantabile und thematischer Prozess. Der Übergang zum Spätwerk in Beethovens Klaviersonaten‹, *AMw*, XXXVII (1980), 81–98

ders.: ›Zur Formidee von Beethoven's d-moll-Sonate opus 31,2‹, *Mf*, XXXIII (1980), 310–312

H.-J. Irmen: ›Beethovens »Pathétique« und Cherubinis *Medea*. Ein Beitrag zur symbolischen Bedeutung der absoluten Musik bei Beethoven‹; in: H. Kühn und P. Nitsche (Hrsg.): *Bericht über den Internationalen Musikwissenschaftlichen Kongress Berlin 1974*, Kassel 1980, 352–55

H. MacDonald: ›Fantasy and Order in Beethoven's *Phantasie* Op. 77‹, in: E. Olleson (Hrsg.): *Modern Musical Scholarship*, Stocksfield 1980, 141–150

B. Shamgar: ›Dramatic Devices in the Retransitions of Beethoven's Piano Sonatas‹, *Israel Studies in Musicology*, II (1980), 63–75

P. Stajic: ›Das Pathetische bei Bach und Beethoven. Eine Parallele‹; in: H. Kühn und P. Nitsche (Hrsg.): *Bericht über den Internationalen Musikwissenschaftlichen Kongress Berlin 1974*, Kassel 1980, 494–98

H. Thompson: ›An Evolutionary View of Neapolitan Formations in Beethoven's Pianaforte Sonatas‹, *College Music Symposium*, XX (1980), 144–62

M. Zenck: ›Rezeption von Geschichte in Beethoven's »Diabelli-Variationen«. Zur Vermittlung analytischer, ästhetischer und geschichtlicher Kategorien‹, *AMw*, XXXVII (1980), 61–75

B. Cooper: ›The Origins of Beethoven's D minor Sonata Op. 31, No.2‹, *ML*, LXII (1981), 261–80

C. Dahlhaus: ›Musikalische Gattungsgeschichte als Problemgeschichte. Zu Beethovens Klaviersonaten‹, *Jahrbuch des Staatlichen Instituts für Musikforschung* 1978/80, (1981), 113–32

K. Drake: *The Sonatas of Beethoven: As He Played and Taught Them*, Bloomington 1981

S. Mauser: ›Zum Verhältnis von Tempo- und Ausdrucksbezeichnungen in den späten Klaviersonaten Beethovens‹, *Österreichische Musikzeitschrift*, XXXVI (1981), 617–22

J. van der Zanden: ›Beethovens *Für Elise*‹, *Mens en melodie*, XXXVI (1981), I: 320–28, II: 369–75, III: 464–67

W. Kinderman: ›The Evolution and Structure of Beethoven's »Diabelli«-Variations‹, *JAMS*, XXXV (1982), 306–28

A. Münster: *Studien zu Beethovens Diabelli-Variationen*, München 1982
C. Reynolds: ›Beethoven's Sketches for the Variations in Es, Op. 35‹; in: A. Tyson (Hrsg.):, *Beethoven Studies*, III, Cambridge 1982, 47
C. Schachter: ›Beethoven's Sketches for the First Movement of Op. 14, No. 1: A Study in Design‹, *Journal of Music Theory*, XXVI (1982), 1–21
S. Brandenburg und M. Staehlin; ›Die »erste Fassung« von Beethovens Righini-Variationen‹; in: R. Elvers (Hrsg.): *Festschrift Albi Rosenthal*, Tutzing 1984, 43–66
C. Dahlhaus: ›Eine wenig beachtete Formidee: Zur Interpretation einiger Beethoven Sonaten‹; in: W. Breig, R. Brinkmann und E. Budde (Hrsg.): *Beiträge zu einer Problemgeschichte des Komponierens. Festschrift für Hans Heinrich Eggebrecht zum 65. Geburtstag*, Wiesbaden 1984, 248–256
B. Cooper: ›Beethoven's Revisions to *Für Elise*‹, *MT*, CXXV (1984), 561–63
E. Derr: ›Beethoven's Long-Term Memory of C.P.E. Bach's Rondo in E-flat W 61/1 (1787), Mainfest in the Variation in E-flat for Piano, Opus 35 (1802)‹, *MQ*, CXX (1984), 45–76
P. Dinslage: ›Gestalt und Zusammenhang‹. Zum ersten Satz der Klaviersonate opus 2,2 von L.v.Beethoven‹, *Musica*, XXXVIII (1984), 409–14
J. Dunsby: ›A Bagatelle on Beethoven's WoO 60‹, *Music Analysis*, III (1984), 57–68
V. Kalisch: ›Beethovens Klaviersonate e-moll op.90: ein analytischer Versuch‹, *Studien zur Musikwissenschaft*, XXXV (1984), 84–123
W. Kinderman: ›Die Diabelli-Variationen von 1819 – die Skizzenbefunde zu op. 120: Eine Studie zum kompositorischen Schaffensprozeß‹; in: H. Goldschmidt (Hrsg.): *Zu Beethoven II*, Berlin 1984, 130–62
W. Drabkin: ›Building a Music Library, 1: The Beethoven Piano Sonatas‹, *MT*, CXXVI (1985), 416–20
R. J. Hoyt (Hrsg.): ›Recurring Implications and Long-Range Melodic Relationships in Beethoven's Sonata Op.31, No.3‹, *Gamut*, II (1985), 53–82
W. Meredith: ›The Origins of Beethoven's Op. 109‹, *MT*, CXXVI (1985), 713–16
W. Meredith: *The Sources for Beethoven's Piano Sonata in E-major, Opus* 109, Chapel Hill 1985
G. E. Meyer: *Untersuchungen zur Sonatenform bei Ludwig van Beethoven: Die Kopfsätze der Klaviersonaten op. 79 und op.110*, München 1985
J. Schmalfeldt: ›On the Relation of Analysis and Performance: Beethoven's Bagatelles Op. 126, Nos 2 and 5‹, *Journal of Music Theory*, XXXIX (1985), 1–31
C. Wintle: ›Kontra-Schenker: *Largo e mesto* from Beethoven's Op. 10/3‹, *Music Analysis*, IV (1985), 145–82
C. Dahlhaus: ›Zur Theorie der Sonatenexposition‹, *Musica*, XL (1986), 511–13 [zur Klaviersonate op. 10/3]
E. Derr: ›A Foretaste of the Borrowings from Haydn in Beethoven's Op.2‹, in: E. Badura-Skoda (Hrsg.): *Joseph Haydn*, München 1986, 159–70
H.-J. Feurich: ›L. v. Beethoven: Klaviersonate f-moll op.57‹, in: S. Helms und H. Hopf (Hrsg.): *Werkanalyse in Beispielen* Regensburg 1986, 112–22
H. Fladt: ›Modell »Appassionata«: Analytische und wirkungsgeschichtliche Anmerkungen zum »mittleren Beethoven«‹, *Musica*, XL (1986), 234–38
N. Marston: ›The Origins of Beethoven's Op. 109: Further Thoughts‹, *MT*, CXXVII (1986), 199–201

N. Marston: ›Trifles or a Multitrifle? Beethoven's Bagatelles, Op.119, Nos 7–11‹, *Music Analysis*, V (1986), 192–206
D. Matthews: *Beethoven Piano Sonatas*, London 1986
J. van der Zanden: ›Beethovens »Bagatellen« op. 126: Bemerkungen zu ihrer Entstehung‹, *Mf*, XXXIX (1986), 13–17
F. Scarpellini Pancrazi: *Il testo della Waldstein-Sonate di Beethoven e la sua fortuna editoriale*, Perugia 1986
H.-D. Sommer: ›Beethoven's kleine Pastorale. Zum ersten Satz der Klaviersonate op.28‹, *AMw*, XLIII (1986), 109–27
N. Hager: ›The First Movement of Mozart's Sonata K.457 and Beethoven's Opus 10 No.1: a C-minor Connection?‹, *MR*, XLVII (1986/87), 89–100
N. Marston: ›Schenker and Forte Reconsidered: Beethoven's Sketches for the Piano Sonata in E, Op. 109‹, *19th Century Music*, X (1986–7), 24–42
P. Benary: ›Sonata quasi una fantasia. Zu Beethovens opus 27‹, *Musiktheorie*, II (1987), 129–36
R. Bockholdt: ›Beethovens zweiundzwanzigste Diabelli-Variation‹; in: S. Brandenburg und H. Loos (Hrsg.): *Beiträge zu Beethovens Kammermusik*, München 1987,
B. Cooper: ›Beethoven's Portfolio of Bagatelles‹, *JRMA*, CXII (1987), 207–28
P. Dinslage: *Studien zum Verhältnis von Harmonik, Metrik und Form in den Klaviersonaten Ludwig van Beethovens*, Müchen/Salzburg 1987
W. Kinderman: *Beethoven's Diabelli Variations*, Oxford 1987
M. Schwager: ›Nottebohm Revisted: Beethoven's Op. 14 No.1 in Perspective‹, *Studi musicali*, XVI (1987), 157–69
H. Krones: ›»...er habe ihm seine Liebesgeschichte in Musik setzen wollen« Ludwig van Beethovens e-moll Sonate, op.90‹, *Österreichische Musikzeitschrift*, XLIII (1988), 592–601
W. S. Newman: *Beethoven on Beethoven: Playing His Piano Music His Way*, New York 1988
M. Frohlich: *Beethoven's ›Appassionata‹ Sonata*, Oxford 1991
N. Marston: ›Approaching the Sketches for Beethoven's »Hammerklavier« Sonata‹, *JAMS*, XLIV (1991), 404—450
M. Heinemann: ›»Altes« und »Neues« in Beethovens »Eroica«-Variationen op.35‹, *AMw*, XLIX (1992), 38–45

Vokalmusik

G. Schünemann: ›Beethovens Skizzen zur Kantate »Der glorreiche Augenblick«‹, *Die Musik* IX (1909–10), 22, 93
M. Kufferath: *Fidelio de L. van Beethoven*, Paris 1913
H. Boettcher: *Beethoven als Liederkomponist*, Augsburg 1928, Nachdruck 1974
F. Lederer: *Beethovens Bearbeitungen schottischer und anderer Volkslieder*, Bonn 1934
C. Hopkinson und C.B. Oldman: ›Thomson's Collection of National Song, with Special Reference to the Contributions of Haydn and Beethoven‹, *Transactions of the Edinburgh Bibliographical Society*, II, pt.I (1940); addenda et corrigenda, III, pt. II (1954), 123
W. Hess: *Beethovens Oper Fidelio und ihre drei Fassungen*, Zürich 1953
T. Adorno: ›Verfremdetes Hauptwerk: zur Missa solemnis‹; in: *Prisma der*

gegenwärtigen Musik, hrsg. von E. Berendt und J. Uhde, Heidelberg 1959, Nachdruck in: *Moments musicaux*, Frankfurt/Main 1964

E. Anderson: ›Beethoven's Operatic Plans‹, PRMA, LXXXIII (1961–62), 61

W. Hess: *Beethovens Bühnenwerke*, Göttingen 1962

E. Forbes: ›Stürzet nieder Millionen‹; in: H. Powers (Hrsg.): *Studies in Music History: Essays for Oliver Strunk*, Princeton 1968, 449–457

W. Kirkendale: ›New Roads to Old Ideas in Beethoven's *Missa Solemnis*‹, *MQ*, LVI (1970), 665–701

J. Lester: ›Revisions in the Autograph for the Missa Solemnis Kyrie‹, *JAMS*, XXIII (1970), 420

A. Tyson: ›The 1803 Version of Beethoven's Christus am Oelberge‹, *MQ*, LVI (1970), 551–84

J. Kerman: ›An die ferne Geliebte‹; in: A. Tyson (Hrsg.): *Beethoven Studies*, I, New York 1973, 123–57

M. Ruhnke: ›Die Librettisten des Fidelio‹; in: K. Hortschansky (Hrsg.): *Opernstudien: Anna Amalie Abert zum 65. Geburtstag*, Tutzing 1975, 121

K. Pahlen: *Ludwig van Beethoven: Fidelio, Textbuch, Einführung und Kommentar*, Mainz 1978

R. Fiske: *Beethoven's Missa Solemnis*, New York 1979

S. Howell: ›The Maelzel Canon: another Schindler Forgery?‹, *MT*, CXX (1979), 987–90

H. Pousseur: ›La »Missa Solemnis«, miroir d'un conflit beethovénien‹, *Schweizerische Musikzeitung*, CXIX (1979), 18–26

J. Brincker: ›Beethovens *Fidelio*‹, *Musik & Forskning*, VI (1980), 53–67

M. Carner: ›Fidelio‹, in: ders.: *Major and Minor*, London 1980, 186–252

N. John (Hrsg.). ›Ludwig van Beethoven. *Fidelio*‹, London 1980

S. A. Kojima: ›Zur Quellenkritik von Beethovens *Chorphantasie* op. 80‹; in: M. Bente (Hrsg.): *Musik. Edition. Interpretation. Gedenkschrift Günter Henle*, München 1980, 264–81

A. Csampai und D. Holland (Hrsg.): ›Ludwig van Beethoven. *Fidelio*. Texte, Materialien, Kommentare‹, Reinbek bei Hamburg 1981

D. Galliver: ›*Fidelio* – Fact or Fantasy?‹, *Studies in Music*, XV (1981), 82–92

J. F. Ohl: ›Beethoven: *Missa Solemnis*‹, *Choral Journal*, XXI (1981), 9–17

R. Pecman: *Beethovens Opernpläne*, Brünn 1981

P. Richter: ›Über die erste nachweisbare liturgische Aufführung von Beethovens Missa solemnis‹, *Musikblätter der Wiener Philharmoniker*, XXXV (1981), 207–08

M. Bröcker: ›Die Bearbeitung schottischer und irischer Volkslieder von Ludwig van Beethoven‹; in: J. Kuckertz (Hrsg.): *Jahrbuch für musikalische Volks- und Völkerkunde*, Wiesbaden 1982, 63–89

E. Forbes: ›Beethoven's Choral Music‹, *American Choral Review*, XXIV (1982), 67–82

R. Forster: ›Beethoven's Mass in C: Notes on History, Structure and Performance Practise‹, *Choral Journal*, XXIII (1982), 26–30

P. Isotta: ›Alcuna osservazioni sulla forma della *Missa Solemnis* di Beethoven – nota anti-adorniana‹, *Rivista internationale di musica sacra*, (1982), 267–79

M. Schuler: ›Zwei unbekannte »Fidelio«-Partiturabschriften aus dem Jahre 1814‹, *AMw*, XXXIX (1982), 151–67

H. Ullrich: ›Ludwig van Beethovens letzte Oratorienpläne. Eine Studie‹, *Studien zur Musikwissenschaft*, XXXIII (1982), 21–47

M. Wagner: ›Rocco, Beethovens Zeichnung eines Funktionärs‹, *Österreichische Musikzeitschrift*, XXXVII (1982), 369–79

P. Gossett: ›The Arias of Marzelline: Beethoven as a Composer of Opera‹, *BeJb* 1978/81, 141–83

W. Kirkendale: ›Beethovens *Missa solemnis* und die rhetorische Tradition‹; in: L. Finscher (Hrsg.): *Ludwig van Beethoven*, Darmstadt 1983, 52–97

C. Hatch: ›Ideas in Common: The *Liederkreis* and Other Works by Beethoven‹; in: E. Strainchamps, M.R. Maniates und C. Hatch (Hrsg.): *Music and Civilization: Essays in Honor of Paul Henry Lang*, New York/London 1984, 56–77

J. M. Knapp: ›Beethoven's Mass in C-major, op.86‹; in: L. Lockwood und P. Benjamin (Hrsg.): *Beethoven Essays. Studies in Honor of Elliot Forbes*, Cambridge 1984, 199–216

M. Staehlin: ›»Kurz ist der Schmerz und ewig die Freude«: Zu Beethovens Kanon WoO 163 und zum Verhältnis von Kanon und Stammbuch‹; in: H. Leuchtmann und R. Münster (Hrsg.): *Ars iocundissima: Festschrift für Kurt Dorfmüller zum 60. Geburtstag*, Tutzing 1984, 323—32

R. Winter: ›Reconstructing Riddles: The Sources for Beethoven's *Missa Solemnis*‹; in: L. Lockwood und P. Benjamin (Hrsg.): *Beethoven Essays: Studies in Honor Elliot Forbes*, Cambridge 1984, 217–50

O. Zickenheiner: *Untersuchungen zur Credo-Fuge der Missa solemnis von Ludwig van Beethoven*, München 1984

W. Jens: *Roccos Erzählung. Zwischentexte zu ›Fidelio‹ von Ludwig van Beethoven*, Stuttgart 1985

W. Kinderman: ›Beethoven's Symbol for the Deity in the *Missa Solemnis* and in the Ninth Symphony‹, *19th Century Music*, IX (1985), 102–18

B. Meier: ›Notizen zu Beethovens *Missa solemnis* op. 123‹, *Österreichische Musikzeitschrift*, XL (1985), 634–36

S. Brandenburg: ›Beethovens Oratorium *Christus am Ölberg*: Ein unbequemes Werk‹; in: R. Cadenbach und H. Loos (Hrsg.): *Beiträge zur Geschichte des Oratoriums seit Händel. Festschrift Günther Massenkeil*, Bonn 1986, 203–20

R. Cadenbach: ›Die *Léonore* des Pierre Gaveaux: Ein Modell für Beethovens *Fidelio?*‹, in: M. Gutiérrez-Denhoff (Hrsg.): *Festschrift Emil Platen*, Bonn 1986, 100–21

J.-D. Link: ›Zu einer falsch-tradierten Textstelle im II. Finale von Beethovens Oper *Fidelio* (1814)‹, *BMw*, XXVIII (1986), 143–44

B. Cooper: ›The Composition of »Und spür ich« in Beethoven's *Fidelio*‹, *MR*, XLVII (1987), 231–37

M. Just: ›Zum Verhältnis zwischen Textgestalt und musikalischer Form in Beethovens Liedern‹; in: S. Brandenburg und H. Loos (Hrsg.): *Beiträge zu Beethovens Kammermusik*, Bonn 1987, 179–80

S. Moore Whiting: › »Hört ihr wohl«. Zu Funktion unf Programm von Beethovens »Chorfantasie«‹; *AMw*, XLV (1988), 132–147

C. Reynolds: ›The Representional Impulse in Late Beethoven I: An die ferne Geliebte‹, *Acta musicologica*, LX (1988), 43–61

T. Albrecht: ›Beethoven's *Leonore:* A New Compositional Chronology‹, *The Journal of Musicology*, VII (1989), 165–190

S. Döhring: ›Die Rettungsoper: Musiktheater im Wechselspiel politischer und ästhetischer Prozesse‹, in: H. Lühning (Hrsg.): *Beethoven. Zwischen Revolution und Restauration*, Bonn 1989, 109—136

H. Lühning: ›Florestans Kerker im Rampenlicht: Zur Tradition des Sotterraneo‹, in: dies. (Hrsg.): *Beethoven. Zwischen Revolution und Restauration*, Bonn 1989, 137–204

P. Gülke: ›Kompositorisch genau kalkulierte Unmöglichkeit‹, *Österreichische Musikzeitschrift*, XLIV (1989), 346-49 [zu Fidelio]

C. Brenneis: ›Beethovens Introduzione del Ildo Atto und die »Leonore« von 1805‹, *BMw*, XXXII (1990), 181-203

W. Drabkin: *Beethoven: Missa solemnis*, Cambridge 1991

M. Schuler: ›Die »Fidelio«-Partitur des k.k.Hofoperntheaters Wien‹, *AMw*, XLIX (1992), 46-56

Kataloge und Beschreibungen der Beethoven-Archive

G. Adler: *Verzeichnis der musikalischen Autographe von Ludwig van Beethoven ... im Besitz von A. Artaria in Wien*, Wien 1890

J. S. Shedlock: ›Beethoven's Sketch Books‹, *MT*, XXXIII (1829), 331, 394, 461, 523, 589, 649; XXXIV (1893), 14, 53,; XXXV (1894), 13, 449, 596

A. Artaria; *Verzeichnis von musikalischen Autographen ... vornehmlich der reichen Bestände aus dem Nachlasse ... Ludwig van Beethoven's*, Wien 1893

A. C. Kalischer: ›Die Beethoven Autographe der Königlichen Bibliothek zu Berlin‹, *Monatshefte für Musikgeschichte*, XXVII (1895), 145; XXVIII (1896), 1-80

A. Hughes-Hughes: *Catalogue of Manuscript Music in the British Museum*, London 1906-09, Nachdruck 1964-66

G. Kinsky: *Musikhistorisches Museum von Wihelm Heyer in Cöln: Katalog, IV*, Köln 1916

J. Schmidt-Görg: *Katalog der Handschriften des Beethoven-Hauses und Beethoven-Archivs*, Bonn 1935

M. Unger: ›Die Beethovenhandschriften der Pariser Konservatoriumsbibliothek‹, *NBJb*, VI (1935), 87-123

ders.: ›Die Beethovenhandschriften der Familie W. in Wien‹, *NBJb*, VII (1937), 155 (Wittgenstein-Sammlung)

ders.: *Eine Schweizer Beethovensammlung*, Zürich 1939 (Sammlung von H.C. Bodmer)

G. Kinsky: *Manuskripte, Briefe, Dokumente von Scarlatti bis Stravinsky: Katalog der Musikautographensammlung Louis Koch*, Stuttgart 1953

N. Fischmann (Fishman): ›Autographen Beethovens in der UdSSR‹, *BMw*, III/1 (1961), 22

B. Schwarz: ›Beethoveniana in Soviet Russia‹, *MQ*, XLVII (1961), 4 (siehe auch MQ, XLIX (1963), 143)

J. Kerman: ›Beethovens Sketchbooks in the British Museum‹, *PRMA*, XCIII (1966-67), 77

H. Schmidt: ›Die Beethovenhandschriften des Beethovenhauses in Bonn‹, *BeJb* 1969-70, pp. VII-XXIV, 1-443; zusätzlich *BeJb* 1971-72, 207

O. E. Albrecht, H. Cahoon und D. Ewing (Hrsg.): *The Mary Flagler Cary Music Collection*, New York 1970

E. Barlitz: *Die Beethoven-Sammlung in der Musikabteilung der Deutschen Staatsbibliothek: Verzeichnis*, Berlin 1970

P. J. Willetts: *Beethoven and England: an Account of the Sources in the British Museum*, London 1970

D. Johnson: ›The Artaria Collection of Beethoven Manuscripts: a New York Source‹; in: A. Tyson (Hrsg.): *Beethoven Studies*, I, New York 1973

H.-G. Klein: *Ludwig van Beethoven: Autographe und Abschriften, der Staatsbibliothek Preußischer Kulturbesitz: Kataloge der Musikabteilung*, I/2, Berlin 1975

Ausgaben von Autographen und Skizzen

Faksimile-Ausgaben größerer Autographen

Klaviersonate, As-dur, op. 26: hrsg, von E. Prieger, Bonn 1895

Klaviersonate, cis-moll, op. 27 Nr. 2: hrsg. von H. Schenker, Wien 1927 (mit Faksimiles von 3 Skizzenblättern) Neuauflage von K. Sakka, Tokio 1970 (mit Faksimile der ersten Auflage der Sonate)

Violinsonate, G-dur, op. 30 Nr. 3: hrsg. von A. Tyson, London 1980

Klaviersonate, C-dur, op. 53: hrsg. von D. Weise, Bonn 1954

Klaviersonate, f-moll, op. 57: Paris *c1926*/*Rc1970*

Streichquartett, F-dur, op. 59 Nr. 1: hrsg. von A. Tyson, London 1980

Streichquartett, e-moll, op. 59 Nr. 2: hrsg. von A. Tyson, London 1980

Symphony Nr. 5, c-moll, op. 67: hrsg. von G. Schünemann, Berlin 1942

Cellosonate, A-dur, op. 69: hrsg. von L. Lockwood, New York 1970 (1. Satz)

Klaviersonate, Fis-dur, op. 78, München 1923

Violinsonate, G-dur, op. 96, München 1976

An die ferne Geliebte, op. 98, München 1970

Klaviersonate, E-dur, op. 109: hrsg. von O. Jonas, New York 1965

Klaviersonate, As-dur, op. 110: hrsg. von K.-M. Komma, Stuttgart 1967 (mit einer Transkription der Korrekturen und wichtiger Entwürfe in den Autograph)

Klaviersonate, c-moll, op. 111, München 1922, *Rc1952* und 1969

Missa solemnis, op. 123: hrsg, von W. Virneisel, Tutzing, 1965 (erster Satz)

Symphony Nr. 9, d-moll, op. 125, Leipzig 1924, Nachdruck 1975

6 Bagatellen für Klavier, op. 126: hrsg. von S. Brandenburg, Bonn 1984 [2 Bd.; Bd. I: Autograph und Skizzen, Bd. II: Originalausgabe, Übertragung und Kommentar]

Skizzenbücher als Faksimiles oder in kompletter oder ausführlicher Transkription

G. Nottebohm: *Ein Skizzenbuch von Beethoven*, Leipzig 1865, 2/1924, Nachdruck 1970 (Skizzenbuch von 1801–02: ausführliche Übertragung

ders.: *Ein Skizzenbuch von Beethoven aus dem Jahre* 1803, Leipzig 1880, 2/1924, Nachdruck 1970 (ausführliche Transkription)

C. de Roda: ›Un quaderni di autografi del 1825‹, *RMI*, XII (1905), 63–108,

592–622, 732–67; getrennt veröffentlicht, Turin 1907 (ausführliche Transkription)

Beethovens eigenhändiges Skizzenbuch zur 9. Symphonie, hrsg. von W. Engelmann, Leipzig 1913 (Faks.)

M. Iwanow-Boretzky: *Ein Moskauer Skizzenbuch von Beethoven*, Wien 1927, zuerst veröffentlicht in *Muzikal'noe obrazovanie* (1927), Jan.-März 9–58 (Faks.), 75–91 (Kommentar) (Skizzen der Streichquartette Opus 130 und 132)

K. L. Mikulicz: *Ein Notierungsbuch von Beethoven aus dem Besitz der Preußischen Staatsbibliothek zu Berlin*, Leipzig 1927 (Transkription des Skizzenbuches von 1800–01)

J. Schmidt-Görg: *Beethoven: Drei Skizzenbücher zur Missa Solemnis*, Bonn 1952–70 (Faks. und Transkription)

D. Weise: *Beethoven: Ein Skizzenbuch zur Chorfantasie op.* 80 und zu anderen Werken, Bonn 1961 (Transkription)

ders.: *Ein Skizzenbuch zur Pastoralsymphonie op.* 68 und zu den Trios op. 70, Bonn 1961 (Transkription) siehe auch die Besprechung von L. Lockwood, *MQ*, LIII (1967), 128

N. Fishmann: *Kniga eskizov Beethoven za* 1802–1803 gody, Moscow 1962 (Faksimile und Transkription)

J. Schmidt-Görg: *Beethoven: Ein Skizzenbuch zu den Diabelli-Variationen und zur Missa Solemnis, SV* 154, Bonn 1968–72 (Faksimile und Transkription) siehe auch die Besprechung von R. Winter, *JAMS*, XXVIII (1975), 135

J. Kerman: *Ludwig van Beethoven: Autograph Miscellany from circa* 1786 to 1799, London 1970 (Faksimile und Transkription)

W. Virneisel: *Beethoven: ein Skizzenbuch zu Streichquartetten aus op.* 18, SV 46, Bonn 1972–74 (Faksimile und Transkription)

S. Brandenburg: *Beethoven: Kesslersches Skizzenbuch*, Bonn 1976–78 (Faksimile und Transkription; auch getrennt veröffentlicht, München 1976)

D. Johnson: *Beethoven's Early Sketches in the ›Fischhof Miscellany‹*, Ann Arbor 1980 (Transkription)

Weitere Abhandlungen

M. Unger: *Beethoven über eine Gesamtausgabe seiner Werke*, Bonn 1920

P. Mies: *Die Bedeutung der Skizzen Beethovens zur Erkenntnis seines Stiles*, Leipzig 1925

M. Unger: *Beethovens Handschrift*, Bonn 1926

E. Newman: *The Unconscious Beethoven*, London 1927, 2. überarbeitete Aufl. 1969

T. Veidl: *Der musikalische Humor bei Beethoven*, Leipzig 1929

E. Brümmer: *Beethoven im Spiegel der zeitgenössischen Presse*, Würzburg 1932

G. Kinsky: ›Zur Versteigerung von Beethovens musikalischem Nachlaß‹, *NBJb*, VI (1935), 66

A. Schering: *Beethoven und die Dichtung*, Berlin 1936, Nachdruck 1973

L. Schrade: *Beethoven in France*, New Haven 1942

P. Mies: *Textkritische Untersuchungen bei Beethoven*, München und Duisburg 1957

H. Unverricht: *Die Eigenschriften und Originalausgaben von Werken Beethovens und ihre Bedeutung für die moderne Textkritik*, Kassel 1960

A. Tyson: ›Maurice Schlesinger as a Publisher of Beethoven‹, *Acta musicologica*, XXXV (1963), 182

H. Grundmann and P. Mies: *Studien zum Klavierspiel Beethovens und seiner Zeitgenossen*, Bonn 1966, 2/1970

P. Stadlen: ›Beethoven and the Metronome: I‹, *ML*, XLVIII (1967), 330

J. Kerman: ›Beethovens's Early Sketches‹, *MQ*, LVI (1970), 515

L. Lockwood: ›On Beethovens's Sketches and Autographs: Some Problems of Definition and Interpretation‹, *Acta musicologica*, XLII (1970), 32

A. Tyson: ›Notes on Five of Beethoven's Copyists‹, *JAMS*, XXIII (1970), 439–71

M. Solomon: Beethoven, Sonata, and Utopia', *Telos* (1971), Nr. 9, p. 32

A. Tyson: Sketches and Autographs', ›Steps to Publication – and Beyond‹; in, D. Arnold und N. Fortune (Hrsg.): *The Beethoven Companion*, London 1971, 433, 459

D. Johnson und A, Tyson: ›Reconstructing Beethoven's Sketchbooks‹, *JAMS*, XXV (1972), 137

A. Tyson: ›A Reconstruction of the Pastoral Symphony Sketchbook‹; in: ders. (Hrsg.): *Beethoven Studies*, I (1973), 67

M. Solomon: ›Bethoven and the Enlightenment‹, *Telos* (1974), Nr. 19, p. 146

W. Wolf: ›Werden Beethovens Sinfonien richtig interpretiert?‹, *Musik und Gesellschaft*, XXV (1975), 330–41 [siehe dazu auch die zahlreichen Erwiderungen in *Musik und Gesellschaft*, XXVI und XXVII (1976 und 1977)]

A. Tyson: ›Das Leonoreskizzenbuch (Mendelsohn 15): Probleme der Rekonstruktion und der Chronologie‹, *BeJb* 1977, 469

R. W. Wade: ›Beethoven's Eroica Sketchbook‹, *Fontes Artis Musicae* XXIV (1977), 254–89

D. Johnson: ›Beethoven Scholars and Beethoven's Sketches‹, *19th Century Music*, II (1978–79), 3–17; siehe auch S. Brandenburg, W. Drabkin and D. Johnson: ›On Beethoven Scholars and Beethoven's Sketches‹, *ibid*, III /1979–80), 270

S. Brandenburg: ›Ein Skizzenbuch Beethovens aus dem Jahre 1812: Zur Chronologie des Petterschen Skizzenbuches‹; in: H. Goldschmidt (Hrsg.): *Zu Beethoven*, Berlin, 1979, 117–48

M. Solomon: ›On Beethoven's Creative Process: a Two-part Invention‹, *ML*, LXI (1980), 272

R. Bockholdt: ›Zum Verhältnis von Notenschrift, musikalischem Satz und Aufführung in der Musik Beethovens‹; in: T. Göllner (Hrsg): *Notenschrift und Aufführung. Symposium zur Jahrestagung der Gesellschaft für Musikforschung 1977 in München*, Tutzing 1980, 55–83, 152–57

S. T. Carr: ›Future Directions in Sketch Research‹; in: *Beethoven, Performers and Critics: Detroit* 1977, hrsg. von R. Winter and B. Carr, Detroit 1980, 134–46

Köhler. K.-H.: ›The conversation books: aspects of a new picture of Beethoven‹; in: *Beethoven, Performers and Critics: Detroit* 1977, hrsg. von R. Winter and B. Carr, Detroit 1980, 147–61

D. Johnson: *Beethoven's Early Sketches in the ›Fischhof Miscellany‹: Berlin Autograph* 28, 2 Bände, Ann Arbor 1980

S. A. Kojima: ›Gestalt und Funktion des Staccato bei Beethoven‹; in: H. Kühn und P. Nitsche (Hrsg.): *Bericht über den Internationalen Musikwissenschaftlichen Kongress Berlin 1974*, Kassel 1980, 343–51

J. Kucaba: ›Beethoven as Buffoon‹, *MR*, XLI (1980), 103–20

W. S. Newman: ›Das Tempo in Beethovens Instrumentalmusik – Tempowahl und Tempoflexibilität‹, *Mf*, XXXIII (1980), 161–83

M. Rudolf: ›The Metronome Indications in Beethoven's Symphonies‹, *Conductors Guild*, I (1980), 1–13

N. Lewis: *Paperchase: Mozart, Beethoven, Bach – The Search for Their Lost Music*, London 1981

D. McCaldin: ›Mahler and Beethoven's Ninth Symphony‹, *PRMA*, CVII (1981), 101–09

A. Tyson: ›Beethoven's Homemade Sketchbook of 1807–08‹, *BeJb* 1978/81, 185–200

J. Larue: ›Multis Variance: Haydn's Legacy to Beethoven‹, *Journal of Musicology*, I (1982), 265–74

W. S. Newman: ›Beethoven's Fingerings as Interpretive Clues‹, *The Journal of Musicology*, I (1982), 171–97

W. Sieber: ›Musikalischer Exotismus bei Ludwig van Beethoven‹; in: H. Dechant und W. Sieber (Hrsg.): *Gedenkschrift Hermann Beck*, Laaber 1982, 133–42

P. Stadlen: ›Beethoven and the Metronome‹, *Soundings*, IX (1982), 38–78

H. Seifert: ›Czernys und Moscheles' Metronomisierungen von Beethovens Werken für Klavier‹, *Studien zur Musikwissenschaft* XXXIV, 61–83

W. Rothstein: ›Heinrich Schenker as an Interpreter of Beethoven's Piano Sonatas‹, *19th Century Music*, VII (1984–85), 3–27

J. D. Drury: Haydn's Sketching Process Compared to Beethoven's', *South African Journal of Musicology*, V (1985), 99–111

D. Johnson, A. Tyson und R. Winter (Hrsg.): *The Beethoven Sketchbooks: History, Reconstruction, Inventory*, Oxford 1985

H. Steinhaus: ›Beethoven und die Orgel: Versuch einer Beantwortung offener Fragen‹, *Organ Yearbook*, XVI, 1985

M. Zenck: ›»Bach, der Progressive«: Die *Goldberg Variationen* in der Perspektive von Beethovens *Diabelli Variationen*‹, in: H-K. Metzger und R. Riehn (Hrsg.): *Musikkonzepte 42: Johann Sebastian Bach- Goldberg Variationen*, München 1985, 29–92

K. Kropfinger: ›Von der Werkgestalt zur Aufführung: Was bedeuten Beethovens Skizzen für die Werkinterpretation?‹; in; G. Allroggen, D. Altenburg (Hrsg.): *Festschrift Arno Forchert zum 60. Geburtstag am 29. Dezember 1985*, Kassel 1986, 169–74

M. Zenck: *Die Bach-Rezeption des späten Beethoven*, Stuttgart 1986

B. Churgin: Beethoven and Mozart's Requiem: A New Connection‹, *The Journal of Musicology*, V (1987), 457–77

B. Cooper: ›The Ink in Beethoven's »Kafka« Sketch Miscellany‹, *ML*, LXVIII (1987), 315–32

O. Jander: ›Exploring Sulzer's *Allgemeine Theorie* as a Source Used by Beethoven‹, *Beethoven Newsletter*, II (1987), 1–7

W. Hess: ›The Right Tempo: Beethoven and the Metronome‹, *Beethoven Newsletter*, III (1988), 16–17

S. P. Rosenblum: ›Two Sets of Unexplored Metronome Marks for Beethoven's Piano Sonatas‹, *Early Music*, XVI (1988), 58–71

G. Wehmeyer: ›Der *Waldstein*-Tag‹, *Musica*, XLIV (1990), 305–07

S. Brandenburg: ›Beethovens Skizzen. Probleme der Edition‹, *Mf*, XLIV (1991), 346–355

C. Brown: ›Historical Performance, Metronome Marks and Tempo in Beethoven's Symphonies‹. *Early Music*, XIX (1991), 247–258

REGISTER

BILDQUELLENVERZEICHNIS

Beethoven-Archiv, Bonn *Seite 42, 61, 109, 138*

British Library, London *Seite 73, 98*

Historisches Museum der Stadt Wien *Seite 84*

Museum der bildenden Künste, Leipzig *Seite 144*

Sammlungen der Gesellschaft der Musikfreunde in Wien *Seite 118*

Staatsbibliothek zu Berlin – Preussischer Kulturbesitz – Musikabteilung, Berlin *Seite 17, 46, 76, 126*